JOHN DAVIES

Dala'r slac yn dynn

I Mam,
Edward a Liz
heb anghofio Daff.

JOHN DAVIES

Dala'r slac yn dynn

gyda Wyn Gruffydd

y|Lolfa

Argraffiad cyntaf: 2013

© Hawlfraint John Davies a'r Lolfa Cyf., 2013

Mae hawlfraint ar gynnwys y llyfr hwn ac mae'n anghyfreithlon
i lungopïo neu atgynhyrchu unrhyw ran ohono trwy unrhyw
ddull ac at unrhyw bwrpas (ar wahân i adolygu) heb gytundeb
ysgrifenedig y cyhoeddwyr ymlaen llaw

Dymuna'r cyhoeddwyr gydnabod cymorth ariannol
Cyngor Llyfrau Cymru

Llun y clawr: Getty Images
Diolch hefyd i Huw Evans Agency ac i Marjorie Giddings am luniau.
Cynllun y clawr: Y Lolfa

Rhif Llyfr Rhyngwladol: 978 1 84771 328 5

Cyhoeddwyd ac argraffwyd yng Nghymru gan
Y Lolfa Cyf., Talybont, Ceredigion SY24 5HE
gwefan www.ylolfa.com
e-bost ylolfa@ylolfa.com
ffôn 01970 832 304
ffacs 832 782

Cynnwys

Gair gan Gerald Davies

RAI BLYNYDDOEDD YN ôl, cefais gyfle i ymweld â John ar ei fferm yng Nghilrhue yng nghysgod mynyddoedd hyfryd y Preselau. Ro'n i'n awyddus i ysgrifennu gair neu ddau amdano i bapur newydd y *Times*.

Roedd gyda fi ddiddordeb hyd at chwilfrydedd bron yn ei gefndir amaethyddol ac mewn darganfod sut oedd e'n llwyddo i gyfuno ei waith bob dydd ar y ffarm gyda'i ysfa i chwarae rygbi. Chwaraeodd i Gymru yn y 1990au ar adeg pan fuodd yna newidiadau dramatig o fewn y gamp, gyda'r gêm yn dod yn 'agored' wedi canrif a mwy. Nid camp i'r amatur oedd hi bellach, pan fyddai chwaraewr yn medru dewis os, pryd a faint o amser roedd e am ei neilltuo ar gyfer ymarfer a chwarae'r gêm.

O ganlyniad i'r newid, daeth y gofynion ar y chwaraewr proffesiynol cyflogedig yn llawer mwy nag yr oedden nhw cynt. Yn fwy na hynny hyd yn oed oedd y galwadau ar amser ffarmwr oedd yn gorfod plygu nid i ofynion meistr hynaws mewn siwt 'pin-streip', ond yn hytrach i feistres yn y Fam Natur oedd yn ddidostur, yn ddigyfaddawd ac yn llym ei disgyblaeth.

Byddai'r caeau a'r gweirgloddiau yn galw, a'r anifeiliaid yn crefu am sylw. Allai e ddim troi ei gefn a dweud "fe wnaiff fory'r tro". A gyda chefnogaeth haelionus ei deulu, llwyddodd John i fodloni dau feistr.

Fe brofodd John ei hunan i fod yn brop ardderchog. Dw i'n cofio sôn amdano fel prop anghyffredin a'i fod e'i hunan yn gweld ei dasg yn fwy na thorri cwys gul ym mherfeddion tywyll y sgrym. Un o'r golygfeydd fyddai'n dod â selogion y Gnoll a'r Strade i'w traed fyddai ei weld yn codi'r bêl o'r chwarae rhydd rywle o gwmpas carrai eu sgidie a gyrru mlân

7

ar ras at galon amddiffyn y gwrthwynebwyr. Daeth ei gryfder o'i gefndir amaethyddol ac os iddo rywbryd ddifaru peidio â chodi pwysau mewn campfa, roedd ei nerth a'i gryfder e o fath iachach, mwy ystwyth a mwy naturiol. Daeth John yn dipyn o ffefryn gan y cefnogwyr.

Er mor gystadleuol fuodd John, fe ddaeth e â phersbectif iach ffarmwr i'r chwarae. Roedd drygioni yn ei lygaid ac roedd y wên ddireidus yn dweud wrth rywun nad oedd dim yn y byd yn fwy difrifol iddo fe a'i debyg nag anwadalwch y tywydd a chylchdro, weithiau'n greulon, y tymhorau. Roedd John yn batrwm o chwaraewr.

Fe wnes i gwpla'r erthygl yn y *Times* trwy awgrymu bod John, fel ffarmwr oedd yn chwarae rygbi, falle yr ola o'r brîd, gan ofyn i fi fy hunan a fyddai rygbi yn dod yn gamp i ddynion cysylltiadau cyhoeddus yn unig.

Fuodd dim rhaid i fi boeni, diolch byth.

Un prynhawn wedi cinio ar daith lwyddiannus y Llewod i Awstralia yn 2013, fe ddes i ar draws pedwar chwaraewr yn wargrwm dros y bwrdd mewn trafodaeth ddwys. Wyddwn i ddim beth oedd natur y sgwrs. Y gêm y diwrnod cynt falle? Yr ymarfer oedd newydd ddod i ben? Yr ymarfer i ddod? Dim o gwbwl! Ffermwyr oedd y pedwar, yn trafod gwartheg, systemau bwydo, cneifio a bywyd gartre ar eu ffermydd. Mae Rory Best, Sean O'Brien, Tom Youngs a Dan Lydiate yn dilyn y traddodiad hwnnw y mae John yn rhan annatod ohono. Hir y parhaed. Roedd, ac mae, rygbi yn llawer mwy diddorol oherwydd yr amrywiaeth o ddynion sy'n chwarae'r gêm.

Roedd John yn chwaraewr heb ei ail, ac yn fwy felly oherwydd pwy oedd e, a'r hyn roedd e'n ei gynrychioli. Fe wnaeth e harddu'r gêm gyda gonestrwydd, deinamedd a thalent rheng flaen ryfeddol gafodd egin cynnar yn naear hynod bro'r Preseli.

Gerald Davies
Cymru a'r Llewod
Cadeirydd Pwyllgor Llewod Prydain ac Iwerddon

Rhagair Ron Waldron

JOHN DAVIES WAS a promising prop forward when I coached the Welsh Youth, and it seems a very long time ago when he then became a member of the playing squad at Neath Rugby Football Club. He was welcomed and accepted into its all-embracing environment. Very quickly it became apparent that he had immense talent. In addition, his commitment and enthusiasm were obvious from the start. The way in which he was able to organise the milking schedule of his large dairy herd so that he didn't ever miss a training session amazed us all. Neither was he ever late for our very rigorous training regime.

It was this dedication, commitment and passion that made John one of the players who brought great fame to Neath RFC, when it was one of the best clubs in the UK.

His passion for, and enjoyment of, the game has continued, and having finished playing at the highest level, he has brought all his experience and enthusiasm to Crymych RFC. They are very fortunate to have an individual of this calibre in the development of the club.

Best wishes to John for the success of the book and for the future.

Ron Waldron
Cyn-hyfforddwr Castell-nedd a Chymru

Geirda Gordon Eynon

BRAINT YW CAEL cymeradwyo hunangofiant John 'Cilrhue' Davies ar ran Clwb Rygbi Crymych.

Fe welais i John am y tro cyntaf pan oedd yn ymarfer gyda'r chwaraewyr hŷn cyn dechrau tymor 1985/86 ac yntau ond yn 16 oed. Roedd hi'n amlwg ar unwaith bod ganddo ddoniau arbennig iawn. Ymhen amser byr roedd John yn serennu i'r Tîm Ieuenctid.

Bu'n deyrngar i Glwb Rygbi Crymych o'r cychwyn ac arwydd clir o hynny fu ei benderfyniad i aros yng Nghrymych, er iddo gael ei annog i symud i glybiau mwy amlwg er mwyn ennill ei le yn nhîm Ieuenctid Cymru.

Wedi iddo wireddu ei uchelgais o chwarae i Ieuenctid Cymru, chwaraeodd John i dîm cyntaf Crymych am gyfnod byr gan godi dychryn ar chwaraewyr profiadol Hendygwyn a Hwlffordd. Roedd pawb yn deall na fyddai'n hir cyn iddo symud ymlaen i lwyfannau mawr rygbi. Pan ddaeth y newyddion ei fod am ymuno â chlwb Castell-nedd roedd yna falchder mawr yn y clwb, ynghyd ag ychydig o dristwch bod chwaraewr mor ddisglair yn ein gadael. Lleddfwyd y gofidiau hynny wrth i John ddatgan "Peidiwch â becso, bois, mi fydda i 'nôl rhyw ddiwrnod."

Wedi gyrfa hynod o ddisglair ar y lefel uchaf, ac ar ôl pedair blynedd ar bymtheg i ffwrdd, fe gadwodd ei air ac fe ddaeth e 'nôl i Grymych. Yn 2008, dyrchafwyd y clwb i Adran 3 y Gorllewin ac roedd John yn ôl yn y rheng flaen, ac ar y pen tyn, ar gyfer ein tymor cyntaf yn yr adran honno.

Os bu ei deyrngarwch yn allweddol yn natblygiad cynnar y clwb yn y 1980au, bu ei gyfraniad diweddar yn amhrisiadwy. Cafwyd cyfnod hynod o lwyddiannus gyda'r clwb yn datblygu ar draws ystod y timau Iau, Ieuenctid a'r tîm cyntaf. Dan arweiniad John sicrhawyd dyrchafiad i Adran 1 y Gorllewin ar gyfer tymor 2013/14 ac fe gafodd chwaraewyr lleol y fantais a'r fraint o gydchwarae gydag un o flaenwyr amlycaf Cymru yn y degawdau diweddar. Teithiodd y byd i gynrychioli Cymru a Chrymych, a bu'n Llysgennad ardderchog i'r clwb.

Diolch, John, am dy gyfraniad i Glwb Rygbi Crymych ac i'r gêm yng Nghymru.

Mwynhewch y darllen.

Gordon Eynon
Ysgrifennydd Clwb Rygbi Crymych
Aelod o Fwrdd Cyfarwyddwyr Undeb Rygbi Cymru

John Cilrhue

Mae cefen gwlad a'r Strade
fel un yn ei afael e';
yn ei ddwrn mae pridd y ddau,
erw'r cwysi a'r ceisiau;
milltir sgwâr gwaith a chwarae,
man du a gwyn mewn dau gae.

Mae'n brop balch, mae'n bŵer pur
fel haul oer ar Foel Eryr,
neu fel dreigiau Foel Drigarn,
neu'r gwreichionyn hŷn na harn.
Myn diawl, mae'n gromlech mewn dyn,
a'i war fel Foel Cwm Cerwyn!

Mae sgarmes gwynt a cheser
y Frenni Fawr yn ei fêr;
y grug a'r graig ar ei gro'n,
a'r cleisiau'n gerrig gleision.
Halen daear Preseli
bob asgwrn yw'n harwr ni.

Er hyn, mae un clos o raid
fan hyn yn nwfn ei enaid;
un man yng nghysgod mynydd
i'w ddal yn dynn derfyn dydd;
fan hyn mae'i gynefin e'
haf neu aeaf – Cilrhue.

Ar barc y bêl fe welwn
mai caeau'r ffarm yw corff hwn:
coesau gwaith fel caseg wedd,
a sŵn feis yn ei fysedd;
bodiau fel byllt y beudy
a chefen fel talcen tŷ.

Yn y gêm mae gan y gŵr
raw onest y gwerinwr;
gwybodus ei gaib ydyw,
hen law o brop, labrwr yw
a dry y rhai o dan dra'd
yn falurion, fel arad.

Ac wedi'r *ruck* draw yr â
a mynwesu'r sgrym nesa'
lle caiff chwe gwar ddynwared
sŵn crynu sinc rhyw hen sied,
neu eto 'Clatsh!' iet y clos
nes gweld sêr eger, agos.

Mwynhau clymu'r sgrym a wna
a'i gwthio i'r plyg eitha;
gwyro mewn yn grymanus,
sgiwera'i hun wysg ei grys;
gwthio'i ên rhwng gwên a gwg,
diodde' rhwng dau wddwg.

Mae e'n boen bogel i'w elyn,
yn bennau tost o ben tyn.
Mae dyrnau'n ei bryd a'i wedd
a hen hanes dan 'winedd
grymuswr y sgrym osod,
y gŵr â'r fraich gryfa 'rio'd.

I'r un heb ofn, i'r hen ben,
mae man gwyn mewn hen gynnen
ond pan gilia 'rôl chwarae
yn ôl i gôl ei ail gae,
nid yw'n meddwl ei fod e
yn rhywun – mae'n Gilrhue.

Y Prifardd Ceri Wyn Jones

Fel 'na ma hi...

NA, WEDD HI ddim i fod. Am y trydydd tro yn ein hanes, roedd tîm Llanelli wedi cyrraedd rownd gynderfynol Cwpan Heineken Ewrop wedi tymor mwya llwyddiannus clwb y Strade yn y gystadleuaeth erioed. Wrth i ni gerdded i mewn yn hyderus trwy gatiau Stadiwm Walkers yng Nghaerlŷr y dydd Sadwrn hwnnw ym mis Ebrill 2007, fe wydden ni na wedd neb wedi cael y gore arnon ni yn Ewrop y tymor hwnnw. Wedd dim angen i ni fod ag ofon 'Teigrod' Caerlŷr, er eu bod nhw wedi codi Cwpan Ewrop ddwywaith yn 2001 a 2002. Ond, am y trydydd tro, fe gollon ni o fewn golwg y rownd derfynol.

Yn wahanol i'r troeon cynt, yn erbyn Northampton yn 2000 a Chaerlŷr yn 2002, allen ni ddim bwrw'r bai ar ddim nac ar neb arall y tro hwn – ar y dyfarnwr, ar roi cic gosb bant heb ishe, na help postyn chwaith! Wedd Caerlŷr yn well tîm na ni ar y diwrnod. Ar ôl trechu Toulouse, y tîm mwya llwyddiannus erioed yn hanes y gystadleuaeth, gatre a bant o gatre fe aethon ni i Belfast a threchu'r cyn-bencampwyr, Ulster. Wrth edrych yn ôl, falle fod y fuddugoliaeth honno yn Ravenhill yn fwy o gamp nag ennill mas yn Toulouse. Wedyn, yn y chwarteri, fe drechon ni Munster, pencampwyr y tymor cynt, a hynny o flân torf o bron 11,000 ar Barc y Strade. Ond colli fuodd ein hanes ni yn y rownd gynderfynol gyda chydig dros 30,000 o gefnogwyr yn Stadiwm Walkers, stadiwm tîm pêl-droed Dinas Caerlŷr. Am y trydydd tro ar gae pêl-droed yn Lloegr fe fethodd tîm o Barc y Strade â mynd i'r rownd derfynol. Pam? Alla i ddim â dweud.

Wên ni wedi whare rygbi deniadol ar hyd y tymor trwy geisio lledu'r bêl i'r asgell. Dyna wedd ein gêm ni dan ein hyfforddwr newydd, Phil Davies. A wedd hynny'n fy siwtio i i'r dim, achos er taw yn y sgrym wên i'n ennill fy mara menyn, wên i, fel erioed, yn fwy na chysurus â'r bêl yn fy nwylo. Dyna'r doniau aeth â fi o Ysgol y Preseli, Crymych, i dîmau ieuenctid Sir Benfro a Chymru, ac yna mlân i Gastell-nedd, Richmond a Chymru cyn dychwelyd i'r Strade.

Prop pen tyn fues i erioed ac eithrio rhyw ddyrnaid o gêmau ar y pen rhydd yn fy nyddie ysgol. Gwaith y prop pen tyn yw dal ei dir i roi sail gadarn i'r sgrym. Does dim yn rhoi mwy o wefr i brop na gweld y gwrthwynebwyr yn mynd am 'nôl; y dorf yn codi bloedd ac yn cymeradwyo wrth weld yr asgellwr yn mynd drosodd am gais yn y cornel. Fel 'na y ces i fy annog i whare gan Ron Waldron a fu yn fy hyffordi yn ystod fy nyddie gyda thîm Ieuenctid Cymru 'nôl ar ddiwedd y 1980au ac wedi hynny gyda chlwb Castell-nedd yn ystod dyddie da diwedd y 1980au a dechrau'r 1990au.

Roedd hwyl arbennig yng ngharfan y Scarlets drwy dymor 2006/07 ac er na chefais i lawer o gêmau i'r tîm rhanbarthol, ar ôl y Nadolig wên inne hefyd wedi ymladd fy ffordd 'nôl i haeddu cael fy ystyried ar y pen tyn ar ôl whare'r rhan fwyaf o'r tymor i dîm rhannol broffesiynol Llanelli.

Yn 38 oed, a 34 cap rhyngwladol y tu cefen i fi, wedd un uchelgais ar ôl – codi Cwpan Ewrop. Fe ddaeth Caerdydd yn agos ym mlwyddyn gynta'r gystadleuaeth ym 1996 cyn colli i Toulouse yn y Stadiwm Genedlaethol – a dim ond Llanelli yng nghyfnod Gareth Jenkins ddaeth rywle'n agos at y rownd derfynol wedi hynny. Hyd y dydd heddi, ar wahân i'r Gleision eto yn y rownd gynderfynol ryfedd honno yn Stadiwm y Mileniwm a benderfynwyd ar gicie cosb wedi amser ychwanegol yn nhymor 2008/09, dim ond Llanelli gafodd gyfleon.

Fe fydde codi Cwpan Ewrop gyda Scarlets Llanelli, y tîm cynta o Gymru i gyflawni'r gamp, yn fy ngolwg i wedi bod yn glo teilwng i yrfa a'm cadwodd i ar y brig am yn agos i ugain mlynedd. Ond na, wedd e ddim i fod, a fel 'na ma hi.

Wedd tua cant o fysys wedi'u llogi i gario'r cefnogwyr o bob cwr o Gymru i ganolbarth Lloegr y diwrnod hwnnw. Wedd

15

cannoedd yn fwy wedi neud y siwrne mewn car ac ar drên a phob un yn teimlo bod enw'r Scarlets ar y Cwpan yn 2007. Ond fe gawson nhw, fel ni'r chwaraewyr, eu siomi, gwaetha'r modd.

Wedd cae pêl-droed Caerlŷr yn gulach na'r gofynion, a wedd sôn bod 'na danceri dŵr wedi gwlychu'r cae y noswaith cyn hynny ac ar fore'r gêm. Doedd dim angen i fi wishgo fy nghap ffarmwr i sylweddoli taw dyna a ddigwyddodd, achos er ei bod hi'n ddiwrnod braf a sych ar ôl diwrnode heb law, wedd y cae'n sobor o drwm dan draed pan aethon ni mas i ystwytho a chynhesu cyn y gêm. Ac os wedd tîm Caerlŷr yn mynd i drechu'r unig dîm na chollodd yn Ewrop y tymor hwnnw, yna eu blaenwyr fydde'n gosod y llwyfan i'r fuddugoliaeth honno. A wedd cae trwm yn mynd i'w siwtio nhw yn well na ni.

Shwt y caniatawyd i'r gêm gael ei whare yn Stadium Walkers o fewn pellter gôl adlam i gartre'r 'Teigrod', sa i'n gwbod. Wedd gêmau'r rownd gynderfynol i'w whare ar dir niwtral i fod, ond wedd 'niwtral' yn dipyn nes iddyn nhw na wedd e i ni – rhyw hanner milltir! Wedd nifer o'r cefnogwyr wedi parcio'u ceir yn agos at Heol Welford, ac erbyn iddyn nhw gyrraedd cytgan ola 'Sosban Fach', wên nhw o fewn golwg gatiau cartre Leicester City.

Wedd hi'n amlwg hefyd fod dealltwriaeth rhwng y clwb pêl-droed a'r clwb rygbi o ran neud yn siŵr bod cyflwr y cae yn ffafrio'r tîm lleol. Wedi dweud hynny, wên ni ar y blân ar ddechre'r ail hanner o 17 i 16, ond maswr Caerlŷr, Andy Goode, wedd piau'r diwrnod gyda 18 pwynt, mewn gêm a orffennodd yn 33–17 i Gaerlŷr.

Ar y fainc wên i'r diwrnod hwnnw a'r agosa y des i at gamu i'r cae wedd ystwytho ar yr ystlys rhag ofon bydde angen i fi ddod mlân i ddal pen tyn y sgrym yn ystod y deng munud y treuliodd Deacon Manu yn y gell gosb ar ôl iddo weld y cerdyn melyn.

Pan aeth y chwiban ola wedd pawb yn fflat, a neb yn fwy na'r chwaraewyr. Wedd y stafell newid fel y bedd – profiad newydd i sawl un ond wên i wedi cael y profiad o'r blân.

Doedd hynny ddim yn neud y sefyllfa'n haws i'w derbyn serch hynny, ond wedd rhywbeth mwy na cholli gêm yn pwyso ar fy meddwl i am bedwar o'r gloch y prynhawn hwnnw yng Nghaerlŷr, ac fe glywn i fi'n hunan yn gofyn yn dawel bach: "Nawr 'te, John bach, shwt ma hi i fod nawr?"

Wedi bron i ugain mlynedd ar y brig a dala'r slac yn dynn, rhaid wedd derbyn falle taw mynd gatre i ffarmo wedd o 'mlân i. Ond 'na fe – fel 'na ma hi!

Cilrhue

Dw i WASTAD wedi meddwl bod 'na rywbeth cymdogol iawn a sbesial am gael eich cysylltu mewn enw, neu lysenw hyd yn oed, â'r man lle'ch ganed chi, neu'r man lle r'ych chi'n byw, yn enwedig pan fo'r man hwnnw yng nghanol dros ddau gan erw o dir amaethyddol gyda'r gore yn y wlad. Ac er i fi gael fy enwi'n John David Davies ar fy nhystysgrif geni, 'John Cilrhue' fues i erioed, a 'John Cilrhue' fydda i byth. Weithie, ac yn nes gatre, o fewn fy milltir sgwâr, ma 'Cilrhue' hyd yn oed yn ddigon. Ac i fi, ma hynny'n golygu tipyn.

Fe ges i 'ngeni ar y 1af o Chwefror, 1969 yn fab i Daff a Beryl, rhyw filltir o bentre Boncath, rhwng Crymych ac Aberteifi. Fe fydd y dyddiad yn synnu ambell un, o ystyried 'mod i wedi dal i whare rygbi tan yn ddiweddar, a finne'n 44 oed, ond dyna'r dyddiad sydd ar y dystysgrif geni, wir i chi. Dw i'n neud y pwynt am fy oedran achos os edrychwch chi mewn ambell lyfr cofnodion swyddogol a 'safonol' yn ymwneud â rygbi, yn ogystal â rhai rhaglenni gêmau, maen nhw'n dangos i fi gael fy ngeni ar y 1af o Chwefror, 1971, bythefnos cyn i'r arian degol ddisgyn i bocedi pawb ym Mhrydain.

Dydd Sadwrn wedd hi, a falle fod hynny'n arwyddocaol. Ar frig y siartie wedd 'Albatross' gan Fleetwood Mac; fe gaech chi dri galwyn o betrol am bunt, ac os galwodd Daff yn y Boncath Inn ar y ffordd gatre o'r ysbyty i wlychu 'mhen i, fe fydde peint o gwrw wedi costio llai na phum ceiniog yn yr arian newydd.

Dw i ddim yn siŵr sut y daeth y dryswch am fy nyddiad geni i i fod ond falle taw i fy hen ffrind o ddyddie'r rheng flân yng Nghastell-nedd, y diweddar Brian Williams, ma'r diolch. Pan fydde rhywun yn gofyn am ei oedran ynte, "30 next" wedd yr ateb bob tro gydag e, gan gadw wyneb syth ar yr un pryd.

"Ma pawb ishe gwbod oedran prop," medde fe, "ond paid â gweud..." gyda gwên ddireidus a golwg seriws bob yn ail. "Cadw wyneb strêt, a gwed wrthyn nhw faint fyddi di nesa a gad iddyn nhw weitho fe mas. Mae'n syndod faint o fois papur newydd sy'n methu cownto!"

Mae'n wir i fi gadw 'mhasbort yn agos at 'y mrest ar ôl i fi groesi'r deg ar hugain ond fe fuodd hi'n ddigon cyffredin i brop ar hyd y blynydde blygu'r gwirionedd am ei oedran. Pwy a ŵyr, falle taw dyna 'nghadwodd i ar frig y gêm am bron i ugain mlynedd. Ma Charlie Faulkner, cyn-brop Pont-y-pŵl, Cymru a'r Llewod, siŵr o fod dros ei gant oed erbyn hyn! Ond rhaid i fi ddweud, fe wnaeth sawl adroddiad papur newydd yn ystod fy nhymor ola i ar y Strade neud i fi wherthin yn dawel bach achos, yn ôl y rheiny, wên i'n tynnu at y deugain pan wên i mewn gwirionedd yn 37 oed 'nesa', a'r awgrym wedd ei bod hi'n syndod 'mod i'n cofio'r ffordd i Barc y Strade, heb sôn am fedru cadw lan â'r whare! Falle taw prop wên i, ond wên i ddim yn dwp i gyd!

Ond 'nôl at Gilrhue; mae'n un o hen blastai Sir Benfro ac yn dyddio o'r ail ganrif ar bymtheg. Mae tipyn o hanes i'r lle. Yn ôl Major Francis Jones yn ei lyfr *Historic houses of Pembrokeshire and their families* a gyhoeddwyd ym 1996, codwyd Cilrhue, neu 'Killrhua', yn dŷ tri llawr dwbwl gydag atig i'w neud yn bedwar llawr. Ar ei wyneb blân ma pum ffenest, tebyg i'r rheiny welwch chi weithie ar garden Nadolig – a choets fawr yn cael ei thynnu trwy'r eira gan geffyle a bachan mewn het galed a chot hir laes i'r llawr a chwip yn ei law yn gyrru. Ma sôn hefyd am hen stâr o'r cyfnod Jacobeaidd yn codi o'r neuadd neu'r 'noyadd' i'r lloriau ucha. Ma honno yma o hyd, fel yr hen barlwr gyda phaneli coed yn addurno'r waliau yn ogystal ag un ochr o'r neuadd. Eto, ceir cyfeiriad at Cilrhue, neu weithie 'Kilrhiw', ar fap Thomas Kitchin (1749– 70) ac ma 'na gyfeiriad mewn man arall fod 'wyth aelwyd iddo mor bell 'nôl â 1670'. Ma hynny'n rhoi awgrym i chi o faint y lle.

Fe fydde gan haneswyr a ffermwyr ddiddordeb i glywed bod y plasty a'r ffarm wedi'u prynu gan fy hen dad-cu ym 1911. Ar yr 28ain o Orffennaf y flwyddyn honno, daeth Cilrhue, y plasty a'r ffarm, a darnau eraill o stad y Bronwydd, yn ymestyn bryd hynny dros 2,290 erw, i gyd o dan y mwrthwl. Ymhlith y darpar brynwyr yng Ngwesty'r Emlyn Arms yng Nghastellnewydd Emlyn ar y dydd Gwener hwnnw am un o'r gloch y prynhawn wedd tenant Cilrhue ar y pryd, William Richards, fy hen dad-cu. Cilrhue oedd Lot 1 mas o 37 i'w gwerthu ac o fewn munudau wedd y mwrthwl wedi disgyn a daeth 157 erw gore gogledd Sir Benfro yn eiddo i'r teulu.

Erbyn heddi, ma Cilrhue'n ymestyn dros ddau gan erw. Ffarm gymysg fuodd hi am flynydde, ond ffarm laeth wedd hi'n benna pan wên i'n blentyn. Yn nyddie fy hen dad-cu, ac eto yn ôl llyfr Major Francis Jones, wedd Cilrhue'n cael ei chydnabod fel un o'r ffermydd gore yn Sir Benfro am gynhyrchu llaeth ac am dyfu cnyde, a hyd y dydd heddi dyw hi ddim yn ffarm sydd angen rhyw lawer o weryd neu wrtaith.

Ma gen i fedal dw i'n falch iawn ohoni, sef medal a enillwyd gan fy hen dad-cu, William Richards, mewn cystadleuaeth am gynhyrchu 'llaeth glân', mor bell 'nôl â 1929. Cystadleuaeth wedd hon i gymell ac i gydnabod ffermwyr wedd yn neud ymdrech i godi safonau glendid llaeth. Doedd llaeth ddim bob tro yn 'saff' i'w yfed yn y dyddie hynny, ac os daeth llaeth yn achubiaeth i nifer o ffermwyr yn y 1930au, fe'i gwelwyd gan nifer mor beryglus â 'deinameit', ac fel rhywbeth alle beryglu iechyd yn y degawdau cyn hynny.

Gwella'r dulliau cynhyrchu a lleihau'r cyfrif bacteria yn y llaeth wedd y bwriad trwy gymell cystadleuaeth iach rhwng ffermwyr. Fe fydde'r llaeth yn cael ei brofi'n gyson, a phobol yn dod o'r Ysgol Laeth ym Mhrifysgol Aberystwyth i archwilio'r fuches, yr adeiladau a'r amodau godro. Yn ddiweddar, fe weles i gyfeiriad at ymweliad gan yr Athro R Stenhouse Williams o'r National Institute of Research in Dairying yn Reading â chystadleuwyr lleol ddaeth ynghyd ym Moncath ym 1926 ac ynte, wrth eu llongyfarch ar eu hymdrechion, yn awgrymu y bydde "pâr deche o glocs" yn fwy addas na'r "sgidie dawnsio" a welai e'n cael eu gwisgo gan forynion ffermydd.

Godro â llaw wedd hi, wrth gwrs, a hynny bedair blynedd cyn sefydlu'r Bwrdd Marchnata Llaeth a fydde'n sicrhau os nad pris teg i bawb, isafswm pris gwarantedig i ffermwyr llaeth, a hynny am dros drigain mlynedd. Yn nyddie fy hen Dad-cu, bydde'r llaeth a'r menyn yn cael ei anfon bant ar y trên i'r trefi mawrion, ond weithie bydde fe'n dod 'nôl hefyd, heb dâl am ei fod wedi suro. Dim ond y mochyn fydde'n gwenu pan fydde hynny'n digwydd. Daeth y Bwrdd i fod er mwyn galluogi ffermwyr llaeth i gynllunio ac i gael gwared ar yr ansicrwydd.

Fel nifer dda o ffermydd yn Sir Benfro a gorllewin Cymru erbyn heddi, mae'r dull o ffermio yng Nghilrhue wedi gorfod newid yn sgil polisïau'r Llywodraeth yn benna yn ystod y blynydde dwetha, a hynny ymhell cyn trafferthion TB mewn gwartheg yma yng ngogledd Sir Benfro yn benodol. Ac un o'r penderfyniadau anodda i fi orfod eu neud erioed, heb os, wedd gwerthu'r fuches odro ym 1997 fel y gallwn i fanteisio ar yrfa llawn-amser ym myd rygbi. Wedd y gêm wedi troi'n broffesiynol dros nos ar y 26ain o Awst, 1995, bron yr un mor ddisymwth â chyflwyniad y cwotâu llaeth ar yr 31ain o Fawrth, 1984. Wên i ddim yn croesawu'r cwotâu llaeth a'r helynt ddaeth yn sgil y rheiny gyda diflaniad y Bwrdd Marchnata Llaeth rai blynydde'n ddiweddarach, ond fe gofleidies i rygbi proffesiynol â breichie agored o'r diwrnod cynta.

Fi yw'r hyna o dri o blant. Ganwyd Edward un mis ar bymtheg ar fy ôl i, ym Mehefin 1970, a dw i'n gwbod pa mor falch wedd Mam a Nhad pan aned chwaer i ni yn 1981, achos wedd Mam yn dyheu am ferch fach er mwyn ei galw'n Elizabeth ar ôl Mam-gu Cilrhue. Dw i'n hasto i ddweud fodd bynnag, er i ni'n tri gael ein geni yn blant y 'Plas', chafodd yr un ohonon ni ei eni â llwy arian yn ei geg!

Ma Mam yng nghanol ei theulu o hyd ac yn llawn hwyl, er

ei bod hi angen, ac yn cael, pob gofal, ond fe gollon ni Dad ym mis Medi 1990, rai misoedd cyn i fi ennill fy nghap cynta dros Gymru. Wedd honno'n ergyd sobor i ni fel teulu, ac fe fuodd Daff yn hynod o gefnogol i fy ngyrfa ar y cae rygbi o'r dechre'n deg, er taw ffwtbol wedd ei ddiléit penna pan wên i'n grwt.

Fe es i, fel fy mrawd a fy chwaer, i Ysgol Gynradd Blaenffos ac o'r fan honno i Ysgol y Preseli, Crymych. Er taw'r ysgol uwchradd sy'n cael y clod am roi'r cyfle i fi whare rygbi, wedd rhywfaint o rygbi yn cael ei whare yn yr ysgol gynradd ym Mlaenffos, er na wedd digon gyda ni i neud tîm ambell waith. Ma hynny'n un o'r rhesymau sy'n cael ei roi'n amal iawn dros gau ysgolion gwledig oherwydd bod gwell adnoddau i'w cael mewn ysgolion bro 'mawr'.

Wedd Ysgol Blaenffos dan anfantais achos doedd dim cae gyda ni i ymarfer, dim ond iard galed o darmac, ond fe fydde tipyn o edrych mlân at gêmau yn erbyn ysgolion lleol eraill, fel Capel Newydd a Chilgerran, y ddwy heb fod mwy na rhyw dair neu bedair milltir i ffwrdd. A sdim rhyfedd i ni golli'n drwm, yn enwedig i Ysgol Cilgerran, ddwywaith os dw i'n cofio'n iawn, achos wedd gwell adnoddau yng Nghilgerran, a llawer mwy o blant i ddewis tîm o'u plith. Wedd gyda nhw brifathro hefyd, Dai Thomas, wedd wedi whare tipyn o rygbi fel maswr yn ystod ei yrfa yn y coleg ac wedi hynny.

Mewn un gêm arbennig yn erbyn Ysgol Capel Newydd, ein chwaraewr gore ni'r diwrnod hwnnw wedd Julie Edwards (er taw un o Gapel Newydd wedd Julie, fe chwaraeodd hi i'n tîm ni); hi gas ein hunig gais ni, os dw i'n cofio'n iawn. Wedd cydraddoldeb a hawliau cyfartal i ferched wedi cyrraedd Ysgol Blaenffos yn y 1970au cynnar, a diolch am hynny, neu falle bydden ni wedi cael mwy o goten nag a gawson ni! Mae'n drist meddwl erbyn hyn, serch hynny, er cystal yw'r adnoddau a'r addysg yn Ysgol Gymunedol y Frenni yng Nghrymych, fod Ysgol Blaenffos, fel nifer o ysgolion cefen gwlad Cymru, wedi gorfod cau.

Wên i ddim y disgybl mwya cydwybodol fuodd yn Ysgol y

Preseli erioed, na'r lleia chwaith. Wên i'n hoffi'r ysgol ac yn trio'n galed, ond fydde fe ddim yn synnu nifer i ddeall na wên i'n wahanol i nifer dda o feibion ffermydd yn hynny o beth. Ac er bod rhywfaint o gas 'da fi ddweud hynny nawr, os bydde rhyw dasg yn galw am bâr o ddwylo ychwanegol ar y ffarm, nid yr ysgol fydde'n cael y sylw cynta bob tro gen i, ac yn sicr ddim gan Edward.

Peiriannau a thractors yw diddordeb penna Edward, ond ers pan wên i'n ddim o beth, gwartheg neu dda godro wedd fy niddordeb penna i, a wedd yng Nghilrhue feudy pwrpasol at y gwaith. Fydde fe ddim yn ddelfrydol nac yn bodloni'r awdurdodau heddi falle ond, bryd hynny, wedd lle i glymu trigain o wartheg a digonedd o le i yrru tractor trwyddo i'w bwydo ac i grafu'r tail mas heb orfod gafael mewn rhaw na fforch.

Godro drwy'r *pipeline* wedd hi bryd hynny a wên i'n cael rhyddid gyda Nhad i helpu gyda'r godro yn ifanc iawn. Prin chwe troedfedd ydw i nawr ond pan wên i'n naw a deg oed bydde'n rhaid i fi sefyll yn y whilber i gysylltu'r peiriant godro wrth y biben laeth, a digon o gwrso 'nôl a mlân i neud yn siŵr na fydde'r *clusters* yn disgyn oddi ar bwrs y fuwch i'r baw wrth iddi ddod i ddiwedd ei godrad. Bydde hi'n bleser gweld y gwartheg yn dod mewn o'r parc yn eu tro, yn drwm o laeth, rhai'n anelu'n ddiffwdan am eu côr arferol i gael eu godro; eraill wedyn â thipyn o waith cocso a chwrso a cholli chwys i gael yr eirw am eu gyddfe. Bydde'r natur yn codi weithie, ac ishe amynedd yn amal iawn cyn bod y pethe – a'r gwartheg – yn mynd i'w lle. Ac ma pob ffarmwr llaeth yn gwbod wedyn pa mor anodd yw hi i gael treisiedi llo cynta i fihafio pan fo nhw'n gweld *machine* godro am y tro cynta.

Bydde gofyn bod yn barod am yr annisgwyl hefyd, i ddarllen yr 'arwyddion' pan fydde buwch yn siglo'i chwt, a bod yn barod am ambell gic slei. Falle fod hynny eto wedi fy nysgu i beidio â throi 'nghefen ar ambell 'darw' ar y cae rygbi, a 'mharatoi i ar gyfer ambell ddwrn slei ddaeth i 'nghyfeiriad i flynydde'n ddiweddarach. A do, fe ddaeth 'na fwy nag un o'r rheiny!

Sawl gwaith, fe fydde 'afon' o laeth i'w gweld yn llifo i lawr y wâc, neu'r sodren, wrth draed y gwartheg. Wedd y golled ariannol ddim cymaint bryd hynny, a fydde dim cymaint o bwyse i sicrhau bod pob modfedd o'r ffarm yn talu'i ffordd chwaith. Ma ambell ffarmwr yn casáu'r godro nos a bore; mae e'n waith caled, mae e'n waith hefyd sy'n clymu rhywun wrth y ffarm os na wes help parod ar gael, ond i fi'n grwt wedd e'n lot o sbort hefyd. Os bydde diferyn neu fwcedaid o laeth yn cael ei sarnu, bydde'r cathod yn hapus. Felly wedd e ddim yn wastraff i gyd, wedd e?

Bydde bywyd ar y ffarm i grwt ifanc hefyd yn cynnig digon o gyfleoedd i ddatblygu'r math o gryfder sydd yn angenrheidiol i brop ar y cae rygbi. Wyddwn i ddim ar y pryd, wrth gwrs, ond wedd blynydde o godi bêl o wair wrth y cortyn a'i dowlu dros fy ysgwydd, cario bwcedi godro yn llawn o laeth, sachau blawd a bwydydd anifeiliaid neu weryd, tynnu llo neu oen ar ei enedigaeth, a'u cario pan oedd angen, ymhob tywydd, i gyd yn caledu'r dwylo ac yn magu'r math o gyhyre a bôn braich sy'n arwain at ffitrwydd naturiol.

Sdim dwywaith taw'r profiad hwnnw sydd i gyfri 'mod i'r siâp ydw i – ie, ac yn cerdded fel ydw i hefyd. Ma'r sylwebydd rygbi Wyn Gruffydd wedi dweud droeon, "Tase hi'n bwrw'r dilyw glaw, a'i bod hi'n amhosib adnabod yr un chwaraewr oddi wrth y llall ar y ca' rygbi, fe fydden i wastad yn dy nabod ti, John, achos ro't ti'n cerdded fel ffarmwr drwy barc tato, ac yn rhedeg fel ffarmwr sy wedi arfer rhedeg i gyrraedd iet y clos o flân y fuwch."

Mae'n well gen i feddwl 'mod i'n debycach i hen fan Commer fydde gan nifer o werthwyr nwyddau yng nghefen gwlad; fydde hi byth yn ennill yr un Grand Prix, ond wedd iddi injan dda, a wedd hi wastad yn saff o gyrraedd pen y daith!

I brop, fodd bynnag, mae'r gallu i dynnu yn ogystal â gwthio neu 'hwpo' yn hanfodol bwysig, ac ma angen cryfder yn rhan ucha'r corff yn ogystal â bôn braich i neud hynny. Heb yn wbod i fi ar y pryd a heb rhyw ymdrech fawr, wedd holl weithgarwch y ffarm yn fy mharatoi yn naturiol ar gyfer datblygu'n brop rhyngwladol. Wedd bywyd ffarmwr yn cryfhau rhywun yn gorfforol ac yn feddyliol, tra ar yr un pryd yn magu cymeriad. Ar hyd y blynydde fe fuodd yma set o bwyse fel y gwelwch chi mewn campfa ond prin iawn, os o gwbwl, y gwnes i eu defnyddio erioed. Maen nhw yma o hyd yn rhywle yn casglu rhwd, tase ond i brofi bod digon o amrywiaeth o dasgau ar ffarm i iro'r cyhyre.

Falle taw hynny sydd i gyfri na weles i'n bersonol yn ystod fy ngyrfa rygbi unrhyw les na mantais i dreulio orie yn y *gym*. Doedd dim amser ar ffarm i fod yn *bored*. Sa i'n credu i fi ddod i lawn ddeall ystyr y gair *bored* tan i fi fynd i sesiyne ymarfer codi pwyse ar alw carfan rygbi Cymru yng nghanol y 1990au.

Dw i wedi darllen am sawl cyn-chwaraewr rygbi sy'n dweud bod gydag e bêl yn ei ddwylo ers ei fod e'n ddim o beth. Galla i ddweud bod gyda fi ddwy 'bêl' yn fy nwylo – un ym mhob llaw! On'd wên i'n fachan lwcus? Ond bêls gwair neu wellt fydde'r rheiny!

Wedd hi'n naturiol bod angen sawl pâr o ddwylo ar y ffarm, ta pwy mor fach fydde'r dwylo hynny. Bydde angen help adeg godro yn amal iawn, yn enwedig pan fydde angen rhoi gwair o flân y gwartheg yn y gaea. Wedd yma fêls gwair bach, ac fe fydde Edward a finne yn gryts yn medru eu trafod yn hawdd. Serch hynny, os bydde rhyw raglen arbennig ar y teledu, fydden ni ddim bob tro yn 'clywed' y waedd o'r clos adeg godro. Bydden ni'n clywed yn iawn, ond dewis peidio gwrando wên ni'n dou!

Fe fydde Edward a finne'n hoff iawn o'r rhaglen *Blue Peter*, ac fe fydde honno wastad ar y teledu adeg godro. Yn amal, fe fydden ni'n esgus ein bod ni heb glywed y llais yn galw. Ond Dad fydde'n cael y gair ola bob tro, achos wedd cyflenwad trydan y tŷ yn dod o'r tai mas. Dim ond taflu'r switsh fydde raid iddo neud, a'r dewis i Edward a fi fydde ufuddhau neu

25

edrych ar ein gilydd! Fydde dim pwynt dadle; os wên ni am wylio'r teledu bydde rhaid rhoi help i Dad yn gynta.

Ond bydde amser i whare. A weithie fe fydde'r whare hwnnw'n troi'n chwerw, fel yr adeg hynny pan aeth Nhad bant i sioe Smithfield yn Llunden jyst cyn Nadolig. Wedd e wedi'n siarsio ni fois ddigon, a Keith y gwas gyda ni – wedd dim mynd i hela i fod, na mynd â'r ast, Flo, i hela ar unrhyw delere.

Miliast wedd Flo a wedd 'da Keith ddiléit mowr mewn hela. Wên ninne blant hefyd â'r un diléit, a wedd lot o sbort i'w gael mewn cwrso cwningod ar hyd caeau Cilrhue. Ta beth, fe aeth Keith â Flo gydag e, ac yn ei gwylltineb ac yng nghyffro'r helfa dyma'r ast yn rhedeg yn syth i mewn i drelar wedd wedi'i barcio mas yn y parc, a neud niwed difrifol iddi hi ei hunan. Doedd dim dewis ond rhoi Flo i lawr i 'gysgu'. Wedd colli Flo yn dipyn o ergyd ond wedd gwers wedi'i dysgu ac ar ffarm dyw rhywun byth yn rhy hen i ddysgu.

Allen i ddim bod llawer mwy na deg neu ddeuddeg oed ar y pryd, ond wedd honno'n ergyd greulon, ond dw i'n cofio Nhad, ar ôl dweud y drefen, hefyd yn dweud fel y dylai'r digwyddiad fod yn wers i ni i gyd, ond yn ein hatgoffa ar yr un pryd y gallai pethau fod yn llawer gwaeth gan taw 'tu fas' i ddrws y tŷ y digwyddodd yr anffawd. Mae'n rhyfedd fel ma dywediade fel 'na'n serio ar gof crwtyn ifanc ac fe gawn i achos i gofio'r geirie mewn blynydde i ddod.

Fe fydde tipyn o hwyl i'w gael wrth hela cwningod, a wedd cig cwningen yn fodd i amrywio rhywfaint ar y pryde bwyd. Doedd dim prinder cwningod ar dir Cilrhue, a weithie bydde yna gymaint o sbort i'w gael o fynd allan gyda lamp wedi iddi nosi, a gyda gwn neu gi, neu'r ddau, fe fydde'r helfa bron bob tro yn llwyddiannus. Bydde golau'r lamp yn dallu ac yn drysu'r gwningen nes peri iddi rewi i'r fan. Fe fydde'r diwedd yn sydyn!

Ac os wedd cwningen neu ddwy yn bryd o fwyd rhad, wedd pris da am groen a chynffon cadno 'nôl ar ddiwedd y 1970au a dechre'r 1980au. Doedd dim prinder cadnoid ar erwau Cilrhue. Fe gâi rhywun hyd at ddeuddeg punt yr un am bob croen os dw i'n cofio, yn enwedig os wedd y croen hwnnw wedi'i sychu. Wedd hynny'n fodd hefyd i was ffarm ychwanegu at ei gyflog a dw i'n amau dim y bydde'r crwyn yn talu'n well nag wythnos o ffarmo ambell wythnos i Keith y gwas!

Fel na fydde hi yng nghefen gwlad pan wên i'n grwt. Daeth y gwaharddiad ar hela cadnoid â chŵn i rym yn 2004, ac erbyn heddi dw i'n credu bod hyd at deirgwaith mwy o gadnoid yn yr ardal yma na wedd ddeugain mlynedd yn ôl. Mae'r gwaharddiad, heb os, wedi arwain at gynnydd difrifol yn niferoedd y cadno, a sdim dwywaith bod y rhai a gyrhaeddodd ar eu *holidays* ganol nos o'r trefi mawrion wedi ychwanegu'n helaeth at eu niferoedd! Digon hawdd nabod y rheiny, achos maen nhw'n edrych ar goll, a sdim cystal gwedd arnyn nhw â'r rhai sy wedi gorfod hela'u swper, yn hytrach na sgwlca o fin sbwriel. Yn fy ngolwg i, ma rhyddhau cadno i gynefin nad yw e'n gyfarwydd ag e, a'i adael i dendio'i hunan heb y reddf naturiol i neud hynny, yn greulon ond ma'r rhai sy'n wrthwynebus i hela, yn gyfleus iawn, yn diystyru'r ddadl honno.

Er y colledion a'r gwersi, fel pob mab ffarm ar ryw adeg neu'i gilydd, doedd dim byd arall ar 'y meddwl inne chwaith ond gadael yr ysgol cyn gynted â phosib a mynd gatre i ffarmo. Allwn i ddim aros nes bydde cloch yr ysgol yn canu am hanner awr wedi tri. Tasgu gatre, newid yn sydyn ac yn syth mas i'r clos. Ond pan na fydde gwaith yn galw, wedd dim yn well gen i i'w neud yn grwt na chicio pêl. Fe ges i fy mhêl rygbi gynta pan wên i tua phump oed, siŵr o fod – pêl leder. Dw i'n gallu ei gweld hi nawr. Wedd hi'n ishte yn uchel ar silffoedd pren yn stafell gefen y siop ym Moncath – siop Jos ac Elsie. Dim ond un pêl wedd 'na, a wedd hi'n rhyfedd gweld pêl rygbi yn siop y pentre ta beth, ond dyna ble wedd hi yng nghanol y defnyddie gwau a gwnïo. Fy mhêl i wedd hi o'r eiliad wnes i glapo'n llyged arni, a wedd neb arall i gael ei ddwylo arni. Wedd Mam wedi sylwi, a wedd dim angen llawer o gocso arni iddi fynd i'w phoced. Fe alla i gofio gwynt y lleder hefyd, a pha mor drwm fydde hi pan wedd hi'n wlyb. Dw i ddim yn cofio bod 'da fi sgidie rygbi bryd hynny – wedd *wellingtons* yn gorfod neud y tro.

Bob prynhawn dydd Sul wedd dim yn well gyda fi na mynd i'r parc tu ôl y tŷ, sef Parc Ysgall, i gicio pêl, ei dal hi, rhedeg â hi a rowlio ar y llawr gyda hi. Pan sneb 'da chi i whare, rhaid i chi neud eich sbort eich hunan. Pam prynhawn Sul? Bydde pob ffarmwr yn cael hoe wedi'r *farming forecast* ar brynhawn Sul a wedd Cilrhue yn ddim gwahanol!

John Davies – prop!

AETH SAWL BLWYDDYN arall heibio cyn i fi gael fy mhâr cynta o sgidie rygbi – pâr o Cheetahs brynodd Mam i fi yn siop Len yng Nghrymych, a'r rheiny yn dod lan dros 'y mhigwrne. Wên i'n barod i fynd i olwg pobol i whare nawr!

Yn Ysgol y Preseli y des i gysylltiad â rheolau'r gêm ac i whare yn y safle ddaeth â chymaint o fwynhad a phleser i fi am yn agos i ugain mlynedd ar y safon ucha. Dw i'n cofio'r wers chwaraeon gynta ar ôl cyrraedd yr ysgol fowr a'r athro chwaraeon, Kevin Thomas, yn ein rhoi ni'r bechgyn newydd i gyd mewn rhes. Pawb yn sefyll fel sowldiwrs ac ynte'n symud i lawr y rhes: mewnwr, asgellwr, clo, blaenasgellwr, a chyn iddo 'nghyrraedd i bron, John Davies – prop!

Wên i'n ddigon da yng ngolwg Kevin Thomas yn y flwyddyn gynta yn yr ysgol i gynrychioli tîm yr ail flwyddyn. Fe ges i 'ngêm gynta dros yr ysgol yn erbyn Ysgol Syr Thomas Picton, Hwlffordd – un o ysgolion cryfa'r sir – ac fe ges i fy rhoi ar ben rhydd y sgrym, ond wnes i ddim mwynhau'r profiad hwnnw o gwbwl. Ond, mewn dim o dro, cafodd mewnwr Ysgol y Preseli, Rhodri John, a finne ein hunain yn nhîm dan 13 ysgolion Sir Benfro. Wedd y ddou ohonon ni'n edrych mlân yn eiddgar at gael cynrychioli'r sir am y tro cynta. A Rhodri'n gofyn,

"Beth wyt ti fod i wishgo?"

"Rhaid i ti wishgo *blazer* gyda *badge* yr ysgol, a thei yr ysgol," mynte fi.

Wrth gwrs, ar y diwrnod, wên i mewn crys a jîns. Pan drodd Rhodri lan, fe wedd yr unig un mewn *uniform*. Ac mae'r math yna o berthynas wedi para rhyngon ni ar hyd y blynydde. Falle nad yw'r enw Rhodri John yn golygu fawr ddim i chi, ond os weda i taw fe wedd actor gore BAFTA rai

blynydde'n ôl am ei berfformiad o Balders, yr arwerthwr ceir
ail-law yn *Cowbois ac Injans*, ac un o sêr sgetshys *Scrum 4*,
neu'r bachan hwnnw wedd wastad yn pipo dros y ffens tŷ
cownsil yn *Con Passionate*, a'r prifathro yn *Gwaith/Cartref*
wedi hynny, fe fydd pawb yn gwbod taw am yr actor Rhodri
Evan dw i'n sôn. A do, fe fuodd e hefyd yn aelod o'r grŵp
Dom. Ie, hwnnw!

Bob bore Sadwrn yn ystod y tymor bydde Rhodri a finne'n
mynd i lawr i glwb Penfro i ymarfer gyda thîm y sir. Godro a
neud y dyletswydde ar y ffarm yn gynta ac wedyn bwrw i lawr
am dre Penfro erbyn deg y bore. 'Bow and Arrow Kids' neu
'Mountain Men' wedd y disgrifiad ohonon ni fois Crymych yn
amal iawn yn ystod dyddie ysgol pan fydden ni'n mynd lawr
i waelod y sir i whare.

I ddeall arwyddocâd y disgrifiadau hynny, mae'n rhaid i
bobol sylweddoli bod dwy ochor i Sir Benfro, 'un i'r Sais a'r
llall i'r Cymro'. Ond fe ddatblygodd y berthynas rhyngddo i
â chlwb Penfro, yng ngwlad y *down-belows*, a chydag athro
chwaraeon yr ysgol leol, Dai Williams, yn arbennig. Fe wedd
yn edrych ar ôl tîm iau ysgolion y sir ar y pryd.

Dyna pryd dechreuodd fy nhad gymryd diddordeb mewn
rygbi achos, os wedd diléit chwaraeon gydag e o gwbwl,
ffwtbol a *Match of the Day* ar nos Sadwrn wedd hyd a lled y
diléit hwnnw. Ond wedd e'n mwynhau'r siwrneion cyson lawr
i waelod y sir. Bydde'n gyfle iddo ynte gael hoe o'r ffarm, ac
fe wnaeth e, fel finne, ffrindie oes ymysg y *down-belows* yn y
cyfnod hwnnw. Fe ddaeth fy nhad a thadau rhai eraill o gryts
ifainc Sir Benfro ar daith rygbi i Iwerddon gyda ni un tro, a
joio mas draw. Mae'n bosib na fydde fe wedi gweld Iwerddon
fel arall – heblaw ar ddiwrnod clir o gaeau ucha Cilrhue ar
draws Bae Ceredigion falle. Sdim ond rhaid enwi Daff Cilrhue
nawr wrth Dai Williams, a daw rhyw wên gellweirus i oleuo'i
wyneb.

Dw i wedi bod 'nôl droeon i glwb Penfro dros y blynydde
pan fydd galw am godi arian neu beth bynnag, tase ond i
ddiolch am gyfeillgarwch a chymdeithas y boreau Sadwrn

hynny, ac mewn ymdrech i dalu 'nôl rhywfaint o'r ddyled i Dai Williams.

Falle fod iaith yn ein gwahanu ni, a lot wedi'i neud o'r rhwyg rhwng Cymry gogledd y sir a Saeson y *down-belows*, ond fe ges i nhw'n bobol *genuine* iawn. A dweud y gwir, wedd un o fy nghefnogwyr penna i, Eddie Hallett, yn dod o ardal Penfro. Un o fois cefen gwlad go iawn os buodd un erioed; wrth ei fodd yn hela a physgota neu mas yn yr ardd. Gyda fe yr es i allan i saethu ffesantod am y tro cynta. Wedd Eddie hefyd yn cadw gwenyn, ac fe fydde yna bot o fêl i fi bob blwyddyn. Ond ddaeth 'na'r un yn 2008. Cafwyd Eddie'n farw ar lan yr afon â'i wialen bysgota yn ei law. Fydde fe ddim wedi bod ishe gadael yr hen fyd 'ma mewn unrhyw ffordd arall. Wedd hi'n chwith iawn gen i na fedres i dalu'r gymwynas ola i Eddie, a chario'i arch yn ôl dymuniad y teulu, gan i fi ddamsgin yn ddamweiniol ar bigau fforch ddom ar y clos yn fy hast ar fore ei angladd ym mis Gorffennaf y flwyddyn honno. Fe aeth y pigyn drwy fy nhroed, heb gyffwrdd â'r un asgwrn trwy lwc, ac i feddwl na ches i'r un ddamwain ddifrifol yn ystod ugain mlynedd o rygbi, ac i hynny orfod digwydd i fi ar yr union ddiwrnod hwnnw o bob diwrnod. Gwers arall ges i, a phrawf arall nad yw rhywun byth yn rhy hen i ddysgu!

O bryd i'w gilydd, fe fydde Sir Benfro yn croesawu timau ieuenctid o ardaloedd eraill o Gymru, ac ma gen i gof arbennig am un penwythnos yn benodol pan ddaeth tîm yn cynrychioli ysgolion Caerdydd i whare tîm ieuenctid y sir. Roedd tîm ysgolion Caerdydd o hyd yn gryf, fel bydde rhywun yn dishgwyl, a bryd hynny bydde hi'n ofynnol i ni'r chwaraewyr gynnig lletty yn ein cartrefi i aelodau o dîm yr ymwelwyr. Nos Wener cyn y gêm, wedd dau aelod o'r tîm i aros yng Nghilrhue a wedd prysurdeb mawr dw i'n cofio – hastu gatre o'r ysgol; newid; rhedeg i'r parc i godi tato ar gyfer swper a neud yr holl jobsys wedd rhaid eu neud cyn mynd i lawr i Benfro i gwrdd â'r tîm o Gaerdydd.

Casglu'r bechgyn a dychwelyd gatre a'u dangos nhw o gwmpas y ffarm – dw i ddim yn credu bod yr un o'r ddau wedi bod yn agos at glos ffarm cyn hynny. Wedi swper cynnar, fe gafwyd tipyn o hwyl yn whare *pool* yn Boncath Inn, lan yn y pentre. Fy Wncwl Huw wedd yn cadw Boncath Inn, a wedd hwnnw'n ddwl am ei rygbi. Doedd fawr ddim o atyniade eraill yn yr ardal, dim byd tebyg i beth fydde'r cryts yma yn gyfarwydd ag e yng Nghaerdydd, ond wedd cael mynd i whare *pool* yn nhafarn y pentre yn achlysur arbennig i grwt ifanc fel fi ar unrhyw adeg.

Fore trannoeth wedyn, llond bola o frecwast – wyau a chig moch, tomatos a bara saim, tost a marmalêd cyn bwrw i lawr i waelod y sir ar gyfer y gêm. Colli wnaethon ni ac fe aeth blynydde heibio cyn i fi gael y cyfle i atgoffa'r mewnwr rhyngwladol Andy Moore, a'r ddau ohonon ni erbyn hynny'n whare rygbi gyda'n gilydd i glwb Richmond ar gyrion Llunden yn yr oes broffesiynol newydd, taw yn ein tŷ ni wedd e wedi cael y 'llond tŷ o groeso' wedd e'n sôn amdano. Sgwrs dros beint arweiniodd at yr hel atgofion, a wedd e ddim wedi neud y cysylltiad. Ond wedd brecwast Mam wedi gadael argraff arno, os na wên i!

Er i'r ddau ohonon ni ennill capie llawn ac yn yr un gêmau rhyngwladol wedi hynny, wedd Andy ddim yn 'y nghofio i'n fwy na wên i'n ei gofio ynte, hyd nes i ni gael y sgwrs ddifyr honno a ddaeth ag atgofion melys yn ôl i'r ddau ohonon ni, a'r ddau ohonon ni erbyn hynny yn ennill cyfloge da yn whare rygbi i glwb Richmond. Ond yr hyn a wnaeth argraff arbennig ar Andy, medde fe, ar wahân i frecwast Mam, wedd 'mod i'n gallu dreifo Land Rover rownd y clos, a finne bryd hynny ond yn rhyw bymtheg oed, a rhyw dair blynedd cyn y bydden i'n cael trwydded yrru gyfreithlon. Wedd e'n cofio pa mor eiddigeddus wedd e'n teimlo!

Eto, fel 'na wedd hi ar ffermydd; wedd e'n rhywbeth bydde meibion a merched ffermydd yn ei ddysgu fel rhan o fywyd bob dydd pan fydden nhw'n ddigon tal i gyrraedd y pedals. Mater o raid fydde fe'n amal, yn union fel dysgu dreifo tractor.

Dw i'n gwbod bod tuedd gan rywun wrth dyfu'n hŷn i

ramantu am ddyddie ei blentyndod ond, i fi, fe wên nhw'n ddyddie da – whare rygbi yn yr ysgol a hefyd ar benwythnose, a godro'r gwartheg. Fe chwaraeais i drwy flynyddoedd yr ysgol a dychwelyd i'r chweched dosbarth, ac yn benodol i chwilio am gap Ysgolion Cymru. Wên i'n ddigon parod hefyd i fynd yn ôl i ailsefyll ambell arholiad fydde wedi cael y gore arna i yn nhymor yr haf. Dyw tymor yr haf ddim y tymor gore i fab ffarm ishte arholiade pwysig! Ond y flwyddyn honno, 1985/86 wedd hi, fe ddaeth streic genedlaethol yr athrawon â gêmau bore Sadwrn i ben am bron i dymor cyfan. O ganlyniad, fe ddioddefodd y gêm, gydag athrawon a fu'n ddigon hapus ar hyd y blynydde i roi o'u hamser ar brynhawnie canol wythnos a boreau Sadwrn, wedi hyn yn glynu at oriau eu cytundebau a dim mwy.

Gyda'r gobaith am gap rhyngwladol wedi diflannu fe adewes inne'r ysgol ganol tymor yr hydref i fynd gatre i Gilrhue, lle'r oedd pethe wedi gorfod newid yn gyflym yn sgil y cwotâu llaeth a ddaeth i fodolaeth y flwyddyn cynt. Ddes i ddim i werthfawrogi gwir ddadl yr athrawon hyd nes i finne ddod yn atebol i ofynion 'mishtir' flynydde'n ddiweddarach.

Ysgwyd fy adenydd

Dw i'n cofio'r 5ed o Dachwedd, 1985, fy niwrnod cynta ar ôl gadael yr ysgol, fel tase hi dwê. Nid achos bod tractor newydd wedi cyrraedd Cilrhue na chwaith am i fi gael pris da yn y mart y diwrnod hwnnw. A tha beth, fel y gŵyr pawb yng nghefen gwlad, dyw meibion ffermydd ddim yn cael mynd i'r mart ar eu pen eu hunain, heb sôn am brynu neu werthu creadur, nes eu bod nhw'n llawer hŷn! Ma 'na hen jôc on'd oes e, sy'n sôn am ffarmwr yn riteiro a'r mab dros ei ddeugain oed yn dweud: "Gwd, alla i fynd i'r mart i werthu buwch ar ben 'yn hunan nawr!"

Y gwir amdani wedd 'mod i ar Barc y Strade yn gwylio'r gêm rhwng Llanelli a Ffiji ar y dydd Mawrth oer hwnnw o Dachwedd. Wên i wedi cael cynnig tocyn y noson cynt gan y diweddar Dudley Davies, ac fe ges i ganiatâd 'da Nhad i fynd gydag e i weld y gêm. Fe fydde Dudley'n gwerthu nwyddau amaethyddol a moddion anifeiliaid o gefn ei fan wrth deithio o ffarm i ffarm. Wedd Dudley'n deall pobol ac wrth deithio o gwmpas y wlad wedd e hefyd wedi dysgu'r grefft o wrando, ac nid pawb sydd wedi'i fendithio â'r ddawn honno. Wedd Dudley'n hoff iawn o'i rygbi, a gyda'r cefnogwr mwya selog fuodd i glwb Llanelli ar hen Barc y Strade. Bydde fe'n hoff o sbort a drygioni, ac allwn i ddim bod wedi cael gwell cwmni. Fe fuodd e'n gefnogwr selog i finne ar hyd fy ngyrfa, yn enwedig pan ddychweles i i'r Strade. Fe alla i ei weld e nawr, a'r cap fflat ar dro ar ei dalcen e, jin a thonic a *bitter lemon* yn ei law yn mwynhau'r gwmnïaeth werinol yn y bar wedi'r gêm. Mae 'nyled i'n fawr i Dudley a'i wraig, Dianne, am eu cefnogaeth.

Wên i, gyda llaw, ddim y cefnogwr mwya brwd o glwb y Strade bryd hynny ond, fel nifer arall yn y dorf o 9,000 a mwy y diwrnod hwnnw, fe ges i'n rhyfeddu at ddawn y Ffijïaid â'r bêl yn eu dwylo. Rhyfeddu fwy fyth o'u gweld 25–0 ar y blân ar un adeg cyn i gicio Gary Pearce a chais hwyr Alun Hopkins grafu buddugoliaeth i'r Scarlets o 31 i 28 erbyn y chwiban ola.

Ond fel cyw o brop, y rheng flân – Anthony Buchanan, Dai Fox a Laurence Delaney – ddenodd fy sylw i. Prin iawn feddylies i'r diwrnod hwnnw, serch hynny, y bydde llwybrau Anthony a finne'n croesi sawl gwaith cyn i 'ngyrfa ddod i ben. Fe aeth 'Buchs' a finne benben â'n gilydd ar y cae ymhen rhai tymhore a fe wedd yn allweddol hefyd i fy nenu 'nôl o Richmond yn Llunden i whare dros Lanelli a'r Scarlets ddegawd a mwy wedi hynny. Digon yw dweud i fi dreulio sawl prynhawn arall bant o'r ffarm yng Nghilrhue yn dilyn y diwrnod cofiadwy hwnnw ar Barc y Strade ar ddiwrnod Guto Ffowc ym 1985.

Wên i wrth fy modd yn mynd gyda Nhad i'r mart yn Aberteifi. Dyna'r farchnad anifeiliaid agosa ac ym mart Aberteifi y bydden ni gwerthu'n holl anifeiliaid, yn wartheg neu'n lloi, yn ddefaid ac yn ŵyn. Bydde'n rhaid codi'n fore i gyrraedd y mart mewn da bryd ar ddiwrnod gwerthu'r ŵyn, a gofyn bod yn y ciw am saith o'r gloch ar gyfer gwerthu am ddeg y bore. Ma gen i gof arbennig i fi gyrraedd yn gynnar un bore a gweld Emyr Oernant – sy'n gyfarwydd i bawb sy'n dilyn rhaglenni *Talwrn y Beirdd* ar y radio – yn cyrraedd yn ei gar Renault tua'r un pryd, yn codi'r sbectol ar ei dalcen cyn agor drws y cefn a dau hwrdd yn neidio mas. Wedd gan Emyr Oernant *utility vehicle* cyn iddyn nhw ddod yn boblogaidd.

Cyn dod gatre ac os bydde'r pris yn dda, bydde'n rhaid galw mewn gyda Nhad yn nhafarn yr Eagle gerllaw am sgwrs â hwn a'r llall. Dyma ble bydde rhywun yn naturiol yn cael y newyddion i gyd. Fe fyddwn i'n edrych mlân at y gamwn a'r wy yn yr Eagle ac yn mwynhau'r gwmnïaeth a'r tynnu coes rownd y bwrdd bach o flân y ffenest. Dw i'n cofio meddwl hefyd ar y pryd pa mor hallt wedd y gamwn!

Ond os wedd Dad i'w weld yn cribo'i wallt yn deidi yn y drych ar fore'r mart ac yn edrych ychydig bach yn fwy trwsiadus na'r arfer, yna wedd Mam a ninne'r plant yn gwbod na fydde fe gatre'n gynnar, a falle bydde yna drip i'r dre i'w mofyn e cyn nos. Wedd hi'n ddigon teg ei fod e'n cael amser iddo'i hunan i enjoio gyda'i ffrindie, achos ma bywyd ffarmwr yn gallu bod yn ddigon unig. Wedd dim sôn am ffonau symudol, a'r unig Twitter wedd trydar yr adar to a'r drudwns o lofft y tŷ gwair. A wedd y rheiny'n ddigon o farn, fel ma pob ffarmwr yn gwbod.

Os bydde'r hwylie'n dda iawn ac ar ôl galw yn nhafarnau'r Castle, a'r Grosvenor falle, fe âi Nhad a'i ffrindie am bryd o fwyd Tsieineaidd yn y dre. Dilyn wedd Nhad, ond wedd siawns i ninne blant gael pryd o fwyd Chinese cyn dod gatre. Fydde Nhad ddim wedi mynd o'i ddewis ei hunan, a dyw hi ddim yn weddus i roi rhwng clorie llyfr syniadaeth fy nhad am fwydydd Tsieineaidd. Digon yw dweud taw stêc a chips wedd dewis Daff a taw *sweet and sour* fydde ei farn e am ddeiet y Tsieineaid!

Wên i'n hoff iawn o'r gwmnïaeth a'r tynnu coes yn y mart, sy'n nodweddiadol o gymuned amaethyddol ardal gogledd Sir Benfro a de Sir Aberteifi. Dw i'n ei werthfawrogi hyd yn oed yn fwy nawr a finne, yn ogystal â ffarmo, yn cael cyfle i deithio o gwmpas ffermydd hen siroedd Dyfed yn gwerthu nwyddau amaethyddol ar yr un heolydd ag y teithiai Dudley Davies, y dyn a aeth â fi i fy ngêm rygbi ryngwladol gynta. Ac os ydw i hefyd wedi etifeddu'r ddawn i wrando, i Dudley yn rhannol mae'r diolch am hynny.

Dechre'r daith

WEDD BRWDFRYDEDD MAWR am rygbi yn ardal bro'r Preseli ar hyd y blynydde ac i adeiladu ar draddodiad cryf a hanes llwyddiannus y gêm yn Ysgol y Preseli ers ei sefydlu ym 1959, penderfynwyd sefydlu clwb rygbi yng Nghrymych ym 1984. Fe fydde'r clwb yn cyfateb i dalgylch yr ysgol – yn ymestyn o lannau afon Teifi yn y gogledd hyd at lannau afonydd Taf a Chleddau yn y dwyrain a'r de, ac ar hyd arfordir y gorllewin hyd at Drefdraeth.

Yn y gorffennol bydde chwaraewyr, ar ôl gadael yr ysgol, yn tynnu at glybie Aberteifi, Arberth neu Hendy-gwyn ar Daf – clybie a fydde'n whare yng Nghynghrair Sir Benfro bryd hynny. Wedd hi ddim yn syndod pan sefydlwyd clwb yng Nghrymych gan fod cymaint o lwyddiant wedi dod i ran disgyblion a chyn-ddisgyblion Ysgol y Preseli ers iddi agor ei drysau chwarter canrif ynghynt.

Aeth bechgyn fel Selwyn Williams a Lyndon Thomas, y ddau'n gyn-ddisgyblion Ysgol y Preseli, mlân i gynrychioli Llanelli a Phen-y-bont yn y 1970au cynnar, a Glyn Davies i Gaerdydd cyn i anaf i'w ben-glin ddod â'i yrfa i ben yn llawer rhy gynnar. Fe fyddwn inne'n dilyn hynt a helynt dau arall o gyn-ddisgyblion yr ysgol, Brian Williams a Kevin Phillips, y ddau erbyn hynny wedi sefydlu eu hunain gyda chlwb Castell-nedd. A dweud y gwir, wedd y ddau'n dipyn o arwyr i ni gryts ifainc yr ardal. Chydig iawn feddylies i bryd hynny y bydden inne'n ymuno â nhw ar y Gnoll ymhen rhai tymhore.

Wedd neb yn ffitiach na Kevin Phillips. Dw i'n cofio un gêm yn arbennig rhwng tîm cynta Ysgol y Preseli a'r Hen Fechgyn gyda Kevin a finne'n herio'n gilydd yn y rheng ôl. Wên i'n ddigon clou ar fy nhraed bryd hynny i fedru whare fel blaenasgellwr, fel bydde'r galw. Wedd Kevin yr un mor gartrefol yn y rheng ôl â wedd e yn y rheng flân. Yn hynny o beth wedd e o flân ei amser. Erbyn heddi ma dyn yn clywed am nifer o fachwyr a ddechreuodd eu gyrfaoedd yn y rheng ôl. Dyna arwydd o shwt ma'r gêm wedi newid, gyda mwy o angen i fachwr fedru trafod y bêl â'i ddwylo, a chario'r bêl, nag i fachu yn y sgrym, hyd at y newidiade diweddara i ofynion sgrymio, ac adfer y sefyllfa i'r hen drefen o orfod bachu'r bêl. Ond bydde Kevin wastad yn barod am gêm, boed honno ar y Gnoll neu ar gae'r ysgol. A bydde fe'r un mor gystadleuol a phenderfynol ar y ddau gae. Dyna Kevin Phillips i chi; y capten gore i fi whare iddo, a gydag e, heb os. Wedd gydag e'r gallu i ysbrydoli a wedd dim ildio i fod. Yn anffodus, dim ond dwy gêm wnaethon ni whare gyda'n gilydd dros Gymru, ond fe fydd y gêmau a chwaraeon ni gyda'n gilydd dros Gastell-nedd yn para yn y cof am byth. Fel capten, wedd e mor onest â'r dydd, a bydde chwaraewyr yn hongian ar bob gair ddwede fe. A wedd e bron wastad yn iawn yn yr hyn bydde fe'n dweud ac yn gofyn i ni ei neud.

Cyn y gallwn i feddwl am ymuno â Kevin a Brian ar y Gnoll, rhaid wedd bwrw prentisiaeth, ac fe ddaeth y cyfle ar garreg y drws. Cymaint oedd y brwdfrydedd a'r cyffro yng Nghrymych ar ôl sefydlu clwb am y tro cynta erioed yn y pentre fel bod gyda nhw'r hyder a'r weledigaeth i sefydlu ail dîm ac yna tîm ieuenctid. Ac er mor brysur wedd gwaith y ffarm, rhaid wedd neud amser i whare rygbi ac, yn naturiol, fe wnes i ymuno â'r tîm ieuenctid. Yn fy nhymor cynta, bachwr arall, Anthony Williams, brawd y prop rhyngwladol Brian, wedd hyfforddwr y tîm. Ma rhywun yn anghofio'r ffaith yn amal iawn ei fod ynte hefyd wedi whare i dîm Castell-nedd cyn i anaf i'w ben-glin ddod â'i yrfa i ben yn gynnar.

Dw i ddim yn cofio i fi gael unrhyw addysg ffurfiol yn y grefft o bropio, yn fwy na "cadw dy ben lawr a dy din lan" ond fe ddechreuodd pethe'n dda. Yn dilyn gêm rhwng Crymych a Doc Penfro a enillwyd o 13 i 6 cafwyd adroddiad ardderchog yn *Clebran* – papur bro ardal y Preseli – a disgrifiad gwell fyth, yn fy meddwl i ta beth, o gais prop ifanc tîm y pentre. Sylwch eto, nid John Davies, ond John Cilrhue.

Gafaelodd John Cilrhue yn y bêl rhyw ddeg llath ar hugain o linell gais yr ymwelwyr; a gyda chyflymdra un o'r tri-chwarteri, carlamodd y prop yn benderfynol am y llinell gais. Gadawodd bedwar o leiaf o daclwyr y Doc yn swp ar y llawr wrth i John sgorio o dan y pyst.

Ond roedd y *Western Telegraph*, papur Hwlffordd, yn gweld pethe chydig bach yn wahanol:

... prop John Davies was in support to pick up and storm under the posts from 15 yards.

Camau byrion fuodd gen i erioed ond dyma enghraifft arall o shwt maen nhw'n gweld pethe'n wahanol i lawr yng ngwaelod y sir! Dyna fy nghysylltiad cynta i â'r wasg ond diolch i'r papur bro am ddweud y gwir. Ches i erioed gam gan ohebyddion *Clebran*.

Daeth llwyddiant i'r clwb yn gynnar iawn wrth i nifer o chwaraewyr profiadol ddychwelyd gatre a chafwyd nifer o gêmau cofiadwy a buddugoliaethau mewn pencampwriaethau o fewn y sir, a thu hwnt yng Nghwpan y Bragwyr, sef Cwpan Adrannau Undeb Rygbi Cymru. Enillodd Brian Davies, tafarnwr rhadlon Tafarn Sinc Rosebush ger Maenclochog, gap i dîm Adrannau Cymru yn erbyn Gwlad Belg, ac ar y Gnoll fel mae'n digwydd, yn nhymor 1985/86, a chael cais yn y fuddugoliaeth o 21 i 9. Dros chwarter canrif yn ddiweddarach, ma Brian yn dal yn gefnogwr selog i'r clwb a'r to sy'n codi, ac yn fwy na pharod i rannu ei brofiad a'i ddoethineb gydag ambell ddyfarnwr! Ac mae e wedi dysgu shwt ma tynnu peint da!

Tudor Harries wedd fy hyfforddwr cynta i pan ymunes â thîm ieuenctid Crymych. Fe hefyd, fel mae'n digwydd, wedd hyfforddwr tîm ieuenctid Sir Benfro, ac ymhen dim o dro fe ges i fy newis i whare i dîm y sir. Dw i'n cofio cyrraedd ffeinal Cwpan MK pan gollon ni i dîm cryf o ardal Pen-y-bont y tymor hwnnw gyda Paul Jenkins yn gapten. A rhaid bod rhywbeth arbennig am awyr iach y Preselau oherwydd does dim ond dau neu dri thymor ers pan roes Paul y gore i whare.

Fe ddes i'n gapten ar dîm ieuenctid y sir ac fe ges i gyfle i ymarfer gyda charfan tîm Ieuenctid Cymru yn ystod gaeaf 1986. Bydde hynny'n golygu teithio draw i Lido Afan ar gyfer sesiynau ymarfer ar ddydd Sul dan hyfforddiant Ron Waldron. Prop pen tyn wedd Ron a dreuliodd amser yn y Llynges. Enillodd e bedwar cap dros Gymru dan gapteniaeth Clive Rowlands 'nôl yn nhymor y Goron Driphlyg a'r Bencampwriaeth ym 1965. Ond wedd gêm ola'r tymor mas ym Mharis, ac fe lithrodd y Gamp Lawn o'u gafael nhw ar y Stade Colombes. Wedd buddugoliaethau ym Mharis ddim yn dod yn hawdd yn y 1960au chwaith.

Wedd sesiynau ymarfer Ron Waldron yn galed – caled iawn o gofio taw cryts ifainc prin ddeunaw oed wên ni i gyd. Ond doedd dim iws dangos unrhyw arwydd o wendid. Mynd 'nôl a mlân ar hyd traeth Aberafan yr ochr draw i'r hewl i'r hen Lido Afan fydden ni, beth bynnag fydde'r tywydd, a'r pwyslais o hyd ar ennill pêl gyflym a'i symud hi mas yr un mor gyflym i'r esgyll. Wedd digon o redeg, a Ron yn mynnu ein gweithio ni'n galed. Doedd dim llaesu dwylo i fod. Pan fydden ni'n neud rhywbeth na wedd wrth fodd Ron, bydden ni'n cael gwbod hynny; wedyn, pan fydden ni'n neud rhywbeth wedd yn ei blesio, bydde fe'n barod i ganmol hefyd.

Fe glosies i at Ron, falle am 'mod i'n dechre setlo yn safle'r prop pen tyn erbyn hynny a'r hormonau wedi cymryd gafael. Fel gyda'r gamp o dynnu tractor, wedd y sled yn dechre mynd yn drymach gyda phob cam! Wedd Ron, fel wên i'n ei weld e, yn onest gyda fi, ac wên inne'n ymateb iddo ynte. Ac ar ddiwrnod oer a gwlyb yn Rovigo, yr Eidal, ddechre Chwefror 1987, fe enillais i 'nghap cynta. Yr hyn sy'n hynod ac yn anarferol am y gêm honno yw bod y pymtheg wnaeth ddechre'r gêm yn ennill eu capie cynta. Yn eu plith, yr haneri Brendan Roach o Cornelly ac wedyn Pen-y-bont, a Byron Hayward o Abertyleri, a Glynebwy a Chymru wedi hynny, a thri phartner o'r cornel yma o'r wlad sef Corrie Williams, canolwr Dinbych-y-pysgod, Ian Wall, bachwr Arberth, a Huw Morris, clo Castellnewydd Emlyn. Pedwar pwynt oedd am sgorio cais ym 1987, ac fe groesodd Phil Ruddle o Gydweli ddwywaith i sicrhau buddugoliaeth o 8 i 7 dros yr Eidalwyr.

Wên i'n meddwl i fi gael gêm ddigon da ac erbyn i fi gyrraedd gatre wedd y papur lleol, y *Cardigan and Tivy-side Advertiser*, wedi cael peth o'r hanes ac wedi llwyddo i gael dyfyniad gan Tudor Harries, hyfforddwr ieuenctid y sir:

> Obviously there is room for improvement in his scrummaging but that will come with experience but his play in the loose is superb.

Wedd y gêm nesa ddechrau Ebrill yn erbyn y Saeson yng Nghaerlŷr, a dyna fydde prop Ebolion Lloegr, y tîm ieuenctid, wedi'i ddweud hefyd mae'n siŵr, gan ychwanegu *much* rhwng y geiriau *is* a *room* yn y frawddeg gynta! Darllenwch gofiant fy ngwrthwynebydd i'r diwrnod hwnnw, Jason Leonard, am yr hanes! Fe ges i fy nhowlu boiti'r lle fel *rag doll* ar Welford Road, medde fe. Nid fel 'na dw i'n ei chofio hi ond, wedyn, prin pedair stôn ar ddeg wên i ar y pryd, a dw i'n hastu i ddweud na chafodd Jason, a enillodd 119 o gapie dros Loegr a theithio gyda'r Llewod deirgwaith, ei ffordd ei hunan pan aethon ni benben deirgwaith yn y 1990au ar y llwyfan rhyngwladol, er i'r Saeson ennill pob un o'r gêmau hynny.

Aeth Andrew 'Togo' Phillips, eto o glwb Crymych, a finne mlân o Sir Benfro i gynrychioli tîm Ieuenctid Cymru y flwyddyn ganlynol hefyd. Wedi dwy gêm brawf fe gawson ni ein hunen yn wynebu'r Saeson eto ar Welford Road, cartre tîm Caerlŷr. Yn rheng ôl Ebolion Lloegr y diwrnod hwnnw wedd Neil Back, a wnaeth enw iddo'i hunan gyda Chaerlŷr, Lloegr a'r Llewod. Fel dw i'n ei chofio hi, chawson ni fawr o lwc yn erbyn y Saeson y diwrnod hwnnw chwaith. Ond mae hyn eto'n tanlinellu cryfder rygbi Sir Benfro yn y cyfnod hwnnw bod o leia bedwar chwaraewr o'r sir, a dau o glwb ifanc Crymych, yn werth eu hystyried ar gyfer y tîm cenedlaethol. Mae'r oes wedi newid. Dyw'r dewiswyr ddim yn dod ymhellach i'r gorllewin na Bancyfelin y dyddie 'ma!

Ond doedd y gêmau ieuenctid rhyngwladol hynny ddim tamed caletach na'r rheiny yn erbyn timau ieuenctid clybie lleol fel Castellnewydd Emlyn ac Aberteifi. Mewn ardal amaethyddol glòs fel gorllewin Sir Gâr, gogledd Penfro a de Sir Aberteifi fe fydde tipyn o fynd a dod rhyngon ni gryts ifanc a phawb yn nabod ei gilydd. Roedd tîm ieuenctid Castellnewydd Emlyn ar y pryd yn hynod o galed fel dw i'n cofio, a wên i'n dipyn o ffrindie gyda Neil Evans 'Trelech' ac Aled Jones 'Morlogws', a wedd y clo Huw Morris gyda fi yng ngharfan ieuenctid Cymru. Ond am awr a mwy ar ambell ddydd Sadwrn, fe gâi'r cyfeillgarwch hwnnw ei roi o'r neilltu, ac fe fydde'r frwydyr am y bêl yn un ffyrnig, a thanllyd hefyd ar brydie. Gan mor agos wedd cae rygbi Castellnewydd Emlyn i afon Teifi, dw i'n barod i gyfadde y bydden i'n fwy na hapus pan welwn i'r bêl yn hedfan drwy'r awyr cyn disgyn ar ei phen yn y dŵr oherwydd wedd cyfle am hoe wrth geisio cael y bêl yn ôl i dir y whare!

Yr un wedd y stori yn erbyn tîm ieuenctid Aberteifi, a hyd y dydd heddi, honno, yn erbyn y cymdogion agosa, yw'r gêm sy'n rhaid ei hennill i dîm ieuenctid clwb Crymych. Wedd gyda nhw flaenasgellwr garw yn Geraint 'Washi' James o Genarth a mas yn y canol wedd bachan dansheris gyda'r bêl yn ei ddwylo. Wedd e wedi ennill cap i ysgolion Cymru cyn hynny. Fe drodd y canolwr mas i fod hyd yn oed yn fwy 'dansheris' gyda geiriau na gyda phêl, oherwydd nid dyna'r tro ola i'r Prifardd Ceri Wyn Jones gael ei 'gapo'! Dw i'n hynod o falch o'r cywydd a gyfansoddodd Ceri Wyn i fi flynydde'n ddiweddarach ac sydd i'w weld ar ddechre'r gyfrol hon. Dw i'n diolch iddo amdano.

Ma gêm arall dw i'n ei chofio'n dda yn fy mlwyddyn gynta

gyda'r tîm ieuenctid, nid oherwydd i Grymych ennill, a dw i ddim yn siŵr a wnaethon ni ai peidio'r diwrnod hwnnw mewn gêm 'gyfeillgar' yn Llandeilo. Yr hyn dw i'n ei gofio yw whare canolwr Llandeilo'r diwrnod hwnnw – Davies arall a ffarmwr ifanc fel finne. Wedd Simon 'Manorafon' yn anferthol o fawr yn ein golwg ni gryts wedd tua'r un oedran ag e, a thaswn i'n dweud ei fod e wedi trechu Colin Jackson mewn ras dros y clwydi ym Mhencampwriaethau Athletau Cymru flwyddyn neu ddwy cyn hynny, pa obaith wedd gan John 'Mogs' Morgan, ein mwydyn o gefnwr dewr ni, yn erbyn yr arth a ddeuai i'w gyfeiriad fel injan dân wrth ateb galwad? Fe wnaeth Aled 'Pontfaen' Williams yn y canol ei ore glas drwy'r prynhawn i'w daclo, a llwyddo gan amla. Ond pan dorrodd Simon drwodd yr un tro hwnnw fe loriwyd Mogs druan fel cymeriad mewn cartŵn sy'n cael ei chwalu'n ddarnau mân cyn tynnu ei hunan at ei gilydd a chodi ar ei draed unwaith 'to. A phan ddaeth Mogs o hyd i'w draed ymhen tipyn, a chael ei synhwyrau'n ôl, ei gwestiwn cynta wedd gofyn am hynt a helynt ei sbectol, y bydde fe'n gorfod ei gwisgo yn ddi-ffael oddi ar y cae. Wedd Mogs druan ddim yn gwbod pa ddiwrnod wedd hi heb sôn am ble wedd e. Wedd dim gwarth yn hynny, achos fe wnaeth Simon enw iddo'i hunan yn y canol gyda Llanelli a chodi ofon ar sawl gwrthwynebydd llai dewr na'r hen Mogs druan.

Ma Simon yn dweud hyd y dydd heddi taw uchafbwynt ei yrfa oedd trechu Castell-nedd gyda Llanelli yn rownd derfynol Cwpan Cymru ym 1988, a'r isafbwynt yn dod ddeuddeg mis yn ddiweddarach pan adawyd e allan o'r tîm a gollodd o bwynt i Gastell-nedd eto ar y Maes Cenedlaethol ym mis Mai 1989. Dw i'n gwbod yn union shwt wedd e'n teimlo, achos fe ffaeles i â chael fy newis ar gyfer y gêm honno a enillwyd gan Gastell-nedd 14–13, gan dalu'r pwyth yn ôl am y golled y flwyddyn cynt.

Gwireddu breuddwyd

ALLE BYWYD BYTH bod yn well. Wedd pethe'n gweithio'n iawn ar y ffarm yng Nghilrhue a phethe'n argoeli'n dda i fi ar y cae rygbi hefyd. Wedi dau dymor gyda thîm Ieuenctid Cymru wedd hi'n naturiol i fi symud mlân a chwilio am glwb dosbarth cynta. Wedd Pen-y-bont a Llanelli wedi bod mewn cysylltiad eisoes. Wên i wrth gwrs yn gyfarwydd â Ron Waldron drwy'r tîm ieuenctid a thasen i'n llwyddo, ar y Gnoll wên i'n gweld fy nyfodol. Pan ddaeth y gwahoddiad i ymuno â chlwb Castell-nedd, wedd y penderfyniad i dderbyn ddim yn un anodd achos wedd dau ffarmwr o Sir Benfro – dau Gymro Cymraeg eu hiaith, a dau gyn-ddisgybl o Ysgol y Preseli, Brian Williams a Kevin Phillips – yno eisoes ac yn whare yn y rheng flân. A nawr, fe fydde 'na drydydd.

Pan wedd Ron Waldron yn hyfforddwr ar dîm Ieuenctid Cymru, wên i wedi bod i'r Gnoll droeon i ymarfer ac, o bryd i'w gilydd, wedi ymarfer yn erbyn tîm llawn Castell-nedd. Wedd y sesiyne hynny'n agoriad llygad i brop ifanc yn syth o'r ffarm a phan ystyriwch chi'r dynion caled, di-nonsens wedd ym mhac Castell-nedd – Steve Powell, Steve Dando, Hugh Richards, Dai Morgan, Stuart Evans, Mark Jones, Kevin Phillips erbyn hynny ac, wrth gwrs, Brian Williams – wedd trugaredd na thrueni ddim yn eu geirfa nhw!

Roedd y prop Brian Williams wedi'i ystyried yn rhy ysgafn, mae'n debyg, gan glwb Llanelli, ond pan aeth Brian Thomas, cyn-glo Castell-nedd a Chymru a rheolwr Castell-nedd, ar sgowt lawr i wylio Sir Benfro yn herio Japan ym mis Hydref 1983, doedd dim amheuaeth pwy wedd seren y gêm – y maswr Geraint John, sydd nawr mas yng Nghanada yn hyffordi. Wedd 16 pwynt iddo fe at dri chais y tîm – y tri chais yn dod o ganlyniad i sgrymio pwerus y tîm lleol. Wrth galon yr ymdrech honno wedd prop pen rhydd Arberth, Brian Williams. Falle taw Geraint wedd y seren, ond Brei ddalodd lygad a dychymyg Brian Thomas yn y fuddugoliaeth o 28 i 15. Roedd 'Twmas' wedi dod o hyd i'r math o chwaraewr y galle fe adeiladu tîm o'i gwmpas, ac a alle wireddu'r freuddwyd wedd gyda fe ar gyfer Castell-nedd. Orffennodd y pymtheg wnaeth ddechre i Japan y diwrnod hwnnw mo'r gêm, a wedd gan y ffarmwr cydnerth o Lanycefn rywbeth i neud â hynny hefyd.

Mae'n werth nodi unwaith yn rhagor fan hyn taw dim ond Sir Benfro a Chymru drechodd Japan ar y daith honno. Fe enillodd y Japaneaid yn Abertyleri a Threcelyn a chael gêm gyfartal 21–21 ar y Gnoll yn y glaw. Y blaenasgellwr Lyn Jones, sydd nawr yn hyfforddwr ar Ddreigiau Casnewydd Gwent, wedd chwaraewr mwya amlwg Castell-nedd y diwrnod hwnnw. Ac nid y ffaith iddo fe, fel y Japaneaid, y diwrnod hwnnw wisgo'r math o fenyg, heb flân bysedd, y bydde dyn yn dishgwyl i gybydd eu gwisgo wrth gyfri arian wedd y rheswm am hynny. Wedd hi'n oer yn ogystal â gwlyb, ac yn ddigroeso fel arfer i ymwelwyr â'r Gnoll.

Cael a chael fuodd hi i dîm Cymru gael y gore ar y teithwyr. O dan gapteniaeth Eddie Butler a than heulwen wan yr hydref ar y Maes Cenedlaethol, fe sgoriodd yr ymwelwyr 14 pwynt heb ymateb ar ddechre'r gêm a chafwyd diweddglo cyffrous. Fe orffennodd hi'n 29–24 i Gymru ond wedd nifer o'r farn tase na bum munud arall i'w whare, fe alle'r Japaneaid fod wedi ennill. Dw i'n tynnu sylw at y gêm honno i danlinellu safon rygbi yn Sir Benfro yn y 1970au a'r 1980au cynnar, a'r math o gêm gyflym, agored fydde'n nodweddu whare clybie'r sir yng Nghynghrair Sir Benfro.

Ond y noson honno yn Hwlffordd, gyda buddugoliaeth i'r sir dros y Japaneaid, fe ddechreuodd perthynas arbennig iawn rhwng Brian Williams a'r diweddar erbyn hyn Brian Thomas, gyda gwahoddiad i ymuno â *Neath*.

"Neath! Neath? Where's Neath?" medde Brei yn ôl y sôn,

a Brian Thomas yn synnu a rhyfeddu at ei anwybodaeth o ddaearyddiaeth de Cymru.

"No! Sorry. Never heard of Neath," medde Brei wedyn nes i rywun sibrwd, "Castell-nedd, achan" yn ei glust.

"Oh, you mean Castell-nedd? Yes, of course I know where Castell-nedd is."

Wedd y gwalch yn gwbod yn iawn ac yn gwbod hefyd sut y galle ffarmwr bach o ogledd Sir Benfro gael y gore ar y cynfyfyriwr o Gaergrawnt.

Ac erbyn diwedd tymor 1983/84 roedd y ffarmwr o Lanycefn nid yn unig wedi symud o Arberth i'r Gnoll ond wedi sefydlu ei hunan ar y pen rhydd ac yn haeddu ei le yn y tîm a gollodd yn erbyn Caerdydd o 24 i 19 yn rownd derfynol Cwpan Schweppes ar y Maes Cenedlaethol. Wedd y garreg sylfaen wedi'i gosod.

Mae'n bwysig 'mod i'n adrodd y stori yma fan hyn tase ond i danlinellu fy rhesyme i dros ymuno â chlwb Castell-nedd cyn yr un clwb arall. Wedd Brian Williams yn dipyn o arwr i ni fois Ysgol y Preseli a fy ffrind gore i yn yr ysgol wedd Gary Bevan. Ar benwythnose wedd e'n helpu mas tipyn ar fferm Brian a'i frawd John yn Llanycefn. A wedd Brian a John yn ddau brop i glwb Arberth yng Nghynghrair Sir Benfro a'u brawd Anthony yn fachwr. Rheng flân gyfan o'r un teulu – a rheng flân ddansheris. Na, dim peryglus, ond dansheris!

Aeth llond bws ohonon ni o Ysgol y Preseli i lawr i Hwlffordd y prynhawn hwnnw ym mis Hydref 1983 i weld y gêm rhwng Sir Benfro a Japan. Ac fe wnaeth Gary a fi, fel pawb arall, ryfeddu at whare prop pen rhydd y sir, a'n harwr ninne, Brian Williams.

Ond dechreuodd fy nghysylltiad i â chlwb Castell-nedd yn nes gatre a hynny yng nghlwb Crymych, gyda pheint yng nghwmni Brian a Kevin Phillips yn nhafarn y London House, cartre'r clwb am bron i ugain mlynedd. Dyma oedd y man cyfarfod wrth i ni ddechre ar siwrne a fydde'n mynd â ni, garfan clwb rygbi Castell-nedd, ar daith rygbi ddechre'r tymor i Biarritz yng Ngwlad y Basg, ar y ffin rhwng Ffrainc a Sbaen.

Dod â ni'n nes fel carfan oedd y bwriad – asio, neu fel mae'n ffasiynol i alw'r fath drefniant yn yr oes broffesiynol, *bonding*. Dw i ddim yn cofio rhyw lawer am y rygbi, ond i ni golli'r gêm yn Biarritz dw i'n meddwl. Wedd gyda ni dîm cymharol ifanc a wedd yr asio yn brofiad. Wên i'n rhannu stafell gyda'r prop Dai Joseph a wedd hynny'n addysg ynddo'i hunan. Yr hyn sy'n sefyll yn y co' am y daith honno yw ymweliad â ffarm lle wedd teirw ifainc yn cael eu magu ar gyfer y gornestau ymladd teirw sy'n cael eu cysylltu â'r rhan honno o'r byd.

Wedd e'n gyfle rhy dda i'w golli pan ofynnodd y ffarmwr a wedd rhywrai ohonon ni'n ddigon o ddynion i fynd i mewn gyda'r teirw. Bustych ifainc wên nhw mewn gwirionedd a falle ambell i dreisiad, ond wedd bois y dre wedd yn y garfan ddim tamed callach. Wrth feddwl yn ôl, dw i'n meddwl taw dewr ddwedodd y ffarmwr, ond dw i'n siŵr taw dwl wedd ar ei feddwl e. Ta beth, y cawr pen gole, Andrew Kembery, oedd y cynta i roi cynnig arni. Pan welodd e'r tarw – a dw i'n meddwl taw heffer wedd hi, er bod cyrn 'da hi – yn rhuthro tuag ato, yn lle dal y clogyn hyd braich, dyma fe'n ei ddal i fyny o flân ei wyneb. Nid y peth calla wnaeth e, achos er bod yna gapie dros gyrn yr anifail, fe fuodd gan Kembery ddwy graith goch lan a lawr ei asennau bob ochr i'w frest am ddiwrnode. Lwc hefyd ei fod e mor dal! Ac os dw i'n cofio'n iawn, Brian Williams aeth mewn i achub croen y clo. Dw i'n wherthin pŵer i fi fy hunan y dyddie hyn wrth feddwl bod Andrew Kembery bellach yn berchennog ar ladd-dy llewyrchus yn ardal Maesteg.

Wedd gwell siâp ar Kevin Phillips, fel bydde rhywun yn dishgwyl o ffarmwr. O leia wedd e'n gwbod y gwahaniaeth rhwng bustach a threisiad neu heffer. Ond fe rwygwyd y clogyn o'i afael ynte gan adael rhecsyn o glwtyn rhwng ei fysedd wedd prin yn ddigon iddo chwythu ei drwyn ynddo.

Nesa i mewn wedd Brian Williams. Wedd y ffarmwr wedi dangos i ni shwt wedd e'n cwmpo'r creadur ar gyfer ei frandio â haearn poeth. Digon yw dweud bod Brei nid yn unig wedi llwyddo i ddal gafael ar yr anifail, ond ei droi hefyd, a'i roi ar lawr. Un llaw o dan ei wddw, y llall tu ôl i'w glust ac i lawr ag e. Dylwn i weud hefyd fan hyn fod y creadur yn pwyso'n agos at 200kg os na wedd fy llyged ffarmwr yn fy nhwyllo i. Yn anffodus, fe loriwyd y creadur ar y gwrthwyneb i'r ochr wedd y ffarmwr am ei frandio. Wedd Brei yn naturiol yn ofalus o'i ysgwydd ac ynte newydd ddod 'nôl i garfan Castell-nedd wedi mwy nag un llawdriniaeth. Wrth geisio hwyluso'r dasg i'r ffarmwr a throi'r creadur tu chwith, dyma Brei'n llithro, a'r creadur yn disgyn ar ei goes gan neud anaf i'w ben-glin.

Bu raid i Ron Waldron roi stop ar y rhialtwch achos wedd e'n gweld y bydde clwb Castell-nedd yn dechre'r tymor newydd heb sawl un o'i chwaraewyr disgleiria. Ma rhyw gof 'da fi hefyd na wedd y ffarmwr yn rhyw hapus iawn i 'ngweld inne'n jwmpo ar ei JCB a dianc lan trwy'r clos. Ac os na ddalodd e fi, fe ddalodd y bois lan â fi yn y cwrt ar ddiwedd y daith am 'Driving without due care... in charge of a JCB.'

Ar y daith honno fe aethon ni fel tîm i weld ymladdfa (neu falle ddylwn i ddweud lladdfa) teirw, a rhaid i fi gyfadde i fi weld yr holl beth yn greulon iawn. Dw i'n meddwl taw dim ond un creadur o hanner dwsin neu fwy gafodd ei ladd yn lân. Ma ymladd teirw yn rhan o draddodiad Gwlad y Basg a dw i'n parchu'u traddodiad, ond wên i fel ffarmwr yn ei weld e'n greulon. Allwn i ddim llai na wherthin serch hynny pan sylweddolodd y dorf yn ein rhan ni o'r Plaza de Toros fod holl garfan Castell-nedd yn bloeddio eu cefnogaeth – i'r tarw. Wedd rhyw deimlad 'da fi y bydden i'n gwbwl gartrefol yn y cwmni yma, a 'mod i wedi dewis y clwb iawn.

Triawd y Buarth

WEDI'R YMLADD TEIRW yng Ngwlad y Basg wedd pawb, diolch i'r drefen, yn holliach ar gyfer gêm gynta tymor 1988/89 ar y Gnoll. Ar ddydd Sadwrn y 10fed o Fedi, 1988 wedd rheng flân gyfan o gyn-fechgyn Ysgol y Preseli, tri ffarmwr, tri Cymro Cymraeg, yn barod i wynebu Caerdydd. Hon wedd y gêm gynta mewn blwyddyn i Brian Williams ar ôl iddo ddatgymalu ei ysgwydd ddwywaith a chael cyfnod o atgyfnerthu yn dilyn llawdriniaeth.

Kevin Phillips wedd y capten a wedd e'r bore hwnnw wedi bod lawr yn Abertawe mewn sesiwn ffitrwydd gyda charfan Cymru cyn gyrru i'r Gnoll ar gyfer awr a hanner galed arall o rygbi. Mae'r oes wedi newid cryn dipyn ers y dyddie amatur rheiny. Steve Blackmore, Alan Phillips, sef rheolwr tîm Cymru erbyn hyn, a wedd hefyd yn gapten, a Dai Young, sydd bellach yn hyfforddwr ar Wasps Llunden, wedd yn dechre yn y rheng flân i dîm y brifddinas y Sadwrn hwnnw gyda Blackmore yn fy wynebu i ar y pen rhydd. Prop caled a phrofiadol ac, fel y ddau arall yn y rheng flân, wedd e wedi cynrychioli Cymru yn y Cwpan Byd cynta yn Seland Newydd y flwyddyn cynt, ym 1987. Ond wên ni'n ddigon cysurus, y tri ohonon ni yn y rheng flân, a wedd y Gymraeg yn dipyn o help. Daliodd ysgwydd Brei ac fe gafodd e gais. Fe droeais i ar 'y mhigwrn unwaith eto ond ar ôl rhwymo'r droed fe lwyddes inne hefyd i gael cais yn fy ngêm gynta. Fe ddalon ni'n tir yn eitha rhwydd fel dw i'n cofio. Rhaid ein bod ni, achos ma'r llyfrau hanes yn dangos i ni drechu Caerdydd o 49 i 10 mewn gêm gyflym, agored.

Yn y rheng ôl wedd Rowland Phillips, un arall o fechgyn Sir Benfro, ynte yn gap llawn erbyn hynny, fel y ddau reng ôl, Mark Jones a David Pickering, ynghyd â'r cefnwr, Paul

Thorburn. Wedd Nhad y dydd Sadwrn hwnnw wedi mynd â gwartheg stôr i'r mart yn Aberteifi, ac fel arfer wedi mynd am beint gyda'i ffrindie i dafarn yr Eagle gerllaw. Yn ôl yr hyn glywes i wedi hynny, wedd Daff yn fachan eitha balch o'r hyn welodd e o'r gêm, a ddarlledwyd gan y BBC. A dw i ddim yn credu i'r gwartheg a werthwyd rai orie ynghynt fod mor broffidiol ag y gallen nhw fod! Y nosweth honno fe ddaeth Kevin a Brian yn ôl gyda fi i ddathlu fy ngêm gynta, fy nghais cynta ac i gyfarfod â Nhad a Mam.

Enillwyd pob un o chwe gêm mis Medi, ac yna ar benwythnos cynta mis Hydref fe ddaeth Llanelli ar ymweliad â'r Gnoll. Gêm anodd, fel bydde rhywun yn dishgwyl, ond fe drechwyd y Scarlets o 22 i 16. Wedd Brei yn fwy na hapus, ac wên inne wedi dal fy nhir yn erbyn eu prop rhyngwladol nhw ar y pen rhydd, Anthony Buchanan – chwaraewr arall a gynrychiolodd ei wlad yng Nghwpan y Byd ym 1987. Wedd hon yn gêm anoddach na honno'n erbyn Caerdydd, tase ond am i fi golli yn agos at hanner stôn oherwydd feirws yn ystod yr wythnos. O fewn mis i ddechre fy nhymor llawn cynta ar y Gnoll wên i wedi llwyddo i ddal fy nhir yn erbyn dau brop rhyngwladol ac felly wedd dim gas 'y ngweld i.

Ar ôl un gêm ddosbarth cynta yn unig ar y Gnoll fe ges i fy newis ar gyfer yr Italian Barbarians i whare'n erbyn tîm Maori Seland Newydd yn L'Aquila. Cymro, sef y diweddar Roy Bish, cyn-drefnydd hyfforddi Undeb Rygbi'r Eidal, y dyn wnaeth argymell y diweddar Carwyn James i glwb rygbi Rovigo yn y 1970au, wnaeth gynnig fy enw i, ar sail fy mherfformiad yn erbyn Caerdydd yr wythnos cynt: "because he appears to have the qualities that would take him right to the top in the game." Fe fyddwn i'n whare yn yr un tîm â Jonathan Davies, Robert Jones, Bob Norster a Paul Moriarty, yr Albanwr John Jeffrey a'r Gwyddel Brendan Mullin, ond tynnu mas fuodd raid, gydag anaf i 'mhigwrn – anaf ges i mas yn Ffrainc ar y daith i ddod i nabod ein gilydd cyn dechre'r tymor.

Wedd pethe'n symud yn glou, yn rhy glou falle, achos yn y cyfamser fe ges i fy ngwahodd i ymuno â charfan Cymru B

John is an overnight sensation

John Davies: Rocketing career

Meteoric ... In a word that is how the career of Crymych RFC prop product John Davies has taken off in rugby's first class ranks following his inclusion in the Wales B squad nominated on Thursday to tackle France B at Brecon on Saturday, October 29th.

Davies' rise up Welsh rugby's big ladder is quite remarkable, his selection for Wales B coming after just one appearance at senior level for Neath — a debut that came last month when he helped form an all-Preseli front-row with Wales hooker Kevin Phillips and Brian Williams.

And what a dream debut that turned out. Davies, who helps run a family farm at Cilrhue, Boncath, not only got a try as the Welsh All Blacks overwhelmed Cardiff 40-10, his all-action work rate and pace about the field made him look distinctly a cut above his full-caop marker Steve Blackmore.

A star graduate of the Welsh Youth XV, with whom he won half-a-dozen caps over the past two seasons, Davies, still just 19, is in the very best mould of ultra-mobile props. Some have said his scrummaging is not up to the mark, but Davies' showing in his head-to-head with Blackmore made nonsense of that.

More to the point, his ability in all-round terms is highly rated by two of the game's most accomplished scrummaging hands — Ron Waldron, who groomed him with the Welsh Youth, and Neath supremo Brian Thomas.

Davies' being thrown in at the deep end at senior club and representative levels is causing some to fear he could be spoiled, but that's something his 'handlers' and the national selectors don't go along with.

In their eyes he obviously has what it takes to make the highest grade.

And instant recognition has also come Davies' way in other directions.

Next week he'll be collecting further representative honours when he joins the likes of Jonathan Davies, Robert Jones, Bob Norster and Paul Moriarty in turning out for the newly-formed Italian Barbarians when they take on the New Zealand Maoris at L'Aquila.

Davies gets the call-up for this as the most exciting of new forwards in the UK club scene — the Italians following the British Baa Baa's tradition of blooding an uncapped 'fresher' in a star-studded line-up.

As for the Wales B squad, what is perhaps surprising is that the selectors do not include Davies' Neath co-prop Brian Williams, from Maenclochog, in the 27-strong party. For many he would have been an automatic choice.

i herio'r Ffrancwyr yn Aberhonddu. Wedd cael eich dewis i'r garfan yn golygu bod gan y dewiswyr rhyngwladol o leia un llygad arnoch chi. Ches i ddim cap y noson honno ddiwedd Hydref 1988, ond mae'n ddiddorol edrych 'nôl a gweld pwy oedd yn y garfan – Mike Hall, Nigel Davies, Carwyn Davies, Anthony Clement, Andy Booth, Mike Griffiths, Phil John, Kenny Waters, Huw Williams-Jones, Kevin Moseley, Gareth Llewellyn, Emyr Lewis a Mark Jones fel finne o Gastell-nedd. Gyda ni hefyd wedd y gŵr o Gernyw, Colin Laity, a chanolwr Castell-nedd yn ystod y dyddie da. Y cof sy gen i yw i Colin ganu 'Hen Wlad fy Nhadau' cystal â neb, a gwell nag ambell Gymro y noswaith honno.

Ond fe ges i gap dan 21 yn fuan wedyn yn erbyn yr Alban ar y Gnoll, fi a Gareth Llewellyn. Fe wnaeth gyrfaoedd y ddau ohonon ni gyd-redeg am dros ugain mlynedd. O ran oedran, mis sy rhyngon ni, a phan roies i'r gore i rygbi proffesiynol yn 2007, wedd e'n dal wrthi gyda chlwb rygbi Bryste cyn symud i Narbonne yn Ffrainc am dymor.

Wedd tipyn o edrych mlân at y gêm yn erbyn Pont-y-pŵl ar y Gnoll ddechre Tachwedd. Gêm wedi'i seilio ar wyth blân cadarn ac yn amal yn whare gêm 'deg dyn' ddaeth â llwyddiant i 'Pooler' yn ystod y 1970au a'r 1980au cynnar. Dw i'n cofio'r gêm yn iawn, ond fe gaiff Mike Price, hanesydd clwb Castell-nedd, ddweud yr hanes:

> The Blacks cut loose and, in a magnificent 67–18 victory that featured 12 tries, the 'new' game as developed by Neath was personified by young prop John Davies, in his first season of senior rugby. The junior member of the Pembrokeshire Farmers' Union led the way with an unforgettable hat-trick of tries including one from a remarkable 75-yard run from his own 22!

A falle ei bod hi'n arwyddocaol taw Diwrnod Tân Gwyllt wedd hi. Hon wedd y gêm pan ddaeth 'Triawd y Buarth' i sylw am y tro cynta, ac i'r sylwebydd teledu Huw Llywelyn Davies dw i'n credu ma'r diolch am hynny. Anfarwolwyd y 'Farmers' Union', neu 'Driawd y Buarth' erbyn hyn, pan ddaeth camerâu'r BBC i lawr i Hafod-y-pwll, cartre Kevin Phillips yn Hebron, i ffilmio eitem ar gyfer *Y Maes Chwarae*. Yn naturiol, cafwyd tipyn o sbort wrth ffilmio'r 'mw mw', y 'me me' a'r 'cwac cwac'!

Wedd y cynhyrchydd am ein dangos ni'n neud yr hyn y bydden ni'n ei neud ore fel tri aelod o'r rheng flân, sef tynnu gyda'n gilydd, ond wedd mwy o dynnu 'un' ffordd, neu falle dylwn i weud bod dau'n tynnu un ffordd a finne, heb yn wbod i fi, yn cael fy ngwthio'r ffordd arall. Wrth i ni geisio symud bwydydd anifeiliaid trwm lan yr hewl, fe ges i fy hunan yn sydyn yn y ffos yng nghanol y danadl poethion, neu dinad fel r'yn ni'n eu galw nhw yn Sir Benfro, a'r ddau arall yn wherthin am fy mhen i. Wedi'r diwrnod hwnnw, fe wyddwn i y bydde'n rhaid i fi ennill parch y ddau arall yn go glou. Ac ar ôl i ni gael sawl gêm fel Triawd y Buarth fe ddeallodd gohebydd *Clebran*, y papur bro lleol, bod:

> ... si ar led yn y cymoedd fod ymholiadau yn cael eu gwneud ynglŷn â chael cwrs Wlpan (sef cwrs carlam yn y Gymraeg) arbennig ar gyfer tîmau rygbi'r de – er mwyn iddynt ddeall beth mae bois rheng flaen Castell-nedd yn ei ddweud wrth ei gilydd.

Fydde hynny ddim wedi bod o help mawr achos wedd ein Cymraeg ni, ac yn enwedig Cwmrâg – beth wedwn ni? – blodeuog Brei, yn wahanol i Gymraeg pawb arall! A sdim llawer o bobol yn gwbod i'r canolwr rhyngwladol Allan Bateman ddysgu rhywfaint o Gymraeg yn ei ddyddie cynnar ar y Gnoll, achos wedd hi'n haws, medde fe, i gael sgwrs yn Gymraeg gyda Brian a Kevin nag yn Saesneg!

Ac os na wedd Brei yn gwbod ble wedd 'Neath' rai blynydde cyn hynny, wedd bois Castell-nedd yn gwbod yn iawn pan wedd Triawd y Buarth wedi cyrraedd. Fe fydde Brei a Kev, yn ôl y drefen, yn newid y tu ôl i'r drws yn stafell newid y Gnoll, ac wedd hi'n naturiol wedyn i finne gymryd fy lle ar eu pwys nhw. Nid 'mod i wedi cael llawer o ddewis – "Dere man hyn!" wedd gorchymyn Brei, os dw i'n cofio'n iawn. A'r fan honno, yng 'nghornel y ffermwyr', fydde'r cryse'n cael eu hongian – 1, 2 a 3 – ar y pegiau y tu ôl i'r drws. A wedd gweddill y tîm yn fwy na hapus i ni gael bod yno, oherwydd alle neb amau taw ffermwyr wên ni.

Ar noson ymarfer, fe fydde'r tri ohonon ni wedi bod yn godro cyn mynd ar ras i gyfarfod am chwech o'r gloch ym maes parcio Tafarn y Lamb ym Mlaenwaun. Wedd pethe chydig yn henffasiwn yng Nghilrhue o hyd, a ble bydde Brian a Kevin yn godro yn y parlwr godro, godro drwy'r *pipeline* yn y beudy wên ni, ac yn fynych bydde'n rhaid i fi adael cyn diwedd godro i gwrdd â'r ddau arall, gan adael fy nhad ac Edward i olchi a glanhau.

Wedd hi'n siwrne o drigain milltir a mwy o Sir Benfro i'r Gnoll – ac yn syth o'r clos yn ein dillad gwaith fydde hi'n amal iawn ar nosweth ymarfer, ac fe fydde arogleuon pa bynnag dasgie wên ni wedi bod yn eu cyflawni yn ystod y dydd yn dal ar ein dillad ni. Ac mae'n wir beth maen nhw'n dweud am y mochyn daear – dyw e ddim yn gwynto'i wâl ei hunan! Dw i'n amau dim na fydden i'n dechre ambell gêm heb gael cyfle i ymolchi y tu ôl i'r clustie – fel bydde pob mam yn dymuno i'w chrwt neud cyn gadael gatre – ac fe fydde'r gwrthwynebwyr o bryd i'w gilydd yn cael sawr o'r *Eau du Ffarm*!

Y blaenasgellwr Adrian Varney wedd y pedwerydd o'r cornel yma o'r sir i ymuno â Chastell-nedd ond, yn wahanol i Brian, wedd yn cadw'r amser i'r funud, wedd *watch* Adrian ddim yn cadw'r un amser ag un y ffarmwr o Langolman. A gan taw fi wedd yn galw am Adrian, byddwn inne yn y doc hefyd os bydden ni'n hwyr. Wedd dim llawer o Gymraeg gan Adrian pan ymunodd e â ni, ond o ddod gyda ni yn y car i ymarfer yn gyson, fe ddysgodd e dipyn. A dweud y gwir, wedd gydag e fawr o ddewis, a Brei'n mynnu taw Cymraeg, a Chymraeg yn unig, wedd iaith swyddogol y siwrne i Gastell-nedd ac yn ôl.

Ma gen i gof sawl tro amdanon ni'n rasio lan o'r gorllewin ar noson waith, yn amal yng nghanol gaea, yn *pick-up* Kevin. Os bydde 'na bedwar ohonon ni, fel wedd 'na ar ôl i Adrian ymuno â ni, bydde angen i rywun eistedd yn y cefn yn yr awyr agored gyda dim ond ein bagie ac ambell got fawr i'w gadw'n gynnes rhag yr elfennau. Wedd wynebe rhai o'r chwaraewyr ar y Gnoll yn bictiwr wrth ein gweld ni'n cyrraedd, a cherrig mân y maes parcio yn tasgu i bob cyfeiriad o dan deiars y *pick-up*. Yr olwg yn gweud, "Ar ba blaned ma'r rhain yn byw?"!

Ar brydie, wedi diwrnod caled ar y ffarm, fydde dim rhyw awydd mawr ar yr un ohonon ni, Driawd y Buarth, i wynebu'r siwrne drigain milltir i'r Gnoll, ond dim ond unwaith, ac unwaith yn unig, mewn pum mlynedd o deithio gyda'n gilydd dw i'n cofio i ni benderfynu taw 'teg edrych tuag adre' wedd piau hi, a hynny ar ôl rowndio cylchdro Ffordd Llangatwg o fewn golwg i lifoleuade'r Gnoll ddwy neu dair gwaith er mwyn i bawb gael amser i feddwl cyn dod i gytundeb unfrydol. A phan ddaeth yr alwad ffôn o'r Gnoll i Dandderwen – cartre Brian a'i wraig Gwen erbyn hynny – Hafod-y-pwll a Chilrhue'r bore wedyn, a thrwy gyd-ddigwyddiad rhyfedd, *cow calving* oedd yr esgus cyfleus gan y tri ohonon ni. Pan fydde pawb yn eu hwyliau, ar ôl ymarfer nos Iau gan amla, bydden ni'n dychwelyd i Dafarn y Lamb ym Mlaenwaun i roi'r byd yn ei le dros beint – a pheint yn unig – o 'laeth y fuwch ddu' cyn ffarwelio a throi am gatre.

Wedd ymarfer clwb Castell-nedd yn galed, does arna i ddim ofon dweud hynny. Wedd hynny yn poeni dim ar Brian Thomas na Ron Waldron achos bod ffitrwydd yn hanfodol i'r math o gêm wên nhw am ei whare, a'r math o chwaraewyr fydde'n gallu whare'r gêm honno. Wedd dim y fath beth â bod yn rhy ffit yn llyfr Ron. Hynny fydde'n sicrhau bod Castell-nedd unwaith eto'n dringo i uchelfannau'r gêm ac aros yno. A wedd Brian Thomas hefyd heb os yn ddyn o flân ei amser. Yn ystod ei yrfa fe ddaeth e ag ymyl galed i gêm Castell-nedd ac i Gymru. Ma hanes amdano mewn gêm yn erbyn Cross Keys ar y Gnoll, a Chastell-nedd ar ei hôl hi ar hanner amser, yn rhoi pryd o dafod i'w dîm, tynnu ei sgidie bant, eu taflu i ymyl y cae a whare'r ail hanner yn droednoeth, cymaint wedd ei gynddaredd. A do, fe enillodd Castell-nedd! Fel rheolwr hefyd, a'r cynta ym Mhrydain ar dîm cwbl amatur, wedd e ddim yn barod i dderbyn bod yn ail, na chwaith ddiodde unrhyw un oedd, yn ei farn e, yn rhoi llai na chant y cant i'r ymdrech. Pan benodwyd e'n rheolwr ar glwb Castell-nedd ym 1981, fe greodd e chwyldro trwy gael gwared ar yr hen system 'gomiwnyddol' o reoli trwy bwyllgor a sefydlu tîm rheoli yn ei le.

Wedd e wastad yn chwilio am flaenwyr gwydn, caled, ysgafn ar eu traed, ffit, heb fod yn fawr o anghenraid, ond rhai wedd yn gallu trafod pêl. Wedd yna awydd i whare steil o rygbi falle ar y pryd oedd yn ddieithr i glybie eraill yng Nghymru – gêm wedi'i sefydlu ar bac o flaenwyr yn whare rygbi fel uned glòs ond ar dempo uchel, a'r math o gêm gyffrous fydde 'Twmas' yn ei hedmygu, a'r math o gêm wedd e wedi'i gweld yn denu'r torfeydd yn Ffrainc. Yn lwcus i ni, wedd y gêm newydd yma'n fy siwtio i a'r ddau arall yn y rheng flân i'r dim, achos wên ni'n tri yn naturiol ffit ac yn fwy na hapus y bydden ni'n debygol o weld digon o'r bêl.

Wedyn, wedd gyda fi brofiad o ddulliau hyfforddi Ron Waldron a finne'n gwbod ei fod e'n onest, a phawb yn gwbod yn union ble wên nhw'n sefyll 'da fe. Wedd ei ddulliau ddim wrth fodd pawb, nid yn unig o fewn tîm Castell-nedd, ond pan ddaeth Ron yn hyfforddwr ar y tîm cenedlaethol wedi hynny hefyd. Gadawodd Scott Gibbs am Abertawe, yn bennaf achos na wedd digon o bwyslais ar dactege a thrafod pêl, a'r pwyslais yn hytrach ar ffitrwydd. Wedd Scott yn ganolwr cryf ac yn daclwr cadarn. Wedd y gyfundrefn ffitrwydd mor galed ar y Gnoll pan ymunodd e nes i'w dad fygwth mynd ag e i'r ysbyty oherwydd ei fod e'n colli gymaint o bwyse. Ac mae'r cyn-chwaraewr rhyngwladol Mark Ring wedi cyfadde yn gyhoeddus na wedd gydag e olwg o gwbwl ar Ron nac ar ei ddulliau hyfforddi. Fe aeth hi'n gweryl rhwng y ddau pan benodwyd Ron yn hyfforddwr cenedlaethol. Wnes i ddim achwyn; wên i'n ifanc, am greu argraff a wên i'n gweld digon o'r bêl. Wedd gen i barch mawr tuag at Ron Waldron bryd hynny ac ma gen i barch mawr iddo o hyd.

O fod o dan Ron Waldron gyda thîm Ieuenctid Cymru, wên i'n gwbod beth i'w ddishgwyl ac yn barod am yr her. Rhedeg a rhedeg a mwy o redeg, am filltiroedd, gan amla i fyny'r rhiw i gyfeiriad y *reservoir* uwchlaw'r dre ac yna 'nôl i'r Gnoll wedd hi ar noson ymarfer, hyd at bum milltir. A'r cynta 'nôl bob tro fydde Brian Williams. Wedd neb fod i gael y gore arno. Bydde Dai Pickering, Lyn Jones a sawl un o'r olwyr wedi bod yn ymarfer am wythnose yn ystod yr haf ond bydde Brei yn dod yn llewys ei grys gyda'i *farmer's tan* – popeth ond ei freichiau a'i wyneb yn wyn fel y galchen – ac yn cyrraedd 'nôl o'u blaenau. Godro nos a bore, cneifio a chynaeafu fydde hi iddo fe drwy'r haf. Cyrraedd Castell-nedd wedi diwrnod caled o waith, newid a bant ag e, ac fe fydde'r dyn â'r coese main a'r galon fawr 'nôl ar y Gnoll o flân y cwningod i gyd. Roedd Brei mor gystadleuol. A fydde Kevin ddim ymhell y tu ôl iddo fe ac, wrth gwrs, fe ddylanwadodd hynny arna inne.

Wedd pawb, serch hynny, ddim yn barod am y drefen newydd. Wedi cyrraedd y Gnoll a chyn dechre ar yr ymarfer go iawn yn ystod y tymor, bydde'n rhaid rhedeg wyth cylch llawn o'r cae rygbi. Alun Roper, â sawl marathon yn ei goese, oedd yn gyfrifol am ffitrwydd a doedd dim diben dadlau achos er ei fod e yn ei bedwardegau, wedd e'n dal i gystadlu mewn rasys *veteran*, ac fe fydde fe'n rhedeg gyda ni. Ac o gofio pwy wedd y cymeriade, wedd hi'n anochel y bydde'r cynhesu'n troi'n ras erbyn yr wythfed cylch. Dw i'n meddwl mai dwywaith yn unig y trechodd Alun Brei! A'r hyn a'm synnodd i, fel pawb arall mae'n siŵr, pan ddaeth y newydd am farwolaeth sydyn Brian Williams ddechrau Chwefror 2007, oedd taw nam ar ei galon, a hwnnw o bosib wedi bodoli ers ei enedigaeth, oedd yn gyfrifol am ei golli.

Bydde angen stamina i whare'r gêm wedd Brian Thomas a Ron Waldron yn ei dymuno, a'r math o ffitrwydd fydde'n para am 80 munud cyfan, nid y meri-go-rownd o fynd a dod a welwn ni'r dyddie hyn wrth eilyddio chwaraewyr yn ystod chwarter ola gêm. Ras wedd hi ar ddiwrnod gêm hefyd, fel dw i'n ei chofio hi, y tymor cynta hwnnw. Ras i gyrraedd y dyn a'r bêl – cyntaf ac ail, Brei a Kev, a finne wastad yn drydydd. Fe fydden i'n chwythu tipyn ac yn ffaelu'n lân â deall, a finne rai blynydde'n iau na'r ddou arall, shwt yn y byd mawr wên nhw'n gallu cadw'r tempo uchel drwy'r gêm. Erbyn i fi gyrraedd fy nhridegau a'r cyn-asgellwr rhyngwladol Wayne Proctor yn hyfforddwr ffitrwydd ac yn ein rhoi ni trwy'n pethe ar y Strade, wên i wedi dod i wbod, a wedd neb am gael y gore arna inne chwaith. Does 'na'r un academi rygbi na choleg all ddysgu hynny i chi!

Erbyn troad y flwyddyn, dim ond un gêm mewn pump ar

hugain wedd Castell-nedd wedi'i cholli, a honno o bwynt yn unig, 20–19, bant yn Abertawe. Ond fe drechon ni Toulouse 22–19 ar nos Iau o hydref ar y Gnoll a wedd Triawd y Buarth yng nghanol pethe. Croesodd Brian Williams am un o dri chais Castell-nedd, gyda David Pickering ac Alan Edmunds yn croesi am y ddau arall.

Wedd hi'n nosweth anodd i ni – Brian, Kevin a finne – yn y rheng flân. Claude Portolan, prop rhyngwladol Ffrainc wedd yn fy erbyn i, a wedd un arall, Laurent Bénézech ar y pen rhydd yn erbyn Brei, gyda'r bachwr Patrick Soula rhyngddyn nhw. Fe aethon ni i fyny i'r awyr, a 'nôl hefyd ar brydie, ac unwaith fe ddisgynnes i o sgrym ar ben yr wythwr, Mark Jones. Fel y gall rhywun ddychmygu, wedd e ddim yn rhyw hapus iawn!

Gwylio o'r ystlys y noson honno, ac yn mwynhau ei hunan, wedd y tynnwr coes Jeremy Pugh, a fydde'n gwisgo crys y prop pen tyn am yn ail â fi'r dyddie hynny. Wedd Jeremy ddim y gore pan fydde hi'n dod i sesiynau ymarfer a phan fydde'r rhedwr Alun Roper yn gofyn i ni ei ddilyn rownd y dre ac i fyny'r mynydd, bydde gan Jeremy wastad esgus – *jogger's nipple* wedd y ffefryn, neu *tunnel vision* ond fe gadwodd e'r gore ar gyfer y daith i Namibia pan wedd angen rhedeg ar ymyl y ffordd o'r gwesty i'r cae ymarfer. Wedd mwg y loriau, medde fe, yn effeithio ar ei frest e. Digon teg, oni bai taw dim ond dwy neu dair lori'r dydd wedd yn teithio'r ffordd honno! Y noson yma ar y Gnoll ta beth, daeth Jeremy i mewn i'r stafell newid wedi'r gêm, cerdded rownd a syllu tua'r nenfwd fel tase fe'n chwilio am rywbeth. Yna, ar ôl neud yn siŵr ei fod e wedi dal sylw pawb, dyma fe'n cyhoeddi mewn llais fel hwnnw sy'n dod dros yr uchelseinydd ar awyren:

"This is your captain speaking. Clear the runway… the Neath front row is coming in to land!"

Wedd hi ddim y gêm lana, fel y bydde rhywun yn dishgwyl yn erbyn tîm o Ffrainc. Wedd gyda nhw flaenwyr tal, cyhyrog ac ambell un yn fy atgoffa o gymeriade cartwnau Asterix. Yn y blaenwyr wedd grym Toulouse bryd hynny, yn dra gwahanol i 2006 pan drechodd y Scarlets nhw mewn gêm ryfeddol mas yn Ffrainc yng Nghwpan Heineken Ewrop, o 41 i 34, gyda sêr fel Clément Poitrenaud, Vincent Clerc, Florian Fritz a Cédric Heymans yn disgleirio y tu ôl i'r sgrym.

Ond y nosweth honno ar y Gnoll, wedd gyda ni ein Bendigeidfran yn Brian Williams, ac ar ôl tipyn o dynnu crys a digwyddiadau oddi ar y bêl y tu ôl i gefen y dyfarnwr, a mwy nag un rhybudd, fe laniodd y 'donc', sef dwrn y ffarmwr o Lanycefn, yn blèt ar ên ail reng y Ffrancwyr. Dim ond cilio o'r ffordd mewn pryd wnaeth un neu ddau ohonon ni cyn i'r goeden dal ddisgyn ar ei hyd ar lawr.

Yr hyn sy'n hynod am y gêm honno yw i David Pickering, y blaenasgellwr rhyngwladol, hyfforddwr Castell-nedd wedi hynny a Chadeirydd Bwrdd Cyfarwyddwyr Undeb Rygbi Cymru erbyn hyn, fynnu whare yn safle'r mewnwr. Ond fe enillon ni, a dyna sy'n bwysig. A wedd gwên ar wyneb Twmas ar y chwiban ola. Aeth tîm Toulouse yn ei flân i ennill Pencampwriaeth Ffrainc y tymor hwnnw gan drechu Toulon yn y rownd derfynol.

Aeth chwaraewyr Castell-nedd i'r llyfre hanes hefyd. Torrwyd record pwyntie'r tymor blaenorol, 1,549, yn erbyn Aberafan ar Ddydd Llun y Pasg ar ôl i ni dorri record ceisie'r clwb, sef 209, yr wythnos cynt, bant yn Coventry. Bydd rhywun yn rhyfeddu falle nawr, wrth edrych 'nôl, ein bod ni'n whare yn erbyn timau o Loegr yn gyson bryd hynny, heb unrhyw Gwpan i ymladd amdani, ac eto yn denu torfeydd i'r Gnoll.

Sdim amheuaeth fod tîm Castell-nedd y tymor hwnnw yn dîm o flân ei amser ac fe aeth sawl tymor arall heibio cyn i'r patrwm a sefydlwyd gan Ron Waldron gael ei fabwysiadu gan dimau eraill yng Nghymru a thu hwnt. Dysgu 'nghrefft fues i'r tymor cynta rhyfeddol hwnnw ar y Gnoll. A finne'n ddim ond 19 oed, sydd yn ifanc iawn i brop dosbarth cynta, wên i wedi neud yn fawr o'r cyfleoedd ges i. Wên i wedi dewis y clwb iawn ac ar yr adeg iawn heb os, oherwydd o dan gapteniaeth Kevin Phillips, dyma 'Oes Aur' clwb Castell-nedd.

Sefydlwyd record byd am geisie yn nhymor 1988/89 a

record byd arall am bwyntie. Dw i'n credu 'mod i'n saff i ddweud na lwyddodd yr un tîm proffesiynol hyd heddi, ac na wnaiff yr un tîm fyth eto dan y drefen bresennol, drechu'r 1,917 pwynt, yn cynnwys 345 cais, a sgorion ni yn y tymor y cyflawnon ni'r dwbwl o ennill y Bencampwriaeth a Chwpan Cymru. Mae'r llyfre hanes yn dangos i Gastell-nedd mewn hanner cant o gêmau sgorio, ar gyfartaledd, 40 pwynt ym mhob gêm, ac i finne groesi am ddwy hatrig, yr ail yn erbyn Llangennech yn y Cwpan at honno yn erbyn Pont-y-pŵl. Mae'n bwysig cofnodi'r ddwy oherwydd nid yn amal ma prop yn croesi am gais deirgwaith mewn un gêm, ac yn sicr nid ddwywaith o fewn yr un mis! Wedd gyda Triawd y Buarth law sicr mewn canran dda iawn o'r ceisie eraill a sgoriwyd hefyd.

Uchafbwynt y tymor, heb os, er y fuddugoliaeth nodedig dros Toulouse, wedd trechu Llanelli yn rownd derfynol Cwpan Schweppes o 14 i 13 ar y Maes Cenedlaethol o flân torf o 58,000 – 2,000 yn fwy na'r flwyddyn flaenorol pan gollodd y clwb, eto i Lanelli, o 28 i 13 yn y rownd derfynol. Croesodd Brian Williams am gais cyn i Kevin Phillips godi'r cwpan yn fuddugoliaethus. Pryd y gwelwn ni gymaint â hynny o gefnogwyr mewn ffeinal Cwpan Cymru eto, os o gwbwl, dw i ddim yn gwbod. Wedd hwnnw'n ddiwrnod proffidiol arall i Undeb Rygbi Cymru, ond wedd e ddim yn ddigon iddyn nhw ddarparu pryd o fwyd i'r chwaraewyr wedi'r gêm chwaith. Aeth pawb 'nôl i'r Gnoll ble wedd mwy na digon o fwyd a diod i bawb. Fe barhaodd y dathlu hyd yr orie mân i gydnabod ymdrechion y tîm y diwrnod hwnnw: Paul Thorburn; Chris Higgs, Allan Bateman, Colin Laity, Alan Edmunds; Paul Williams, Chris Bridges; Brian Williams, Kevin Phillips (capten), Jeremy Pugh; Huw Richards, Gareth Llewellyn; Phil Pugh, Mark Jones a David Pickering.

Doedd neb yn hapusach na Brian Williams o drechu'r hen elynion, a chael cais yn y fargen. Wedd gas ganddo Lanelli – y clwb, y dre a'r bobol – ar ôl iddo ddeall i sgowt o'r Strade rai blynydde cyn hynny ddychwelyd gyda'r sylw fod prop Arberth yn rhy ysgafn i ddod yn brop dosbarth cynta. Mae'r stori'n wir fel y dywedwyd hi gan y Cynghorydd Sir a'r Parchedig Huw George yn angladd Brian. Ceisio egluro ei ddyletswydde ar bwyllgor argyfwng rhanbarthol o blith cynghorau sirol wedd e wrth Brian:

"Meddylia nawr, er enghraifft, bod swnami yn bwrw Llanelli..."

Ond cyn i'r '... elli' ddod o enau'r cynghorydd a'r Parchedig, daeth yr ymateb gan Brei fel ergyd o wn:

"Ff***** peth gore alle ddigwydd!"

Ond wedd ennill y dwbwl yn glod teilwng i weledigaeth Brian Thomas ac i ymdrech yr hyfforddwyr Ron Waldron a Glen Ball, heb anghofio Alun Roper, yr hyfforddwr ffitrwydd. Castell-nedd wedd y tîm cynta yn y wlad i benodi hyfforddwr ffitrwydd a wedd yr holl redeg, ta faint wedd y chwaraewyr yn casáu'r fath drefen, wedi talu ar ei ganfed. A wedd neb yn crintachu nawr.

Wedd Ron a Brian yn gytûn taw'r ffordd wedd rygbi yn cael ei whare yn Ffrainc, a hefyd yng ngwledydd rygbi hemisffer y de, wedd y ffordd mlân. Wên nhw ddim yn rhoi rhyw bwyslais mawr ar yr elfennau gosod a gallech chi ddim dweud bod gyda ni yng Nghastell-nedd y pac tryma yng Nghymru ar y pryd. Ond wedd gyda ni, ta pwy wedd yn gwisgo'r cryse o un i wyth, flaenwyr wedd yn gallu ennill a thrafod pêl, a rhedeg y bêl pan fydde cyfle. Pwy all anghofio'r olygfa honno o Kevin Phillips yn arwain y rhuthr o gic gosb a gymerwyd yn sydyn, gyda'r blaenwyr i gyd o fewn llathen neu ddwy iddo, yn anelu at galon yr amddiffyn. Ar yr un pryd, wedd gyda ni olwyr fydde'n gallu rycio a rhwygo, yn ogystal â hollti amddiffynfeydd.

Wedd fawr o wahaniaeth am y rhif ar gefen y crys. Ennill yr hawl i wisgo'r crys wedd y dasg anodda ar y Gnoll. "If you want to play for Neath, you have to WANT to play for Neath," wedd mantra Brian Thomas – a wên i ishe whare i Gastell-nedd.

Tîm gore'r byd?

YN DILYN GORCHESTION clwb Castell-nedd yn nhymor 1988/89 a sefydlu record byd o bwyntie i glwb, wedd rhywfaint o gyfiawnhad dros alw'r tîm yn dîm gore'r byd, ac i fi'n bersonol alle'r tymor newydd ddim dod yn ddigon clou. Wedd 'da fi bob bwriad o sefydlu fy hunan yn ddewis cynta ar y pen tyn yn y tymor newydd, yn enwedig gyda Phencampwyr y Byd, Seland Newydd, i ymweld â'r Gnoll yn yr hydref.

Fel rhan o'r paratoadau ar gyfer y tymor newydd gwahoddwyd Castell-nedd, fel Pencampwyr Cymru, i dwrnament answyddogol mas yn Ffrainc ym mis Awst i herio Toulouse a Chaerfaddon, sef Pencampwyr Ffrainc a Lloegr y tymor blaenorol, ynghyd â Brive, y tîm lleol a'r pedwerydd tîm yn y gystadleuaeth. Ac o gofio beth wedd delfryd Brian Thomas, rheolwr y tîm, sef i whare'r gêm fel wedd hi'n cael ei whare gan glybie Ffrainc, dyma'r union fath o baratoad wedd ei angen arnon ni ar ddechre tymor pan fydde'r clwb yn croesawu Crysau Duon Seland Newydd, pencampwyr y byd, i'r Gnoll ymhen deufis.

Wedd y goten gafodd Toulouse ar y Gnoll y tymor cynt yn ddigon i'w cyflyru nhw oherwydd fe dalwyd y pwyth yn ôl yn ein gêm gynta ar y nos Sadwrn pan gollon ni o 34 i 10. Hon wedd gêm gynta'r tymor i ni, ond fel ma hi yn Ffrainc o hyd, wedd tymor eu clybie nhw wedi cychwyn ers rhyw fis, a wedd Toulouse ar ben eu traed yn barod. Ond fe gaiff y gystadleuaeth ei chofio am y digwyddiade yn y gêm, os gêm hefyd, yn erbyn Brive ddeuddydd yn ddiweddarach. Wedd y whare'n danllyd ac yn gorfforol gyda'r dyrnau'n hedfan o'r chwiban gynta bron. Doedd y Ffrancwyr ddim am ildio o flân eu cefnogwyr tanbaid nhw, a do'n ninne chwaith ddim am ildio'r un fodfedd iddyn nhwythe. Aeth hyn mlân am hanner awr a mwy, gyda'r dyfarnwr wedi hen golli rheolaeth cyn iddo benderfynu anfon tri chwaraewr – dw i'n meddwl – o'r cae. Dw i'n dweud 'dw i'n meddwl', achos doedd fawr neb ar y cae, na'r rhai wedd yn gwylio ar y cyrion, yn siŵr iawn beth wedd yn digwydd. Wedd ymladd ar draws y cae, gyda dim ond un neu ddau o'r olwyr yn dewis cadw draw. Wedi un cetyn o ddyrnu di-baid, dyma'r dyfarnwr yn danfon tri neu bedwar blaenwr o'r cae. Ond, yng nghanol y dryswch, fe geisiodd un neu ddau ddod yn ôl. Gyda dim argoel fod pethe am dawelu, dyna pryd y penderfynodd y capten, Kevin Phillips, ar gyngor Ron Waldron – ymysg eraill o bwyllgor y clwb ar yr ystlys, achos fydde Kevin byth am gymryd cam yn ôl – i ddod â'i dîm bant mewn protest yn erbyn dyfarnu gwan, a chyn i'r un chwaraewr ddiodde anaf difrifol.

Aeth Caerfaddon mlân i drechu Toulouse yn hwyrach y noson honno, llawer hwyrach, gyda'r gêm yn gorffen tua hanner nos oherwydd digwyddiadau'r gêm flaenorol, ond nid dyna ddiwedd y stori. Yn dilyn ymchwiliad gan Undeb Rygbi Cymru, gwaharddwyd Castell-nedd rhag teithio dramor am ddau dymor, nid oherwydd ein rhan ni yn y clatsho, ond am i ni 'fethu â chwblhau'r gêm'!

Fe wnaeth y digwyddiadau yn Ffrainc ein gwneud ni hyd yn oed yn fwy penderfynol ar ddechre'r tymor newydd, pan aethon ni mlân i ennill y 'Goron Driphlyg' o gystadlaethau, sef Pencampwriaeth y *Western Mail*, a hynny am y degfed gwaith, Cwpan Cymru a'r Tabl Teilyngdod, sef yr hen *Merit Table* cyn dyfodiad y Cynghreiriau. Wedd digon o gêmau yn y cyfnod hwnnw, digon i fodloni chwaraewyr, cefnogwyr a thrysoryddion fel ei gilydd, a hyd at dair gêm yr wythnos ar brydie. Wedd carfanau mawr, â chwaraewyr o glybie llai yn cael whare ac yn cael cyfle i greu argraff, yn enwedig yn y gêmau canol wythnos o dan y llifoleuadau. Wedd rhywun o hyd â'i lygad ar eich crys chi, a hynny'n ein cadw ni chwaraewyr i gyd ar flaenau'n traed.

Ond os wedd Castell-nedd yn deilwng o'r disgrifiad o fod yn dîm gore'r byd ac am gyfiawnhau'r brolio, yna rhaid wedd trechu tîm gore'r byd. Ac fe ddaeth y cyfle hwnnw ar yr 28ain o Hydref, 1989 pan ddaeth y Crysau Duon ar ymweliad â'r Gnoll. Nhw oedd pencampwyr rygbi'r byd ac ni allai neb ddadle â hynny yn dilyn eu llwyddiant yn y Cwpan Byd cynta i'w lwyfannu yn eu gardd gefen nhw'u hunain yn Seland Newydd ym 1987.

Ma Seland Newydd draw yn y wlad hon bron bob blwyddyn bellach ond pan agorodd y Gnoll ei dryse i Grysau Duon 1989, hwn oedd eu hymweliad cynta nhw â Chymru er 1980 ac, yn naturiol, mawr fu'r dishgwyl. Ond i fi'n bersonol wedd 'na siom. Ma pob chwaraewr ar ei brifiant am brofi ei hunan yn erbyn y gore yn y byd yn ei safle. Ond wên i wedi bod yn cael trafferth gyda 'nghefen a ddaeth dim cyfle i brofi fy hunan yn erbyn Steve McDowell – heb os, y gore yn y byd yn ei safle ar y pryd. Gyda Sean Fitzpatrick a Richard Loe yn cwblhau'r rheng flân, dyna'r tri roes sylfaen i lwyddiant Seland Newydd yng Nghwpan y Byd 1987.

Wedd hi wedi bod yn wythnos anodd i Ron Waldron a Glen Ball, yn gorfod siomi chwaraewyr na fydde'n wynebu'r Crysau Duon. Ond wedd hi mor nodweddiadol o'r chwaraewyr yn y garfan i ni i gyd dynnu gyda'n gilydd er mwyn neud yn siŵr fod y pymtheg fydde'n dechre i Gastell-nedd y diwrnod hwnnw'n cael pob whare teg a phob cefnogaeth. Brian Williams a Jeremy Pugh ddechreuodd yn y rheng flân y naill ochr a'r llall i'r capten, Kevin Phillips. Fe gasglodd Kevin y tîm mewn cylch wrth i McDowell arwain yr haka a boddwyd honno gan dorf o 10,000 yn llafarganu "NEATH! NEATH! NEATH!" Golygfa ryfedd wedd gweld torf y Gnoll yn cefnogi eu tîm mewn cryse anghyfarwydd – cryse gwynion â bandyn du am y frest ond, er codi braw ar y Pencampwyr Byd, ildio wnaethon ni erbyn y diwedd a'r sgorfwrdd yn darllen Castell-nedd 15, Seland Newydd 26.

O'r chwiban gynta fe gymerodd Kevin Phillips a'i dîm y gêm at y Crysau Duon, a phan ychwanegodd Paul Thorburn gôl gosb at ei drosiad o gais Alan Edmunds ar ddechre'r ail hanner i ddod o fewn pwynt i'r Pencampwyr, fe gododd y gri

"NEATH! NEATH! NEATH!" o'r eisteddle yn uwch fyth y tro hwn, ac allwn inne ddim neud mwy na gwylio ac ymuno yn y gân. Heb os, hon oedd yr her fwya a wynebwyd gan y Crysau Duon ar y daith honno, ar ddiwrnod a aiff i'r llyfre hanes fel y diwrnod gore yn hanes y clwb, a diwrnod yn sicr gaiff ei gofio am byth gan y rhai ohonon ni wedd yno. Fe gawn i fy nghyfle rywbryd eto gobeithio.

Ar ddiwedd y gêm, ac er iddyn nhw golli, aeth y bechgyn o gwmpas y cae i gydnabod cefnogaeth ac anogaeth y cefnogwyr. Wedi'r cyfan, fe ddaeth Pencampwyr y Byd â record o dair blynedd ddiguro mewn gêmau prawf gyda nhw i'r Gnoll ac, er y golled, wedd Ron a Brian eto wedi profi taw ffordd Castell-nedd wedd y ffordd mlân i rygbi yng Nghymru. Cafodd y Crysau Duon fuddugoliaethau llawer mwy cysurus na'r rhai ar y Gnoll a'r Strade, gan drechu Cymru gyda record o sgôr, 34–9.

Dim ond dwy gêm gollodd Castell-nedd y tymor hwnnw, a'r rheiny yn erbyn Caerfaddon a Llanelli, cyn y gêm yn erbyn y Crysau Duon. Fe enillon ni 37 gêm o'r bron, ac fe enillwyd y Bencampwriaeth o hewl. Daeth Cwpan Cymru 'nôl i'r Gnoll am flwyddyn arall, diolch i fuddugoliaeth dros Ben-y-bont yn y rownd derfynol o 16 i 10. Ac ma pawb yn cofio'r llun o Kevin yn codi'r cwpan sy'n cael ei ddangos bob tro y bydd sôn am ddyddie da Castell-nedd. Ddeuddeg mis yn ddiweddarach, wedd yr Undeb dipyn yn fwy hael eu darpariaeth i'r chwaraewyr. Wedd yna blated o ham a tships i ni i gyd! Unwaith eto, fe aed yn ôl i'r Gnoll i ddathlu.

Mewn dwy gêm yn llai na'r tymor cynt, fe ddaeth Castell-nedd yn agos at efelychu camp tîm y tymor blaenorol pan sgoriwyd 1,917 pwynt, yn cynnwys 345 o geisie. Ma'r record honno'n bodoli hyd y dydd heddi ond fe ddaeth tîm 1989/90 o fewn 50 pwynt i gyfanswm pwyntie'r tymor cynt a methu o un cais yn unig i gyrraedd yr un cyfanswm ceisie. Ac er i Paul Williams, y maswr, gael 284 pwynt, does dim dwywaith y bydden ni wedi torri'r record yn hawdd oni bai am anaf i Paul Thorburn.

Ma'r llyfre hanes yn dangos i'r asgellwr Alan Edmunds groesi am 45 cais, ac er gwaetha gorfod rhannu crys y mewnwr gyda Chris Bridges, wedd 29 hefyd i Rupert Moon cyn iddo fe droi ei wyneb tua'r gorllewin ac i gyfeiriad Parc y Strade. Wedd Rupert ddim yn ddewis cynta ar y pryd, fel nifer o'r chwaraewyr wrth gefn na lwyddodd i neud y tîm wnaeth godi'r cwpan – chwaraewyr megis Adrian Davies, Jeremy Pugh, Gareth Llewellyn, Derwyn Jones, Lyn Jones, David Pickering, Phil Pugh, ie, a John Davies. A phan ychwanegwch chi at y rhestr honno chwaraewyr megis Graham Davies, Mike Whitson, Paul Jackson, Lloyd Isaac ac Adrian Varney, pob un â'i gyfraniad gwerthfawr i lwyddiant y clwb, dyna pa mor gryf oedd Castell-nedd, a hynny yn yr oes amatur. Does ryfedd fod pobol yn galw'r garfan yma'r garfan ore erioed i wisgo'r crys du.

Cymylau'n crynhoi

PAN WÊN I'N whare dros Gastell-nedd wên i'n ymwybodol o'r traddodiad glofaol yn yr ardal, ac fe glywes i droeon am löwr yn dweud na châi unrhyw fab iddo fe fynd lawr y pwll i gloddio glo. Ffarmo wedd fy nghefndir i a wedd dim yn rhoi mwy o bleser i fi na ffarmo ochr yn ochr â Nhad – cerdded yr un llwybre, a cheisio cadw lan â'i gamau pan wên i'n grwt. Erbyn hyn, ar ddiwedd y 1980au a finne'n dal 'y nhir yn rheng flân Castell-nedd, os gallwn i gyfuno rygbi gyda fy nyletswydde ar y ffarm, gore oll.

Wedd dim o'r cyfleoedd sydd heddi i fynd a dod pan wên i'n tyfu lan yng Nghilrhue, neu falle na wedd cymaint o atyniadau tu fas i'r ffarm i ddenu rhywun bant o gatre. A dweud y gwir, wên ni'n ddigon jacôs fel teulu, a wedd Nhad a Mam yn sobor o falch pan ddaeth Elizabeth, fy chwaer, i'r byd, achos nawr wedd y teulu'n gyfan, ac enw Mam-gu Cilrhue yn cael ei gadw am genhedlaeth arall. Ma traddodiade fel'na'n bwysig o hyd yng nghefen gwlad.

Tu fas, wedd Edward a finne'n treulio tipyn o'r amser yn helpu Nhad gyda'r hyn fydde'n rhaid ei neud ar y ffarm yn ôl y tymor, a doedd tynnu llo neu oen ddim yn beth dierth, na phlygu ambell berth chwaith. Cafwyd tipyn o hwyl yn trwsio peirianne ac fe fuon ni wrthi'n brysur yn ailadeiladu hen dractor Massey Ferguson 165. Dw i'n eitha da gyda 'nwylo ond dim byd tebyg i Edward pan ddaw hi at beirianne. Pan wedd e tua phedair ar ddeg oed fe weithiodd e focs i gymryd lle hwnnw wedd wedi torri wrth gefen gwasgarwr calch Atkinson. Wedd honno ddim yn dasg hawdd i unrhyw un, ond astudiodd Edward y dasg yn fanwl cyn dechre. Ac wrth i fi ddangos diddordeb yn y da godro, wedd Dad yn fwy na pharod i Edward gael dangos beth fedre fe neud â'i ddwylo. Fe fesurodd, fe blygodd, fe dorrodd ac fe asiodd Edward ddarne o ddur â'r peiriant weldio, i ffitio fel maneg, a llwyddodd i gael y gwasgarwr calch i weithio am sawl blwyddyn arall. Fe allen ni fod wedi benthyca gwasgarwr, mae'n siŵr, ond fe fydd pob ffarmwr yn gwbod ac yn medru cydymdeimlo, achos cyn wired â'ch bod chi'n benthyg unrhyw beiriant neu dwlsyn gan gymydog, ma hwnnw'n siŵr dduw o dorri. A dyna rwystr, heb sôn am embaras, yw peth fel'na.

Ond dychmygwch yr olygfa: crwt pedair ar ddeg ar ei ben ei hunan yn defnyddio peirianne trwm i blygu a thorri darne dur, ac yn trin a thrafod peiriant weldio. Beth ddwedai pobol Iechyd a Diogelwch heddi am hynny, dw i ddim yn gwbod! Ond mae'n siŵr i Edward arbed cannoedd o bunnoedd i Nhad yn y fargen, fel y gwnaeth e lawer gwaith wedi hynny, ac mae e'n dal yr un mor dda â'i ddwylo heddi â wedd e yn ei arddegau.

Prin bod yna amser i wyliau, nac amser i feddwl am wyliau hyd yn oed, a fuodd yna fawr ohonyn nhw, ar wahân i ambell wythnos hwylus a hwyliog neu benwythnos hir i ni blant mewn carafán yng Ngheinewydd. Wedd Ceinewydd ond rhyw hanner awr lan yr arfordir, tu hwnt i Aberteifi, ond i ni blant wedd e fel y 'Sowth o' Ffrans'. Bydden ni'n cael ein hatgoffa taw yn Sir Aberteifi wên ni o hyd, a heb fod ymhell o gatre achos wedd angen rhywun ar brydie i fynd gatre i odro.

Alle rhywun ddim mynd yn bell oherwydd gyda buches odro ma rhywun yn gaeth i gwt y fuwch nos a bore. Ac yn dilyn dyfodiad y cwotâu llaeth dros nos ar yr 31ain o Fawrth, 1984 rhaid wedd cynhyrchu llaeth llawer yn fwy darbodus trwy gynnal coste a chodi cynnyrch y gwartheg os am gadw'r ffarm i dalu. Yn sydyn, fe drodd ffarmo o'r ffordd o fyw hamddenol wên i'n gyfarwydd â hi'n grwt i fod yn fusnes, yn cynnwys yr holl bennau tost sy'n dod law yn llaw â rhedeg busnes teuluol.

Pymtheg oed wên i pan ddaeth y gyfundrefn cwotâu llaeth i rym mewn ymgais i leihau'r 'llynnoedd' llaeth a'r 'mynyddoedd' menyn yn Ewrop. Alle'r un ffarmwr ddim fforddio colli diferyn o laeth wedi hynny. Fe dyfodd y gwaith papur yn sobor, a wedd gofyn talu sylw i gyfansoddiad y llaeth o ran braster a phrotein, mor fanwl â'r bil *cake* er mwyn sicrhau bod y siec ar ddiwedd y mis yn talu'r dyledion. Wedd rhaid dechre meddwl am gynllunie bridio a chadw cofnodion manylach ac wrth i'r bil *cake* godi fe ddaeth cynhyrchu llaeth oddi ar borfa a sicrhau bod yna silwair o ansawdd da yn bwysicach, er mwyn arbed coste. Wedd y cathod ddim yn hapus chwaith!

Wedd angen neud penderfyniadau ynghylch gwella cyfleusterau, ac ehangu, neu roi'r gore i odro yn gyfan gwbwl, fel y gwnaeth nifer. O ehangu, fe fydde angen gwario tipyn o arian yng Nghilrhue ond doedd fawr o sôn am hynny drwy fisoedd gaeaf 1989. Wedd pethe'n ddigon da ym myd rygbi i fi ar y Gnoll serch hynny. Wedd Nhad ddim yn mwynhau'r iechyd gore a dechre Chwefror y flwyddyn wedyn fe fuodd yn rhaid ildio a mynd at y doctor. Wedd e'n cael dolur wrth lyncu, ac angen clirio'r gwddw yn gyson, a doedd y poene ddim yn diflannu fel gydag annwyd neu ffliw. Wedd Beechams Powders – y moddion arferol ar gyfer pob afiechyd yn ein tŷ ni – ddim wedi neud y tric y tro yma. A phan fo ffarmwr yn gorfod mynd at y doctor, ma 'na rywbeth mawr o'i le.

Gwnaed profion pellach a chafwyd bod gan fy nhad ganser yn ei lwnc. O fod yn fachan sgwâr, cadarn, llawn sbort fe weles i fe'n colli tir ond eto byth yn cwyno am ei gyflwr. Fe ymladdodd e'n ddewr gan newid ei ddeiet, a chysylltu â phob math o iachawyr mewn anobaith, rhai'n ddigon anghonfensiynol bryd hynny, ond plygu i'r drefen fu raid. Y sioc fwya ges i wedd gweld Dad heb ei grys yn yr ysbyty am y tro cynta a sylweddoli cymaint o bwyse wedd e wedi'i golli. Pan es i'w weld e wedyn yn yr ysbyty, wrth aros i fynd at erchwyn ei wely a chyn iddo fe 'ngweld i drwy ffenest y ward, wên i'n gallu gweld ei fod e'n amlwg mewn poen. Wedd Daff wedi colli'r frwydyr. Ond pan ddes i drwy'r drws fe wnaeth e fel bydde fe'n neud fel arfer, sef cuddio'r boen a siarad fel pe na bai fawr ddim yn bod arno fe. Dyna Daff Cilrhue i chi.

Wedd e am guddio'r ffaith fod yr 'aflwydd' y tro hwn wedi croesi carreg y drws.

Does gyda fi ddim cof i fi ar unrhyw adeg feddwl am roi'r gore i whare rygbi ar ôl i fi golli Nhad ym mis Medi 1990, ond wedd hi'n amlwg y bydde rhaid newid rhyw chydig ar y drefen yng Nghilrhue os wên i am wireddu 'mreuddwydion o gynrychioli Cymru ar y cae rygbi. Erbyn i fi ddychwelyd i'r Gnoll, wedd y drefen wedi newid fan honno hefyd. Wedd hi'n dymor cynta'r Cynghreiriau, a nawdd bellach i'r clybie gan y bragwyr Heineken. Ond cyn i'r tymor newydd ddechre, symudodd tri aelod o dîm llwyddiannus y tymor cynt i ogledd Lloegr, ac at rygbi tri ar ddeg. Arwyddodd y canolwr Allan Bateman i Warrington am £130,000, fel Roland Phillips, a dorrodd ei enw ar gytundeb o £100,000, sef yr union swm a ddenodd Mark Jones i Hull. Yn nes adre, trodd Rupert Moon a Lyn Jones tua'r gorllewin ac i Barc y Strade am ddim mwy na sicrwydd o gêmau cyson.

Fe ddechreuodd Castell-nedd y tymor newydd yn llawn brwdfrydedd. Gydag addewid o £23,000 yn wobr i Bencampwyr cynta'r Cynghreiriau newydd, fe gyrhaeddon ni ddiwedd y flwyddyn yn ddiguro, gyda'r fuddugoliaeth o 12 i 0 dros Abertawe ar y Gnoll dridie cyn y Nadolig, yr 50fed buddugoliaeth o'r bron yn erbyn clybie o Gymru.

Daethai Ron Waldron, hyfforddwr llwyddiannus Castell-nedd, yn hyfforddwr ar Gymru hanner ffordd drwy'r tymor rhyngwladol yn gynharach yn y flwyddyn, yn dilyn ymddiswyddiad John Ryan. Wedd e'n awyddus iawn i drefnu gêmau i dîm Cymru B er mwyn neud yn siŵr bod dyfnder o ran chwaraewyr i'r gêm yng Nghymru yn fwy na dim, a gyda Phencampwriaeth y Pum Gwlad yn y flwyddyn newydd hefyd o fewn golwg. Pan dynnodd Ffrainc mas o'r gêm gyda Chymru, wedd fod i ddigwydd ar Rodney Parade ar y 1af o Ragfyr, fe fynnodd Ron fod yr Undeb yn dod o hyd i gêm arall ar y penwythnos hwnnw.

Trefnwyd gêm yn erbyn yr Iseldiroedd, gydag Undeb Rygbi Cymru yn talu'r holl goste ond am y cinio wedi'r gêm, ac fe ges i gynrychioli'r tîm B ar brynhawn Sul yr 2il o Ragfyr yn Leiden. Ond er i ni ennill o 34 i 12, wedd Ron yn anhapus wrth i ni gael trafferthion yn y sgrym a'r lein ac fe bwyntiodd e'r bys at rai na wedd wedi gweithio'n ddigon caled. Wên i ddim yn un o'r rheiny ond wedd hi'n amlwg y bydde'n rhaid i finne weithio'n galed os wên i am hawlio lle yn y garfan genedlaethol yn y flwyddyn newydd. Ac er i Gastell-nedd orffen y flwyddyn ar ben y byd, eto i gyd, blwyddyn chwerw felys fuodd 1990 yng Nghilrhue. Allwn i ond gobeithio y bydde'r flwyddyn newydd yn 'Flwyddyn Newydd Dda'.

Y cap cynta

PAN BENODWYD RON Waldron yn hyfforddwr cenedlaethol hanner ffordd drwy'r tymor ym 1990, wedd rygbi Cymru ar y lefel ryngwladol mewn man go dywyll. Fe roddodd John Ryan y gore iddi yn dilyn colledion yn erbyn Ffrainc a'r fwya erioed bryd hynny yn erbyn y Saeson, 34–6 yn Twickenham. Doedd dim amser i chwilio'r holl fyd am hyfforddwr fel fuodd wedi hynny, a gyda rygbi Cymru yn y fath bicil, wedd hi ddim yn syndod i Undeb Rygbi Cymru droi at y clwb mwya llwyddiannus am hyfforddwr newydd ar y tîm cenedlaethol. Castell-nedd wedd y clwb hwnnw a daeth Ron Waldron yn hyfforddwr ar Gymru.

Wedd Castell-nedd hewl yn well na'r clybie eraill ar y pryd, gyda'n llwyddiannau ni ym mhob pencampwriaeth y tymor blaenorol, gan gynnwys Cwpan Schweppes, yn dystiolaeth glir o hynny. Wên ni ar ein ffordd at ailadrodd y campau hynny pan gafodd Ron ei benodi'n hyfforddwr cenedlaethol, a doedd hi ddim yn syndod i'r hyfforddwr newydd droi at chwaraewyr o'i glwb ei hunan er lles yr achos cenedlaethol.

Enillodd y canolwr Allan Bateman a'r prop Brian Williams eu capie cynta yng Nghaerdydd i neud cyfanswm o saith chwaraewr o'r Gnoll yn y tîm a wynebodd yr Alban yn y golled o 13 i 9 yng Nghaerdydd. Ac erbyn i Gymru deithio i Iwerddon ar gyfer gêm ola'r tymor rhyngwladol, wedd dau arall o'r Gnoll ar yr awyren. Collodd y prop Jeremy Pugh ei le, ond galwyd y blaenasgellwr Martyn Morris yn ei ôl wedi pum mlynedd o fod ar ddisberod ac enillodd Alan Edmunds ei gap cynta o'r fainc. Ond er presenoldeb wyth o dîm y Gnoll ar Lansdowne Road erbyn diwedd y gêm, dychwelyd o Ddulyn gyda'r Llwy Bren wnaeth Cymru.

Wedd Ron yn gyn-brop rhyngwladol ei hunan, wedi ennill pedwar o gapie yn nhymor y Pum Gwlad ym 1965. Wedd e hefyd wedi whare i Gastell-nedd yn y 1960au, heb braidd fethu gêm yn y dyddie pan wedd deugain a mwy o gêmau'r tymor yn gyffredin. Ac fel dw i wedi sôn eisoes, wedd gyda fe ei syniade ei hunan am ffitrwydd, y math o syniade y bydde fe wedi gorfod cydymffurfio â nhw yn ystod ei gyfnod yn y Llynges, ond syniade na wedd yn boblogaidd gan sawl chwaraewr yn ystod ei gyfnod fel hyfforddwr ar Gymru.

Fe gollodd Cymru bob un gêm ym Mhencampwriaeth y Pum Gwlad ym 1990 am y tro cynta erioed, a chafodd Ron ddim y dechre gore i dymor y Pum Gwlad ym 1991 chwaith, gyda cholledion gartre yn erbyn Lloegr a bant yn yr Alban. Y fuddugoliaeth o 25 i 6 wedd y gynta i Loegr yng Nghaerdydd er 1963, a dyma gêm gynta Neil Jenkins a Scott Gibbs dros eu gwlad a'r ddau eto heb gyrraedd eu hugain oed.

Wên i wedi whare gyda Neil a Scott yng ngêm Cymru B pan enillon ni mas yn yr Iseldiroedd ym mis Rhagfyr 1990, a nawr dyma finne'n cael fy ngwahodd i ymuno â'r garfan genedlaethol. Yn dilyn y golled o 32 i 12 bythefnos ynghynt lan yn yr Alban, wedd sôn wedi bod yn y papure fod Paul Knight, prop Pontypridd a phrop pen tyn Cymru yn y gêm honno, mewn perygl o golli ei le. Mae'n wir iddo gael amser caled yn erbyn David Sole, ac fe gafodd ei gosbi am gwmpo'r sgrym fwy nag unwaith. Fi oedd y dewis cynta ar y Gnoll erbyn hyn a finne hefyd wedd yr unig brop pen tyn arall yn y garfan. Wedd hi'n naturiol wedyn bod fy enw i'n cael ei gysylltu â safle prop pen tyn Cymru cyn y gêm yn erbyn y Gwyddelod yng Nghaerdydd.

Fe ges i alwad ffôn gan Kevin Phillips fwy nag unwaith yn y cyfnod hwnnw cyn y gêm yn erbyn Iwerddon.

"Ti wedi clywed rhywbeth?"

Wên i ddim wedi clywed ond yna fe ddaeth galwad ffôn gan Ron ar y prynhawn dydd Sul cyn y gêm:

"You're in the team to face Ireland next Saturday."

Buodd dathlu mawr yn Boncath Inn. Betty, cyfnither i Nhad, ond Anti Beti i fi, a'i gŵr Eric wedd yn cadw'r dafarn erbyn hyn, a dyna ble wedd y lle i fod ar y noson y cyhoeddwyd bod John Cilrhue wedi'i ddewis i whare dros Gymru. Dim ond gwerthwyr tractors a bois insiwrans fydde â ffôns symudol bryd hynny, ond yn ardal Boncath wedd signal y *bush telegraph* yn llawer cryfach ac yn fwy dibynadwy. Ond os wedd yna ddathlu mawr yn Lounge y Boncath Inn, wedd teimlade cymysg, fel y gall rhywun ddychmygu, ar yr aelwyd yng Nghilrhue. Wedd Mam yn naturiol yn sobor o falch, ond ddim am i fi anghofio taw gwaith y ffarm fydde'n dod gynta. A wedd digon o waith i un i ateb y ffôn!

Fe fydden i'n un o saith newid i'r tîm a gollodd yn erbyn yr Alban ac yn un o ddau gap newydd, gan fod chwaraewr rheng ôl Llanelli, Emyr Lewis, wedi'i ddewis hefyd. Plisman ifanc yn Aberaeron wedd Emyr ar y pryd ac fe'i disgrifiwyd fel 'an abrasive back row thinker' gan Barry Walsh yn y *Tivy-Side*, papur lleol de Sir Aberteifi a gogledd Sir Benfro.

Er mor falch wên i, siom enfawr ar yr un pryd wedd sylweddoli bod Brian Williams wedi colli ei le yn y pymtheg fydde'n dechre yn erbyn Iwerddon. Ar y fainc y bydde Brei'r diwrnod hwnnw a Mike Griffiths, prop Caerdydd, i ddechre ar y pen rhydd yn ei le. Rhaid bod y penderfyniad yn un anodd i Ron Waldron gan fod Brian yn dipyn o ffefryn ganddo. Falle iddo gael ei ddylanwadu gan y dewiswyr eraill. Dw i ddim yn gwbod.

Wrth i bobol weld y pac yn cael ei hwpo am 'nôl, ma tuedd i fwrw'r bai yn gyfan gwbwl ar un, neu falle ar y ddau brop. Ond mae'r rhai sy'n deall yn gwbod nad yw rheng flân, ta pa mor gryf ydyn nhw, ond cystal â'r rhai sy'n gwthio o'r tu ôl. Does fawr ddim gallwn ni neud os nad oes pwyse'n dod o'r ail reng a'r rheng ôl ar yr eiliad dyngedfennol. Mae'r ffaith i Ron gymryd y gyllell at yr wyth blân wedi'r golled yn yr Alban yn dangos nad yn y rheng flân yn unig wedd y broblem yn ei farn e.

Fe dalodd y ddau brop y pris yn ogystal â'r ddau flaenasgellwr, Alun Carter a Glen George. Symudwyd clo Abertawe, Paul Arnold, i fyny o'r rheng ôl i'r ail reng, ac fe gollodd Gareth Llewellyn ei le. Emyr Lewis, Phil Davies a

Martyn Morris fydde'r rheng ôl i wynebu'r Gwyddelod. Daeth Arthur Emyr 'nôl ar yr asgell yn lle Steve Ford, a mewnwr Castell-nedd, Chris Bridges, yn lle Robert Jones wrth fôn y sgrym.

Wedd sawl un am i'r bachwr Kevin Phillips golli ei le, achos wedd ei daflu i mewn i'r leiniau ddim yn ddigon cywir yn eu barn nhw, ond wedyn Kevin wedd yn arwain y pac, a wedd neb ar gael yng Nghymru i arwain y pac fel Kev. Eto, pam taw'r bachwr sydd wastad yn cael y bai pan nad yw'r leiniau'n llwyddo? Os na wedd Brian a Kevin yn ddigon da, gofynnodd y *Western Telegraph*:

> What on earth have they been doing in the most successful and consistent Welsh club of the past four years?

Allwn i ddim dadle â'r *Western Telegraph* y tro hwnnw. Allwn i ddim dadle chwaith gyda Mam wrth i'r wasg ddod i gnocio ar ddrws Cilrhue: "Cofia di nawr, John, pan fyddi di'n cael dy holi – 'chi' a 'chithe'. Os wyt ti am ennill parch i ti dy hunan, ma'n rhaid i tithe ddangos parch."

Daeth geiriau'r athro ysgol Kevin Thomas i'r cof yn y wers chwaraeon gynta honno yn Ysgol y Preseli, ond y tro yma wên i'n fwy na hapus i glywed y geiriau "Prop: John Davies." Cap cynta i fi a chap rhif deunaw i Kevin, ond doedd dim chweched cap i Brian Williams. Dyna'r agosa y daethon ni fel Triawd y Buarth – y tri ffarmwr o Sir Benfro, tri Chymro Cymraeg, a thri chyn-ddisgybl o Ysgol y Preseli – i gynrychioli ein gwlad.

Ond fe alle pethe fod wedi troi mas yn wahanol tase Brian Williams wedi cael ei ffordd, achos nosweth cyn y gêm yn erbyn y Gwyddelod fe aeth y tri ohonon ni – Kevin, Brei a finne – am dro mas o Westy'r Angel yng Nghaerdydd, a phwy welon ni'n cerdded yr ochor arall i'r stryd ond tri aelod o reng flân Iwerddon! Kevin 'nabyddodd nhw. Wedd dim syniad 'da fi pwy wên nhw achos dim ond ar deledu, ac ar ddiwrnod gêm ryngwladol yn unig wên i wedi gweld chwaraewyr Iwerddon yn whare. Ac ma pob chwaraewr yn edrych yn wahanol yn y cnawd. Ta beth, dyma daro sgwrs a chyn pen dim wedd cynllwyn ar waith wrth i Brei ofyn yn ddigon difrifol i Des Fitzgerald, y prop a fydde'n whare ar y pen tyn y diwrnod wedyn, "Give Micky Griff a 'donc' early on tomorrow will you, so that I can come on?!" Gyda'r geirie hynny'n fy nghlustie fe es i i'r gwely yng Ngwesty'r Angel y noson honno dan wherthin, ond nid i gysgu chwaith, fel y galle Glyn Llewellyn, oedd yn rhannu'r un stafell â fi, dystio.

Ymarfer dydd Llun a dydd Mercher, lan a 'nôl o Gaerdydd cyn teithio i lawr i'r brifddinas brynhawn dydd Gwener a chyfarfod â'r tîm yng Ngwesty'r Angel. Dyna fel wedd hi. Daeth y diwrnod mawr, sef yr 16eg o Chwefror 1991, bythefnos wedi fy mhen-blwydd yn 22 oed. Brecwast llawn fel y bydde hi bob dydd arall o'r wythnos, a wedd hwn eto yn ddiwrnod gwaith. Cerdded y siwrne fer draw i'r stadiwm drwy ganol y dorf heb nabod neb, ond wedd pawb allwn i feddwl yn fy nabod i. Ac fe redais i mas i'r Maes Cenedlaethol yn un o chwe chwaraewr Castell-nedd yn y tîm wnaeth ddechre'r gêm y prynhawn hwnnw. Wên i yng nghanol ffrindie. Wên i ddim yn nerfus, fel bydde rhywun wedi dishgwyl falle, ond wên i'n teimlo ar goll ar yr un pryd oherwydd yr un person ma pob crwt yn edrych mas amdano mewn gêm yw ei dad. Ond wedd Daff ddim yno.

Daff fydde'n arfer mynd â fi bob bore Sadwrn i lawr i Benfro yn ystod fy nyddie ysgol ac i gêmau ieuenctid wedi hynny, a nawr, a finne am rannu fy llawenydd a fy llwyddiant gydag e, wedd e ddim yno. Wedd Edward, fy mrawd, yno i 'nghefnogi i, ac fe fydde Mam ac Elizabeth wedi dod hefyd, ond fel ma hi wastad ar ffarm, wedd rhaid i rywun fod gatre. Fe ddaeth llond bws o Foncath hefyd – ond dim ond mewn pryd. Wedd Lloyd Penfedw siŵr o fod wedi llogi'r bws o Garej Midway Crymych cyn i Ron Waldron orffen cyhoeddi ei dîm. Cymaint wedd y rhialtwch ar y bws fore Sadwrn y gêm fel na sylwodd neb, heblaw am Owen Blaenbwlan wrth i hwnnw feddwl bod Caerdydd ymhellach nag arfer o Foncath,

edrych drwy'r ffenest a gweld arwydd yn cyhoeddi taw 150
o filltiroedd wedd cyn cyrraedd Llunden! Ymhen dim daeth
yr hen Bont Hafren i'r golwg drwy'r niwl cyn i Phyllis Butler
allu troi'r bws rownd. Wyddwn i ddim taw dim ond cyrraedd
mewn pryd wnaeth bws Boncath, a rhaid bod Phyllis wedi
gorfod pwyso'n drwm ar y droed dde dros y milltiroedd ola er
mwyn cyrraedd mewn pryd i glywed y chwiban gynta. Dw i'n
siŵr i'r teithwyr llon neud gwahaniaeth i'r canu ar ôl iddyn
nhw gyrraedd!

Wyddwn i ddim am y bachan JJ Fitzgerald yma wedd yn fy
erbyn i pan es i lawr i'r sgrym gynta, achos wedd dadansoddi
manwl drwy raglenni cyfrifiadurol ddim yn bod ar ddechre'r
1990au. Lled debyg na wyddai ynte fawr ddim amdana i
ond taw Davies wedd 'yn enw i – a wedd pŵer o'r rheiny yng
Nghymru – heblaw iddo fod yn darllen y *Western Telegraph*
neu'r *Cardigan & Tivy-Side Advertiser*.

Fe ddaeth Des Fitzgerald, y prop pen rhydd, a finne i nabod
ein gilydd yn well wedi un sgarmes go dwym ond daethon
ni at ein synhwyre pan wedodd e, "Bejesus, let's stop this
nonsense, John, before we all get sent off." Ac yng nghanol pwl
o wherthin fe aethon ni'n dau yn ein holau i ganolbwyntio ar
y whare. A thase Des wedi gwrando ar Brei y nosweth cynt fe
fydde hwnnw *wedi* bod yn ddiwrnod mawr – a nosweth fwy,
sdim dowt! Ond fydde eilyddion ddim yn cael dod ar y cae
bryd hynny heb reswm, dim ond pan fydde rhywun yn cael
ei anafu. A falle fod Des Fitzgerald yn fwy cyfrwys na wên ni
i gyd wedi meddwl, a'i fod e wedi clywed am gampe Brei a'i
bod hi'n well ganddo gymryd ei siawns gyda Mike Griffiths,
achos ddaeth mo'r 'donc' wrtho fe, a ddaeth Brei ddim i'r cae.
A heb yn wbod iddo fe a ninne, wedd Brian Williams wedi
whare ei gêm ola dros Gymru.

Alla i ddim dweud yn well am Brian Williams na'r hyn
ddwedodd y diweddar Brian Thomas amdano wedi hynny:
"Tase gen i fab, fe fydden i'n moyn iddo fe fod fel Brian."
Doedd 'Twmas' ddim mor garedig na gofalus ei eiriau dethol
am ddewiswyr Cymru. Ac erbyn heddi, a ninne wedi colli'r

ddau Brian, ma rhywun yn meddwl pa mor debyg oedden nhw i'w gilydd; wedd cythreuldeb yn perthyn i'r ddau, ond wedd y ddau hefyd yn gymwynaswyr, ac yn gymeriade. Dim syndod eu bod nhw wedi closio at ei gilydd fel y gwnaethon nhw.

Ond wedyn, wrth edrych yn ôl ar y diwrnod hwnnw yn Chwefror 1991, tase Brian Williams wedi dod i'r cae yn erbyn Iwerddon, dw i ddim yn meddwl y bydden i na Kevin wedi gallu stopio wherthin wrth fynd lawr i'r sgrym gynta. Dw i'n wherthin nawr wrth feddwl am beth alle fod, a rhyw hanner llefen ar yr un pryd. Ond 'na ddiwrnod bydde fe wedi bod, nid yn unig i glwb rygbi Castell-nedd, ond hefyd i rygbi yn Sir Benfro ac i gymdeithas glòs bro'r Preseli.

Fe ddywed pob chwaraewr fod gêm ei gap cynta wedi hedfan heibio, ac yn hynny o beth dw i ddim yn eithriad. Wedd y gêm yn dipyn cyflymach na gêm glwb, ac er i ni gael gêm gyfartal 21–21, fe ddylsen ni fod wedi ennill y diwrnod hwnnw. Fe greodd Mark Ring gyfle i Neil Jenkins groesi am gais ond wedyn fe welodd Ring ei gic yn cael ei tharo i lawr, gan roi cais ar blât i'r canolwr Brendan Mullin.

Ac yna i Baris ac i'r Parc des Princes ymhen pythefnos a thrannoeth Dydd Gŵyl Ddewi. Fe gadwes i'r crys, a wedd saith o chwaraewyr Castell-nedd eto yn dechre'r gêm, ond ar y fainc unwaith eto wedd Brian Williams. A chyn i sain 'Hen Wlad fy Nhadau' ddistewi bron, fe groesodd Serge Blanco am gais wedi dim ond dwy funud. Cic a chwrs a chais gwych. Ac fel y cododd y tir o dan draed Dewi yn Llanddewi Brefi yn ôl y sôn, fe ges inne fy ngwasgu mas a lan o un sgrym gynnar fel corcyn o botel siampên, yng ngolwg y byd, a than bwyse rheng flân y Ffrancwyr. Dyle fod rhybudd iechyd wedi'i roi ar y rheng flân honno: Grégoire Lascubé o Agen, Philippe Marocco o Montferrand a Pascal Ondarts o Biarritz.

Wên i wedi clywed am awyrgylch y Parc des Princes cyn hynny, ac wedi clywed hefyd fel bydde heddlu Paris ar eu beicie modur yn sgubo pawb o'r neilltu a rhoi cic i ambell gar gyrrwr cysglyd wrth hebrwng bws y gwrthwynebwyr i'r

More 'oh la aargh'

cae, ond wedd dim wedi fy mharatoi i ar gyfer y 'croeso' ges i gan y Ffrancwyr mor gynnar â'r sgrym gynta. Ond diffyg canolbwyntio ar fy rhan i a'r clo Glyn Llewellyn yn yr ail reng oedd i gyfri am i fi weld Paris 'o'r awyr' y diwrnod hwnnw. Fe aethon ni, y rheng flân, i lawr i'r sgrym yn rhy gynnar, cyn y ddau glo, ac fe aeth Lascubé oddi tana i fel tarw'n topi, cyn i Glyn gael gafael iawn yn fy nghrys. Unwaith, ac unwaith yn unig, ddigwyddodd hynny, ond wedd hynny unwaith yn ormod fel y digwyddodd hi.

Chwe troedfedd a chydig dros bymtheg stôn a hanner wên i bryd hynny, a'r maint delfrydol i brop rhyngwladol. Ma 'na asgellwyr trymach a thalach yn whare erbyn hyn! Pan orffennes i fy ngyrfa gyda'r Scarlets, wên i wedi llanw mas i dros 17½ stôn. Wedd Salesi Finau, y Tongad fydde'n whare yn y canol neu ar yr asgell ar y Strade ar yr un pryd â fi, tua'r un taldra â fi yn nhraed ei sane, ond wedd ynte hefyd yn cario 17 stôn.

Yr embaras mwya i fi ar gae rygbi? Ie, y digwyddiad 'na ym Mharis, siŵr o fod. Fe ddysges i wers a do, falle i fi dyfu lan hefyd y dydd Sadwrn hwnnw. Y flwyddyn wedyn anfonwyd Lascubé bant o'r cae am ddamsgin ar Martin Bayfield, clo Lloegr, a disgrifiwyd Ondarts, a fedrai whare bachwr neu brop, fel un o'r deg chwaraewr mwya brawychus erioed i wisgo crys rygbi ei wlad. Daeth chwe chais i'r Ffrancwyr a Serge Blanco yn trosi'r ola o'r ystlys yn ei gêm ola ym Mhencampwriaeth y Pum Gwlad. Gôl gosb gan Paul Thorburn yn unig oedd 'da ni i ddangos am ein hymdrechion i 'ddathlu' 400fed gêm i Gymru ar y llwyfan rhyngwladol mewn gêm a orffennodd yn 36 i 3 i'r Ffrancwyr. Fe rannon ni'r Llwy Bren gyda'r Gwyddelod.

Wedd pwyse mawr ar Ron Waldron wedi'r penwythnos hwnnw. Wedd y pwyse gymaint yn fwy oherwydd wedd e'n ddewiswr, yn hyfforddwr ac yn rheolwr hefyd. Wedd 11 o glwb Castell-nedd yn y garfan genedlaethol. Dim rhyfedd fod 'na bwyntio bys. Cynigiodd y rhai wedd o blaid Ron na wedd gweddill y garfan mor ffit falle â chwaraewyr Castell-nedd, ond wedd honno ddim yn feirniadaeth ar chwaraewyr fel Ieuan Evans, Neil Jenkins, Emyr Lewis a Phil Davies yr wythwr, gafodd gêm ardderchog mas ym Mharis, na chwaith Mark Ring y diwrnod hwnnw – chwaraewr wedd â sgiliau'n fwy addas i gylch y syrcas na chae rygbi. Ond wedyn 'Ringo' wedd 'Ringo', ac mae ei farn e am Ron a'i ddullie wedi cael tipyn o sylw dros y blynydde. Wedd Ron yn gallu cael ei gynhyrfu fel Sarjant Major ar brydie a digon yw dweud na wedd llawer o Gwmrâg rhyngddo fe a Mark Ring.

Wedi siom bersonol y tymor rhyngwladol fe es i 'nôl i Gastell-nedd ac fe enillon ni'r Brif Adran ym mlwyddyn gynta'r Cynghreiriau pan drechon ni Bont-y-pŵl o 16 i 9 ar y Gnoll a gyda dwy gêm o'r tymor yn weddill. Ma 'na lun dw i'n ei drysori o'r dathlu ar ddiwedd y gêm honno pan godwyd Kevin a'r cwpan newydd ar ysgwydde Brian a finne, a'i gario oddi ar y cae. Fe gawson ni ambell *gin* a thonic y noson honno ac fe glywes i sôn y bydde rhai'n ein nabod ni fel gang y G a T oherwydd ein hoffter ni o ambell *gin* a thonic wedi gêm.

Fe gyrhaeddodd Castell-nedd rownd gynderfynol Cwpan Schweppes unwaith eto'r tymor hwnnw gyda'r ddwy gêm gynderfynol ar y Maes Cenedlaethol yng Nghaerdydd, ond colli i Lanelli fu'n hanes ni o 22 i 10. Wedd cais i Emyr Lewis a wedd Rupert Moon a Lyn Jones yn amlwg iawn yn y gêm – dau a fu'n whare gyda ni ar y Gnoll am rai tymhore cyn iddyn nhw symud i'r Strade yr haf blaenorol. Fel hynny y chwalwyd gobeithion Castell-nedd o fod yr ail glwb yn unig i ennill y Cwpan deirgwaith yn olynol i efelychu camp Llanelli yn y 1970au. Ac fel hynny hefyd y daeth rhediad Castell-nedd o bymtheg buddugoliaeth o'r bron yn y Cwpan i ben.

Y *bag snatchers*

TEITHIO I BEN draw'r byd i whare rygbi wedd y peth dwetha ar fy meddwl i pan aeth Cymru ar daith i Awstralia yn ystod haf 1991. Fe fuodd fy nhad farw ym mis Medi 1990 ac allwn i ddim hyd yn oed meddwl am adael y ffarm am gyfnod mor hir. Mae'r haf yn adeg brysur i ffermwyr a rhaid neud yn siŵr bod digon o fwyd ar gael i'r anifeiliaid dros y gaea. Bydde un pâr o ddwylo'n llai ar Gilrhue yn golygu talu i rywun ddod i neud y gwaith yn fy lle i. Gan fod y gêm yn dal yn gêm amatur, doedd chwaraewyr, yn naturiol, ddim yn cael eu talu, na'u digolledu yn ystod yr amser y bydden nhw bant ar daith. Dim ond ychydig o bunnoedd fydden ni'n ei gael, a wedd hwnnw ddim llawer mwy nag arian poced mewn gwirionedd.

Fe fydd y daith honno i Awstralia yn ystod haf 1991 yn cael ei chofio nid yn unig am y goten o 63 i 6 yn Brisbane yn y gêm brawf, ond am y cwmpo mas rhwng y chwaraewyr yn y cinio swyddogol wedi'r gêm. Y dadle dros ddulliau hyfforddi Ron Waldron yr hyfforddwr cenedlaethol a'i agwedd ddiflewyn-ar-dafod at chwaraewyr wedd e'n teimlo wedd yn rhy fawr i'w sgidie arweiniodd at y cweryl mae'n debyg. Ma enw Kevin Phillips wastad yn cael ei gysylltu â'r digwyddiad. Fydden i ddim wedi dishgwyl y bydde fe, na dim un o chwaraewyr eraill Castell-nedd, wedi cymryd cam 'nôl dan yr amgylchiadau, a thasen i wedi teithio gyda'r garfan, dw i'n siŵr y bydden inne hefyd wedi bod yr un mor barod i sefyll y tu ôl i Ron.

Falle dyle fe fod wedi neud beth wnaeth Warren Gatland yn 2008 pan ddewisodd e 13 o dîm y Gweilch i wynebu ac i drechu'r Saeson ddeufis ar ôl ei benodiad yn hyfforddwr ar Gymru. Wedd deufis yn amser rhy fyr i baratoi, yn ôl

Gatland. Ond wedd 1990 yn oes arall, pan gafodd Ron Waldron ei benodi yn hyfforddwr cenedlaethol dros nos yng nghanol tymor y Pum Gwlad yn dilyn colledion trwm yn erbyn Ffrainc a Lloegr ac ymddiswyddiad sydyn John Ryan. Wedd dim amser i bwyllo, i ystyried, nac i gynllunio, a wnaeth neb o ddifri edrych ar pam na wedd Cymru'n llwyddo. O ran ffitrwydd, wedd rhai chwaraewyr ddim yn codi i safonau ffitrwydd llym Ron. O ran tactegau wedyn, falle nad Ron wedd y mwya praff, a rywle yn y fan yna y daeth yr holl densiyne a'r emosiyne i'r wyneb, a dyna fu wrth wraidd y gynnen yn Brisbane. Wedi canolbwyntio cymaint ar ffitrwydd ar y daith a gydag un llygad falle ar Gwpan y Byd wedd i ddigwydd yn Lloegr o fewn tri mis i ddychwelyd o Awstralia, wedd hi'n anochel yn dilyn y gosfa ar faes Ballymore y bydde cwmpo mas. A'r nosweth honno, ar nosweth ola'r daith, fe ddaeth y diawl mas o'r gasgen gwrw.

Paul Thorburn, cefnwr Castell-nedd, wedd capten Cymru ar y daith ac fe ymddeolodd e o'r llwyfan rhyngwladol ar ôl dychwelyd o Awstralia. Ymddiswyddodd Ron hefyd ar gyngor meddygol. Sdim amheuaeth fod y pwyse ar ei ysgwydde yn dilyn y daith honno ddim wedi helpu'r sefyllfa, a does 'da fi hyd y dydd heddi ddim rheswm dros gredu nad rhesyme meddygol wedd yn gyfrifol am ei ymddiswyddiad yn y pen draw. Dylid edrych ar y digwyddiad hwnnw nawr yng ngole'r hyn ddigwyddodd wedi hynny i'r tîm cenedlaethol. Wedd y gêm yn symud mlân ac yn hynny o beth wedd Ron a Brian Thomas yn ddynion o flân eu hamser. Gweddill Cymru wedd ar ôl.

O fewn tri mis i'r ail Gwpan y Byd wedd Cymru'n chwilio am hyfforddwr newydd, ac fe'i cafwyd e yn Nottingham. Cymro o Ynysybwl oedd Alan Davies, a fu'n hyfforddwr ar dîm B Lloegr am dair blynedd. Wedd e hefyd wedi neud gwaith da gyda chlwb Nottingham, a phan ddewisodd e ei dîm cynta yn erbyn Gorllewin Samoa yng ngêm gynta Cwpan y Byd ym 1991, Scott Gibbs wedd yr unig chwaraewr o Gastell-nedd yn y pymtheg wnaeth ddechre.

Penodwyd Gareth Jenkins, wedd eisoes wedi cael llwyddiant gyda chlwb Llanelli, yn is-hyfforddwr i Alan Davies a chyn-glo Caerdydd, Cymru a'r Llewod, Robert Norster, yn rheolwr. Ond wên i ddim yn rhan o'r garfan erbyn hyn gan 'mod i wedi dewis peidio â mynd ar daith i Awstralia yn yr haf. Allwn i ddim dishgwyl dim byd arall. Tymor newydd, hyfforddwr newydd, syniadau newydd, a Laurence Delaney o glwb y Strade ddalod y pen tyn yn y gystadleuaeth. Siom fu Cwpan y Byd, serch hynny, â Chymru'n ffarwelio heb gyrraedd yr wyth ola, ond gydag Alan Davies a Gareth wrth y llyw fe ddaeth buddugoliaeth yn erbyn Iwerddon a'r Alban ym Mhencampwriaeth y Pum Gwlad. Wedd pethe'n edrych yn well unwaith eto, gyda dwy fuddugoliaeth mas o bedair. Fe ddaeth Davies â sefydlogrwydd i'r tîm a chysondeb yn y dewis. Dim ond deunaw o chwaraewyr a ddefnyddiwyd ganddo dros dymor y Pum Gwlad, a wedd dwy fuddugoliaeth mas o bedair yn ddigon i argyhoeddi Undeb Rygbi Cymru y dylen nhw ymestyn ei gytundeb e a'i dîm rheoli tan ar ôl Cwpan y Byd yn Ne Affrica ym 1995. Ond os wên i am adennill fy lle yn y garfan genedlaethol wedd mwy o waith caled yn fy aros i ar y Gnoll.

Fe fuodd tymor 1991/92 yn dymor hir ac anodd i Gastell-nedd ar y Gnoll. Wedi llwyddiannau'r tymhorau diweddar, siom wedd gorffen yn bedwerydd a gawson ni ond naw buddugoliaeth mewn deunaw gêm. Ond wedd awch ar y whare eto yn y tymor newydd gyda'r Pencampwyr Byd, Awstralia, i ymweld â'r Gnoll ar eu taith trwy Gymru ym mis Tachwedd. Wên i wedi colli'r cyfle i wynebu Seland Newydd ar y Gnoll ym 1989 pan wên nhw'n Bencampwyr Byd, oherwydd i fi gael trafferthion gyda 'nghefen. A thra wedd carfan Castell-nedd bant yn Redruth yng Nghernyw yn paratoi ar y penwythnos cyn y gêm fawr, wên i ar y fainc i dîm Cymru B a gollodd yn erbyn y teithwyr ar y Maes Cenedlaethol yng Nghaerdydd. Ond pan gyhoeddwyd y tîm ar y dydd Sul wên i'n sobor o falch i glywed fy enw i'n cael ei alw mas, ond wedd hi'n anorfod eto y bydde rhai chwaraewyr yn cael eu siomi. A'r tro yma,

Chris Bridges, y mewnwr, wedd y chwaraewr amlyca i golli ei le. Rhodri, brawd y mewnwr rhyngwladol Robert Jones, gas ei ddewis. Ond y syndod mwya wedd deall taw Lloyd Isaac fydde'n dechre yn y canol. Wedd Lloyd wedi ymuno â Chastell-nedd o glwb Abertawe ar ddechre'r tymor. Bachwr wedd e ond, fel Kevin Phillips, wedd e'n medru whare yn y rheng ôl, ac yn safle'r mewnwr hefyd tase hi'n dod i hynny, ond dyma fe nawr yn cael ei ofyn i whare yn y canol gan fod Colin Laity a Jason Ball, ein canolwyr arferol, ill dau wedi'u hanafu. Wedd Scott Gibbs, canolwr y tymor cynt, wedi ymuno â'r Gwynion, a hynny am na wedd Ron Waldron, yn ei farn yn rhoi digon o bwyslais ar whare creadigol yng nghanol y cae. A dyna ble wedd Lloyd yn paratoi i wynebu Jason Little yng nghanol cae, ac ynte wedi ennill Cwpan y Byd gydag Awstralia ym 1991.

Wedd prysurdeb mawr yng Nghilrhue hefyd yn ystod yr wythnos cyn y gêm am fod angen i ni gael system i fwydo'r gwartheg cyn y bydden nhw'n dod i mewn i'r adeiladau dros y gaea. Y syniad wedd i ni greu *feed barriers* ein hunain ac, wrth gwrs, wedd gan fy mrawd Edward law dda at y gwaith. Yn naturiol, wedd angen dur ar gyfer y dasg a'r person amlwg i holi am bris wedd y dyn busnes a rheolwr Castell-nedd, Brian Thomas. A dyma enghraifft eto o haelioni'r dyn a'i barodrwydd i helpu. Eglurwyd wrtho beth wedd pwrpas y dur, sef neud *feed barriers*, ond yr hyn a boenai'r 'Ayatollah' wedd sut y galle fe arbed neu leihau'r gost i fi.

Fuodd e ddim yn hir cyn ei deall hi, a chael syniad. Fe gasglwyd y dur, a bu Edward wrthi'n ddiwyd yn torri, yn asio ac yn weldio hyd yr orie mân, a wedd y *barriers* yn barod, fel mae'n digwydd, ar y bore cyn diwrnod y gêm yn erbyn Awstralia. Wedd dim dadle taw ar gyfer bwydo anifeiliaid wên nhw, ond i Brian Thomas *barriers* wedd *barriers*! Aed â nhw i Gastell-nedd ac fe adawyd y lori yno. Fe gas Edward a finne fenthyg hen gar mawr Mercedes otomatig Brian i fynd adre fel dau lord cyn dod 'nôl ar gyfer y gêm trannoeth. Digon yw dweud fan hyn na fuodd rhwystrau diogelwch cadarnach na rhyfeddach ar yr un cae rygbi na'r rhai wedd yn arwain cefnogwyr i mewn i'r Gnoll yn un lein drefnus ar gyfer y gêm yn erbyn y Wallabies.

Erbyn dydd Mercher, yr 11eg o Dachwedd, 1992 wên inne hefyd yn fwy na pharod am y frwydyr. A brwydyr fuodd hi, gyda Bob Dwyer, hyfforddwr Awstralia, yn cyhuddo blaenwyr Castell-nedd wedi'r gêm o whare ciaidd ac o afael yn ei chwaraewyr e mewn man tyner! Hynny arweiniodd at ei ddisgrifiad o Gastell-nedd fel "the bag-snatching capital of the world" a'r awgrym taw'r ffermwyr yn nhîm Castell-nedd wedd yn benna cyfrifol am ddwyn y gwarth hwnnw ar y dre. Wedd y bys wedyn yn amlwg yn cael ei bwyntio at aelode'r rheng flân! Do, fe fuon ni yn eu 'blawd' nhw drwy gydol y gêm, a wedd yr olwg ar wyneb y prop, Brian Williams, a gafodd gais wrth i ni golli o 8 i 16 yn ddigon i awgrymu na wedd yr Awstraliaid chwaith wedi gorwedd i lawr a'n gadael ni i gosi eu boliau!

Ie, ffermwyr wên ni, wedi hen arfer â chwympo hyrddod a lloi ar gyfer eu digornio, ond wedd y Wallabies chwaith ddim yn angylion. Wên nhwythe'r un mor euog o ddigwyddiadau ar ochr dywyll y dyfarnwr, gyda'u clo Rod McCall, fel dw i'n cofio, yn cwyno am bob peth. Wedd ei bartner, John Eales yn yr ail reng, yn rhy fonheddig i gwyno. Ond tase Dwyer wedi darllen adroddiad o'r tro cynta i'r Wallabies ymweld â'r Gnoll 'nôl ym 1908, fydde fe ddim wedi dishgwyl gwell:

> Neath is the ultimate ugly Welsh town, a tough hamlet of miners, steelworkers and wild men, most of whom appeared in the black jersey of Neath with the white Maltese cross on the front. The home ground, the Gnoll, is the most inhospitable of places, with the changing rooms more akin to pithead baths than a first-class arena.

Wedd y stafelloedd newid ddim wedi newid rhyw lawer ers y diwrnod hwnnw ym 1908, ac, yn sicr ddigon, nid rhai'r ymwelwyr. A wedd Twmas yn ddigon hapus iddyn nhw fod mor anghynnes a digroeso â phosib.

Andrew Blades, sydd bellach yn hyfforddwr elfennau gosod tîm presennol Awstralia, wedd fy ngwrthwynebydd i ar ben rhydd y sgrym. Fe wedd â gofal y blaenwyr yn yr agweddau hynny o'r whare pan gollodd y Wallabies y gyfres brawf yn erbyn Llewod 2013 'nôl yn yr haf. Ac os cafodd y Wallabies wers yn rhywle, ac yn sicr yn y prawf ola pan gawson nhw'r goten fwya erioed gan y Llewod, yn y sgrym wedd honno. Wedd hi'n ddigon tebyg ar y Gnoll 'nôl ym 1992, gyda Blades wedi gorfod trwco'i le ar y pen rhydd gyda Matt Ryan, a gafodd amser caled gan Keith Colclough y Sadwrn cyn hynny ar Sain Helen yn erbyn Abertawe.

Falle taw gan y teithwyr wedd y sgiliau i gyd, ond fe ddalon ni'n tir yn y sgrym, ac fe gafodd Andrew Kembery yn y rheng ôl, un o'i gêmau gore i Gastell-nedd. Wedd Jason Little, a gafodd unig gais Awstralia yn y fuddugoliaeth, yn falch o glywed y chwiban ola wedi perfformiad arwrol Lloyd Isaac. Un byr, sgwat wedd e, ond os wedd un elfen gref yn ei whare heblaw ei allu i daclo, yna rhedeg yn uniongyrchol wedd honno. Wedd ei ddewis e yn y canol yn ddewis ysbrydoledig gan Glen Ball, achos fe fuodd Lloyd yn ddraenen yn ystlys Jason Little drwy'r gêm.

Does gen i ddim cof i Brian Williams gwyno am y driniaeth gafodd e, na chwaith i Gastell-nedd ymateb i gyhuddiadau Dwyer. Wedd e'n llwyr gredu taw dyma ffordd Castell-nedd o feddalu'r Wallabies cyn y bydden nhw'n whare'r tîm cenedlaethol ymhen pythefnos. Ennill y gêm, a dim byd arall, wedd ar ein meddylie ni, drwy fynd benben â nhw a gwrthod cymryd cam yn ôl. Ac fel hynny buodd hi. O leia wedd dim angen *police escort* ar y Wallabies bant o'r cae, na chwaith blisman i sefyll ar ris isa'r bws yr holl ffordd 'nôl i'w gwesty, fel ym 1908. Erbyn i ni gyrraedd y cinio swyddogol yng Ngwesty'r Glynclydach, wedd Brian ddim tamed gwaeth, a ninne'r rheng flân yn rhannu bwrdd â rheng flân Awstralia. Bu Phil Kearns, bachwr rhyngwladol y Wallabies ond na wedd yn whare'r diwrnod hwnnw, bron â thagu ar lwyaid o gawl pan ofynnodd Brei iddo ar draws y bwrdd, "How big is Australia then?" Meddwl wedd Brian mai doeth fydde ceisio bod yn gymdeithasol er gwaetha'r digwyddiadau ar y cae rai orie ynghynt.

Edrychodd Kearns o'i gwmpas yn syn, er mwyn neud yn siŵr ei fod e wedi clywed yn iawn, a rhag ofan falle taw fe'n unig wedd wedi clywed y cwestiwn. Gan bipo dros ei lwy i fyw llyged y bachwr gore yn y byd ar y pryd, ac ar ôl cymryd llwnc swnllyd arall o'i gawl dyma Brei'n gofyn eto, "Australia? Big place, is it?" Allwn inne ddim llai na wherthin erbyn hynny, ynghyd ag un neu ddau arall wedd o fewn clyw. Fe fuodd hi'n nosweth ddigon hwyliog wedi hynny ond dw i ddim yn gwbod hyd y dydd heddi a wedd Brei o ddifri ai peidio. Yn anffodus bellach, ddo' i byth i wbod.

Casglwyd y *barriers* fu'n rheoli'r dorf a dychwelyd adre yn y lori yn hwyr iawn y nosweth honno. Maen nhw'n neud eu gwaith ac yn fodd i borthi anifeiliaid yng Nghilrhue hyd y dydd heddi. A *barriers* yn unig am wn i aeth lawr ar y bil i glwb Castell-nedd. Ond, yn nodweddiadol o Brian, ddaeth 'na'r un bil am y dur i Gilrhue.

'Nôl yn y crys coch

CHYDIG FEDDYLIES I wedi fy ail gap ym Mharis ym 1991 na fydden i'n gwisgo'r crys coch am ddau dymor arall. Sdim dowt i fi dalu'r pris am benderfyniad Ron Waldron i adeiladu tîm o gwmpas chwaraewyr Castell-nedd ddwy flynedd ynghynt. Ond wên i ddwy flynedd yn hŷn erbyn hyn, a dwy flynedd yn ddoethach hefyd. Fe ges i 'ngalw 'nôl i'r garfan ar gyfer y gêm ym Mharis ym 1993 ac, yn ogystal â Gareth Llewellyn, ni wedd yr unig ddau chwaraewr o glwb y Gnoll yn y garfan erbyn hyn. A thra bu chwech o Gastell-nedd yn nhîm 1991, wedd nawr wyth o Lanelli yn nhîm 1993, gan gynnwys Rupert Moon a'r bachwr Andrew Lamerton, y ddau yn ennill eu cap cynta.

Fel bydde rhywun yn dishgwyl gan rywun wedd wedi bod yn hyfforddi yn Lloegr am rai blynydde, wedd pwyse ar whare'r blaenwyr yn yr elfennau gosod, y sgrym a'r lein, o dan Alan Davies. Wên i'n fwy na hapus gyda hynny, ac yn hapusach byth o gael camu i'r cae rhyngwladol unwaith eto, falle'n gynt na wên i'n ei ddishgwyl wedi i'r prop, Ricky Evans, gael ei anafu ar ôl bron i awr o'r whare. Aeth Huw Williams-Jones draw i ben rhydd y sgrym ac fe gymerais i fy lle ar y pen tyn.

Yn rheng flân Ffrainc y diwrnod hwnnw wedd Louis Armary o Lourdes, Laurent Seigne o Mérignac a rhwng y ddau, capten Ffrainc y diwrnod hwnnw, Jean-François 'Jeff' Tordo o Nice – tri chlwb sy ddim mor amlwg y dyddie hyn, yn fwy nag yw Castell-nedd, Pont-y-pŵl a Glynebwy o dan y gyfundrefn ranbarthol, ond clybie a gododd gewri i'r rheng flân yn eu dydd. Y disgrifiad gore welais i o Tordo wedd hwnnw'n dweud bod ganddo 'wallt fel pwdl' ond gyda 'natur Rottweiler'. Mae'r disgrifiad yn addas iawn achos fe ges i ei ddannedd e o gwmpas fy mys i ar un adeg a finne'n dal yn dynn yn y bêl mewn sgarmes. Digon poenus fuodd hi i gael y bys o geg y bachwr. Fe ges i fy nghnoi mor galed ganddo nes i fi gredu 'mod i am golli fy mys. Fe fues i'n sôn cymaint am y digwyddiad ar ôl dod adre'r wythnos wedyn fel i Veronica'r wraig awgrymu y dylwn i enwi un o'r cŵn bach a aned i ast *boxer* yn Cilrhue yn Tordo, achos wedd y cythrel bach hwnnw'n cnoi hefyd. Fe ymddangosodd y stori honno ym mhapur newydd y *Sun*:

Ymhen llai na tri mis wedd Jeff Tordo yn y papure newydd eto, a'i yrfa ryngwladol ar ben wedi i Gary Pagel, prop Western Province, ddamsgin arno gan achosi anaf difrifol i wyneb y Ffrancwr. Gwaharddwyd Pagel rhag whare am chwe mis, a gorfod i Tordo, capten y Ffrancwyr, dderbyn dros hanner cant o bwythe i'w wyneb a llawdriniaeth gosmetig yn dilyn y digwyddiad mewn gêm yn Cape Town.

Er i Gymru drechu Lloegr ar ddiwrnod cynta'r Bencampwriaeth, yr un wedd y stori ar ddiwedd y tymor hwnnw hefyd, sef Llwy Bren arall i Gymru. A dw i ddim yn meddwl i hynny haeddu'r un golofn yn y *Sun*. Ond os gwnaeth Tordo argraff arna i, rhaid fy mod inne, yn ddiarwybod, wedi creu argraff ar brop pen tyn Ffrainc y diwrnod hwnnw hefyd, oherwydd ymhen rhai tymhorau, a Laurent Seigne erbyn hynny'n hyfforddwr ar Brive, fe ges i wahoddiad i ymuno â'r clwb o Ffrainc wedi i'r gêm droi'n broffesiynol.

Fe es i 'nôl i Gastell-nedd unwaith eto, ac fe gawson ni ein hunen yn rownd derfynol Cwpan Cymru ar y Maes Cenedlaethol. Dyma'r tymor cynta i'r gystadleuaeth gael ei noddi gan SWALEC. Wedd digon o egni a gwres yn y gêm yn erbyn y Scarlets, fel y bydde rhywun yn dishgwyl rhwng hen elynion, gydag Emyr Lewis, nid am y tro cynta, yn ein rhibo ni fel yn y rownd derfynol ddau dymor ynghynt, nid gyda chais y tro hwn, ond gyda gôl adlam ddadleuol, ei gynta erioed, yn syth o gic rydd. Dadleuol, oherwydd y rheol newydd bryd hynny na ellid anelu am gôl adlam yn syth o gic rydd. Fe gollon ni'r gêm o dri phwynt, 18–21, gyda'r dyfarnwr Gareth Simmons yn cyfadde wedyn falle iddo neud "a major mistake". Nid dyna'r union eirie a ddefnyddiwyd gan y prop Brian Williams i ddisgrifio camgymeriad Simmons, ond wedd Emyr, y rheng ôl a enillodd ei gap rhyngwladol cynta ar yr un diwrnod â fi yn erbyn y Gwyddelod, ac a ddisgrifiwyd fel "an abrasive back row thinker" bryd hynny, newydd brofi ei fod e'n *quick thinker* hefyd!

Ches i fawr o amser i feddwl 'nôl am y gêm, achos o fewn wythnos wên i ar awyren yn anelu am gyfandir Affrica gyda Chymru i whare dau brawf yn erbyn Zimbabwe ac un arall yn erbyn Namibia dros gyfnod o dair wythnos. Wên i ar ben fy nigon achos wedd hyn yn cadarnhau i fi bod fy enw ym meddylie'r tîm hyfforddi rhyngwladol, Alan Davies a Gareth Jenkins, fy mod i falle wedi creu argraff ar ôl dod i'r cae yn gynnar a mwy na dal 'y nhir yn erbyn y Ffrancwyr yng ngêm ola'r Bencampwriaeth i haeddu fy nghadw yn y garfan.

Enillwyd y ddwy gêm brawf yn erbyn Zimbabwe yn gymharol hawdd ac fe ges inne gais – fy unig un yn fy ngyrfa ryngwladol, fel mae'n digwydd – yn yr ail brawf yn Harare ar y 29ain o Fai. Wnes i ddim whare yn erbyn Namibia yr wythnos wedyn ac fe gafodd Cymru amser caled yn y gwres llethol cyn mynd mlân at fuddugoliaeth. Doedd hi ddim yn daith anodd o ran y sesiynau ymarfer, gyda'r pwyslais yn benna ar ffitrwydd. Wedd digon o redeg, hyd at ddwy filltir weithie er mwyn neud yn siŵr y bydden ni'r blaenwyr yn benodol yn medru para'r wyth deg munud. Wedd 'da fi ddim problem gyda hynny, achos wedd digon o redeg yn y coese yn nyddie Glen Ball ac Alun Roper ar y Gnoll. Ac, wrth gwrs, wedd y syniad o fedru eilyddio tactegol mewn gêm yn ddierth iawn bryd hynny.

Fe gafwyd digon o amser i fwynhau ein hunen, a phwy na alle fwynhau, o feddwl ein bod ni'n aros yn yr Elephant Hills, sydd hyd y dydd heddi gyda'r gwesty mwya moethus ar gyfandir Affrica, a heb fod ymhell o Raeadrau Fictoria ar afon Zambesi. Fe fydden ni'n ymarfer ar y cwrs golff a hwnnw o safon Pencampwriaeth Byd gan ei fod ynghlwm wrth y gwesty. Wedd y bywyd gwyllt, yn arbennig y moch gwyllt, yn fwy lluosog bron na'r moch daear o gwmpas Cilrhue, a bydde'r babŵns o'n cwmpas ni ym mhob man, fel tasen nhw'n neud sbort am ein penne ni.

Wedi rownd o golff, ac wrth ymlacio ddiwrnod ar ôl y gêm, fe fydde *caddies* croenddu yn ein hebrwng ni, ond châi'r *caddie* ddim dod i mewn i'r clwb gyda ni tase ni'n troi i mewn am ddiod neu rywbeth i'w fwyta. Ac fe fydde hwnnw yn ei dro wedyn yn methu deall ein bod ninne mor barod i brynu diod o Coke neu ddŵr iddo fe. Ond be wyddwn i? Mae'n wir bod teithio yn lledu gorwelion rhywun, oherwydd ta beth ma dyn wedi'i ddysgu yn yr ysgol neu wedi'i ddarllen amdano mewn papur newydd neu ei weld ar deledu, sdim yn hogi'r meddwl yn fwy na chael ei hunan mewn sefyllfa, pa mor lletchwith bynnag y gall y sefyllfa honno fod, a gorfod neud penderfyniad. Prynu can o Coke i'r *caddie* wedd y peth lleia fedre rhywun ei neud dan yr amgylchiade, a hefyd y peth mwya naturiol i'w neud.

Ond yr hyn fydda i'n ei gofio'n fwy na'r cais yn yr ail brawf yw'r profiad o fynd mas i'r wlad o gwmpas a chael cyfleoedd i gyfarfod â'r trigolion ac, yn naturiol, wedd 'da fi ddiddordeb mewn shwt wedd y brodorion yn ffarmo.

Fe ges i gyfle i weld ffermydd grawn a chnydau siwgr, a

dyna'r profiad cynta ges i o ragfarn yn erbyn pobol dywyll eu croen. Wedd e'n brofiad cwbwl newydd i fi. Y bobol wynion wedd yn berchen ar y tiroedd ond y bobol groenddu wedd yn neud y gwaith, a'r naill ddim yn trysto'r llall. Wedd dwyn yn broblem, ond wedd hynny ddim yn syndod o weld na wedd cyfloge'r gweithwyr ond yn rhyw £3 y mis.

Fe wyddwn i, fodd bynnag, y dylwn i wrthod unrhyw ymbil am arian wrth gerdded ar hyd y stryd yn Bulawayo, ble wedd punt Brydeinig werth deg doler Zimbabwe bryd hynny. Wedd dim diben newid llawer o arian gan na wedd fawr ddim i'w wario arno. Gyda'r ewyllys ore yn y byd, wedd dim modd helpu pawb wedd â'i law mas.

A rhag i rywun feddwl bod y chwaraewyr rygbi yn saint bob un, fe'n rhybuddiwyd ni fel carfan gan y swyddog cyswllt i gadw draw oddi wrth glwb nos y Silver Fox yn y ddinas ble wedd AIDS yn rhemp. Alle'r rhybudd ddim bod yn gliriach. Ond i ble wnaeth pawb anelu ar y nos Sadwrn wedi'r prawf? Y Silver Fox! Fuodd yna ddim trafferth a wnaethon ni ddim aros yno'n hir ond profiad dierth iawn i grwt o Foncath wedd bod yn y lleiafrif gwyn a than amgylchiadau y bydde rhywun o'r herwydd yn eu hystyried yn fygythiol. Mae'r Bulawayo Hotel erbyn hyn, yn ôl y sôn, wedi colli ei statws pedair seren ers tro, gan ddibynnu bron yn llwyr nawr am ei 'fusnes' ar ymwelwyr o'r clwb gyferbyn, sy'n talu wrth yr 'awr'.

Profiad arall sy'n sefyll yn y cof yw gweld tîm rygbi Zimbabwe yn anwybyddu eu hasgellwr croenddu, Victor Olanga, yn y derbyniad wedi'r gêm. Wedd hi'n dda gen i glywed wedyn iddo, ymhen rhai blynydde, ddod yn gapten ar ei wlad. Symudodd i Loegr i whare dros Penzance a Newlyn. Ond anghofiodd e fyth mo'i wreiddie, oherwydd fe ddarllenes i amdano yn danfon arian 'nôl adre i gefnogi tîm y Western Panthers yn Bulawayo, ac i gynnal plant mewn pentre SOS i blant yn y wlad.

Profiad ysgytwol arall wedd gweld ein gyrrwr bws croenddu yn llefen y glaw ar y ffordd i'r maes awyr wrth i ni ffarwelio â Zimbabwe. Yn y traddodiad Cymreig fe wnaed casgliad i'r gyrrwr, a gan na wedd gobaith o wario'r ychydig arian papur wedd ar ôl gyda ni, rhyw 30 ohonon ni falle, dyma roi hwnnw, falle yn gyfystyr â phum punt, neu falle ddeg, yn y cap wrth i hwnnw gael ei basio o gwmpas. Dim rhyfedd fod y weithred fach syml honno wedi dod â dagre i'w lyged, oherwydd bydde'r swm o arian a gasglwyd yn ddigon i gadw'i ddwy ferch fach mewn addysg am ddwy flynedd.

Y Cymro Cryfa

ER CYSTAL Y teimlad o gael fy lle yn ôl yn y tîm cenedlaethol, wedd tymor 1992/93 unwaith eto ddim wedi bod yn un o'r goreuon i Gastell-nedd a phan ddaeth gwahoddiad gan gwmni teledu Rugby Vision i gymryd rhan mewn cyfres arall o *Y Cymro Cryfa* yr haf hwnnw, wên i'n fwy na hapus i dderbyn. Wên i wedi cyrraedd y ffeinal y flwyddyn cynt, dim ond i gael fy nhrechu gan Robin McBryde, bachwr Abertawe bryd hynny, neu i fod yn fanwl gywir, fe ges i fy nhrechu gan y 'cerrig gorchest'.

Tasg y mewnwr Rupert Moon, a rannodd yr un stafell newid â fi ar y Gnoll am gyfnod, ac oedd yn cael ei gyflogi gan y cwmni teledu, wedd dod o hyd i gystadleuwyr a fydde'n mynd yn erbyn ei gilydd mewn tasgau i brofi ffitrwydd a chryfder corfforol, a'r math o sgiliau wedd eu hangen hefyd ar gae rygbi. Yn eu plith wedd codwyr pwyse, ambell reslar, bois wedd yn gyfarwydd â chwmpo coed a mwy nag un ffarmwr, at y gynrychiolaeth o chwaraewyr rygbi. Wedd rhedeg a chodi pwyse, tynnu a gwthio, neu lusgo, yr union fath o elfenne y bydden i'n gyfarwydd â nhw ar y ffarm gatre yng Nghilrhue. Wedd y gyfres hefyd yn fodd i gael tipyn o hwyl, yn esgus i droi cefen ar y ffarm am rai diwrnode, ac yn fodd i feddwl am rywbeth ar wahân i rygbi, a gyda £1,000 o wobr, wedd hynny'n hogi'r meddwl hefyd. Sdim unrhyw fodd y bydde chwaraewyr proffesiynol yn cael caniatâd i gymryd rhan yn y fath gyfres heddi oherwydd ystyriaethau ariannol ac yswiriant ar eu rhan nhw a'u cyflogwyr.

Fe gafwyd lot o sbort, a'r rowndiau terfynol yn digwydd ar faes Sioe'r Tair Sir yn Nant-y-ci ger Caerfyrddin. A wên i ddim yn brin o gefnogwyr gan fod mwyafrif y dorf o gwmpas y cylch yn dod o gefndir amaethyddol. Tasg y tynnu tractor yn erbyn Andrew Woodhouse, y tryma yn y gystadleuaeth, wedd trobwynt y rownd derfynol. Wedd Woodhouse eisoes wedi ennill teitl 'Dyn Cryfa Swydd Henffordd' ond fe lwyddes i achub y blân arno ac fe wnaeth hynny roi dipyn o hyder i fi y gallwn i drechu'r cerrig gorchest y tro hwn. Aeth Cymro Cryfa'r flwyddyn cynt, fy mhartner yn rheng flân Llanelli wedi hynny, Robin McBryde, mas yn y rownd gynderfynol. Fe gafodd e dipyn o drafferth i dynnu'r Land Rover, cyn i rywun sylweddoli na wedd yr *handbrake* wedi'i ryddhau. Fe wnaeth hynny i ni i gyd gael pwl o wherthin.

Wedd y tasge'n anodd, rhai yn fwy na'i gilydd, fel y profodd y prop rhyngwladol Ricky Evans a finne pan ofynnwyd i ni herio'n gilydd mewn gornest ble wedd dau beiriant sgrymio wedi'u hasio wrth ei gilydd a'r gamp wedd gwthio yn hytrach na thynnu'r gelyn fel bydde rhywun yn ei neud â rhaff. Dw i'n meddwl i fi gael y gore ar Ricky wedi pwl o wthio caled, ond y gwir yw i fi fethu â cherdded am ddiwrnode wedi hynny, oherwydd asid lactig yn y coese. Dyn tân wedd Ricky, yn ogystal â chwaraewr rygbi, ond ofynnes i ddim faint ddioddefodd e.

Ond wedd rhaff, a wedd tynnu, yn un o'r cystadlaethau. Y dasg wedd tynnu Land Rover Discovery newydd sbon o eiddo'r noddwyr, am y cyflyma. Fe lwyddes i a sawl un arall o'r cystadleuwyr yn gymharol hawdd ond wedd neb yn fwy rhwystredig nag un o gymeriade'r gyfres heb os, sef Huw Lloyd, y 'tarw bach' o Lanybydder. Pan ganodd y gloch, ac ynte heb symud y cerbyd bron ddim o'r fan, dyma ddod i lawr â'i ddwrn ar fonet y Discovery nes bod golwg fel cerbyd ail- law ar y 4x4 drudfawr, cerbyd na wedd wedi troi'r un olwyn na chael daear las o dan ei olwynion cyn y diwrnod hwnnw. Cofiwch, wedd gofyn i bawb a chwaraeodd yn erbyn Huw Lloyd ar gae rygbi gadw'n glir oddi wrth y dwrn hwnnw. Fe gadwodd e ni i gyd i wherthin trwy gydol y gyfres, a phan fydde angen ateb cwestiwn neu ddau o flân y camera, fe fydde Huw yn tynnu ei ddannedd gosod mas, yn hytrach na'u rhoi 'nôl yn ei geg, i gynnal sgwrs. Cymeriad! Ond dyna Lloydi Bach.

At y gystadleuaeth ola ac, yn ffodus, fi wedd y cystadleuydd ola i fynd i'r afael â'r cerrig gorchest, heriol. Wedd y cystadleuwyr eraill wedi cwblhau'r dasg eisoes. Wên i'n teimlo'r pwyse, yn llythrennol, achos boddi yn ymyl y lan fuodd hi arna i'r flwyddyn cynt wrth i fi fethu â chodi'r garreg fwya a'r ola i'w lle. Wyddwn i ddim yn fy myw shwt wedd hi i fod ddeuddeg mis wedyn, ond fe wyddwn i tasen i'n cyflawni'r dasg mewn amser da taw fi fydde'r 'Cymro Cryfa'. Wedd y mwnci wedi codi, ac fe wnes i hedfan i lawr y cwrs a chodi'r garreg gynta'n hawdd. Fe es i 'nôl am yr ail ac fe'i codwyd hithau yn ei thro i ben yr ail gasgen, unwaith eto heb lawer mwy o ymdrech. Heb feddwl ddwywaith fe es i am y drydedd – yr hen wrach wedd wedi fy nhrechu i ddeuddeg mis ynghynt. Fe'i codes, fe'i caries ac fe'i gosodes ar ben y gasgen dala fel wy Pasg ar ben silff ben tân, ac fe ddyrnes i'r awyr. Wedd y teimlad bron cystal ag ennill fy nghap cynta.

"Go lew'r hen John – yr arth o Foncath," wedd sylw'r diweddar Orig Williams, cymeriad canolog i'r gyfres pan enilles i'r *Cymro Cryfa*. Dw i'n hoffi meddwl bod Orig a finne yn 'dato o'r un rhych' fel maen nhw'n gweud yn Sir Benfro. Fe wnes i fwynhau ei gwmni'n fawr iawn, bachan na allech chi ddim ond ei hoffi fe, ac ma Cymru'n dipyn tlotach o'i golli.

"Mi fasat ti John yn gneud uffar o reslar da," dwedodd e wrtha i wedyn. A pha well anogaeth na geirda gan Orig wedd ei angen i baratoi ar gyfer tymor newydd ar y Gnoll?

Hwyl a helynt

OS WEDD COLLI i Ganada ar noson oer o hydref ym 1993 yn un o isafbwyntie fy ngyrfa yna, heb os, uchafbwynt fy ngyrfa i a'r tymor rhyngwladol y bydda i'n edrych yn ôl arno gyda'r balchder mwya fydd 1994 achos, erbyn hynny, wên i wedi sefydlu fy hunan unwaith eto yn y tîm cenedlaethol o dan Alan Davies.

Cais hwyr i Al Charron a throsiad Gareth Rees ddaeth â'r fuddugoliaeth i Ganada o 26 i 24 ar y noson y methon ni fel tîm rhyngwladol â chroesi am un cais a doedd wyth cic lwyddiannus Neil Jenkins ddim yn ddigon hyd yn oed i gario'r dydd. Wnaethon ni fel tîm ddim whare'n dda, ac allen i ddim cwyno am y canlyniad. Fe gollon ni'n ffordd, fe gollon ni'n siâp ac fe gollon ni'r gêm.

Ond wedd y golled honno ymhell o fod ar flân fy meddwl i pan ddaeth yr Alban i Gaerdydd ym Mhencampwriaeth y Pum Gwlad ym mis Ionawr 1994. Wedd Alan Davies a'i dîm rheoli o dan dipyn o bwyse yn dilyn y golled yn erbyn Canada ddeufis ynghynt ac, os rhywbeth, o dan fwy o bwyse na'r chwaraewyr. Nid arnyn nhw wedd y bai ein bod ni wedi siomi'r genedl gyfan yn erbyn Canada, a wên ni'n benderfynol, a neb yn fwy na'r capten, Ieuan Evans, i ddangos ein bod ni'n well tîm na wedd y canlyniad hwnnw'n awgrymu. Wedd Alan, a Gareth Jenkins yn benodol, yr un mor benderfynol na fydde blaenwyr yr Alban yn cael ein 'bwlio' ni fel wên nhw wedi neud ddeuddeg mis cyn hynny ym Murrayfield pan enillon nhw o 20 i 0. Fe wnaed y penderfyniad i gymryd y gêm at yr Alban o'r dechre'n deg, ac i beidio â chymryd cam am 'nôl, a wedd yr Albanwyr hwythe'n gwbod o'r chwiban gynta ein bod ni'n meddwl busnes.

Yr haf cynt wedd y Llewod wedi bod ar daith i Seland

Newydd ac wrth gamu i'r Maes Cenedlaethol fe wyddwn i y bydden i'n herio prop pen rhydd y Llewod, Peter Wright. Wên ni wedi whare'n erbyn ein gilydd o'r blân, ar y Gnoll mewn gêm ryngwladol dan 21, pan wedd y ddau ohonon ni'n llawer mwy diniwed. Wedd Garin Jenkins wedi dweud wrtha i fod Wright wedi ennill y llysenw 'Tebot' mas yn Seland Newydd oherwydd y ffordd y bydde fe'n propio ag un fraich mas ar dop ei goes nes iddo edrych fel clust tebot. Fe ddechreuodd e flagardio yn gynnar yn y gêm a dyma fentro canu rhyw hwiangerdd fach yn dawel yn ei glust e:

"I'm a little teapot
Short and stout,
I'll tip you over
and pour you out."

Rhaid bod honno wedi cyffwrdd â nerf go dyner, oherwydd fe aeth hi'n wenfflam mewn wincad llygad llo. Fe fuodd 'na daflu dwrn fwy nag unwaith, a Garin yn ei chanol hi'n fwy na neb. Fe blannodd e glowten neu fwy ar y chwaraewr rheng ôl, Derek Turnbull, wedd yn ddigon i gyfreithiwr o'r Alban neud cwyn swyddogol i Heddlu De Cymru a mynnu eu bod nhw'n ymchwilio i'r digwyddiad. Ddaeth dim cwyn gan yr Albanwyr a dyna fu diwedd y mater ond am drafodaeth gyffredinol rhwng y chwaraewyr a'r tîm rheoli am yr angen i gadw ein pwyll a'n disgyblaeth bob amser. Wedd sawl un yn gofyn cyn y gêm honno: "Ai John Davies yw'r bachan i ddal y pen tyn i Gymru? Odi ei sgrymio fe'n ddigon da?" Yr unig beth ddweda i yw'r hyn ddwedodd David Pickering, hyfforddwr Castell-nedd ar y pryd, wedi'r gêm: "He demolished the Scottish front row, just as he has demolished front rows all over Wales playing for Neath." Fues i ddim yn un i gymryd llawer o sylw beth wedd y papure'n dweud ond fe wnaeth sylw gan Graham Thomas yn yr *Evening Post* yr wythnos wedyn ddod â gwên i fy wyneb i pan wedodd e:

If one of the 300 sheep on Davies's farm had been given the kind of savaging that Davies gave front row opponent, Peter

Wright, last Saturday, then they would have had to set the dogs on the assailant to drag him off.

Erbyn y chwiban ola, wedd Wright mor llipa â chwdyn te a finne, diolch i sgrymio cadarn Garin a Ricky Evans ar y pen arall i'r sgrym, wedi cael y gore arno fe, ac ateb yr amheuwyr yn y modd mwya pendant posib. Fe drechon ni'r Albanwyr o 29 i 6 a hon wedd y fuddugoliaeth ore drostyn nhw mewn pymtheg mlynedd. Fe chwaraeon ni i'n cryfderau ac fe gawson ni ganmoliaeth am ein gallu i drafod y bêl o dan amodau echrydus. Fe geson ni dri chais yn y chwarter ola, dau ohonyn nhw i Mike Rayer ddaeth ar y cae yn lle Nigel Walker ar yr asgell. A dyna wahaniaeth ma ennill gêm yn ei neud. O alw am ein penne ni bob un cyn y gêm – yn chwaraewyr, hyfforddwyr a thîm rheoli – yn sydyn wedd y sôn i gyd am y Goron Driphlyg a'r Gamp Lawn. Sdim byd yn newid, wes e?

Wên i ar ben fy nigon yn dilyn y fuddugoliaeth ac, yn fwy na hynny, gyda natur y fuddugoliaeth. Ond os wên i ar ben y byd y Sadwrn hwnnw yng Nghaerdydd, fe ddes i lawr i'r ddaear yn go glou'r penwythnos wedyn yn Abercynon.

Wedd hyfforddwr Cymru ddim yn cael cadw'r chwaraewyr rhag whare tros gyfnod y Pum Gwlad cyn dyfodiad yr oes broffesiynol ac felly fe ges i fy hunan yn y rheng flân i Gastell-nedd mewn gêm Cwpan SWALEC. Wedd hon i fod yn gêm hawdd yn erbyn un o'r clybie llai, ond os wên i'n meddwl 'mod i'n fachan mawr ar ôl rhoi gwres ei drâd i Peter Wright, prop Boroughmuir, yr Alban a'r Llewod, y penwythnos cynt, wên i ddim wedi paratoi fy hunan ar gyfer glöwr bach gwydn a phrop pen rhydd Abercynon, Jeff Pardoe.

Fe ddaeth Pencampwyr y Drydedd Adran mas i'r cae fel lloi yn cael eu gadael mas o'r cratsh ar ôl gaea hir, i seiniau'r gân roc 'Eye of the Tiger'. Fe ges i whalad! Allwn i neud dim byd gyda Pardoe. Brian Williams, Barry Williams a finne, dau brop rhyngwladol llawn a bachwr a fydde'n mynd mlân i whare dros Gymru a'r Llewod, yn erbyn Jeff Pardoe, Leyton

Phillips a Shaun Reardon. Maen nhw'n haeddu cael eu henwi, a neb yn fwy na Pardoe, achos fe ges i fy mhlygu bob siâp, fel dolen pot, y dydd Sadwrn hwnnw lan yn Abercynon. Wedd dwy linell o 'Eye of the Tiger' yn taro i'r dim i brop rhyngwladol: 'Don't lose your grip on the dreams of the past, You must fight just to keep them alive.' Achos fel 'na wedd hi.

A dweud y gwir, fe fuodd Castell-nedd yn lwcus i ddianc gyda buddugoliaeth o 19 i 12, diolch unwaith eto i Paul Thorburn a giciodd 14 pwynt, ond y gwir amdani yw i ni ddangos llawer gormod o barch i'r tîm lleol. Tase Abercynon wedi ennill y diwrnod hwnnw fydde fe ddim yn fwy na wên nhw yn ei haeddu, a fydde gan Gastell-nedd neb i'w feio ond ni ein hunen. Saith mlynedd yn ddiweddarach fe groesodd llwybre Jeff a finne eto. Gêm Gwpan arall wedd hi a finne erbyn hyn wedi dychwelyd i Lanelli, ac Abercynon yn ymwelwyr ar Barc y Strade. Sdim ots am y sgôr terfynol ond dw i'n cofio i Jeff ddod â Grogg gydag e i fi ei arwyddo i'w fab. Fe wnes gyda phleser, a dw i ddim yn siŵr pwy oedd y balcha ohonon ni'n dau. Hyd y dydd heddi, dw i'n dal i feddwl taw Jeff Pardoe wedd y prop caleta i fi ei wynebu erioed.

Ar Lansdowne Road yn nechre Chwefror 1994 fe aeth hi unwaith eto, fel gyda'r Alban wythnose ynghynt, yn ddadle ffyrnig dros ryw 'gynffon llygoden' neu'i gilydd, gyda sôn wedi bod yn y papure am reng flân Iwerddon yn ein rhybuddio ni i gadw'n dyrne i lawr neu fydde dim dewis gyda nhw ond ymateb. Ceisio dylanwadu ar y dyfarnwr wên nhw, siŵr o fod, yn sgil y digwyddiadau yng Nghaerdydd yn erbyn yr Alban, ac o wbod ein bod ni fel rheng flân – Ricky, Garin a finne – yn debygol o roi probleme iddyn nhw. Wedd hi'n galed, fel bydde rhywun yn dishgwyl, ac yn enwedig bant o gatre yn Nulyn. Nick Popplewell, Llew arall, wedd fy ngwrthwynebydd i ar y pen rhydd, gyda Jason Leonard o Loegr, wedd gyda'r ddau brop cryfa i fi whare yn eu herbyn.

A do, fe roeson ni broblemau i Popplewell, Terry Kingston a Peter Clohessy, ond brwydyr y maswyr wedd hi yn y gêm honno. Fe'n cosbwyd gan Eric Elwood, a anelodd bump cic lwyddiannus at y pyst. Ond Neil Jenkins achubodd ein crwyn ni eto, gydag unig gais y gêm a 12 pwynt â'i esgid mewn gêm a orffennodd yn 15 i 17 i Gymru. Fe ddaeth un cyfle arall i Elwood am gic gosb, a chic fydde fe fel rheol yn gallu ei throsi a'i lyged ynghau, ond taro'r postyn cyn disgyn yn llydan wnaeth hi. Dyw buddugoliaethe byth yn hawdd mas yn Nulyn ond y diwrnod hwnnw, a falle heb i ni sylweddoli hynny ar y pryd, fe achubodd trwch cot o baent ein tymor ni'r Cymry. Ond hyd yn oed tase Elwood wedi llwyddo, wedd cymaint o hunan-gred yn y tîm, fe fydden ni wedi cario'r dydd ta beth dw i'n credu, oherwydd yn 22ain Iwerddon fuon ni am y deng munud ola, ac fe gadwon ni'r bêl heb orfod sgorio. A dyna wedd y tro cynta er 1988 i ni ennill dwy gêm o'r bron yn y Pum Gwlad.

'Nôl wedyn i Gaerdydd i wynebu'r Ffrancwyr, wedd yn meddwl y deuai buddugoliaeth rhif 13 o'r bron yn gymharol ddiymdrech iddyn nhw. Wedd yr un ohonon ni yn y garfan wedi profi llwyddiant yn eu herbyn nhw a wedd yr un ohonyn nhwythau, dim hyd yn oed Philippe Sella gyda'i record byd o gapiau, wedi colli i Gymru. A wên inne wedi dysgu tipyn ers y gêm ym 1991 pan weles i Dŵr Eiffel o ongl ddiddorol iawn, ac ennill y ffugenw, 'Captain Birds Eye' am sbelen wedi'r penwythnos hwnnw!

Fel y flwyddyn cynt ym Mharis pan ddes i bant o'r fainc, Louis Armary wedd fy ngwrthwynebydd i ar y pen rhydd, a wedd e'n gallu whare yn safle'r bachwr hefyd tase raid. Hon wedd y gêm gaiff ei chofio'n benna am gais ardderchog Scott Quinnell pan redodd e mewn o ddeugain llath am gais gan hwpo amal i Ffrancwr styfnig o'i ffordd. Er i Ffrainc ddod o fewn dau bwynt ar un adeg ar ôl i ni fynd ar y blân o 17 i 3, fe ddangoson ni'r diwrnod hwnnw yr hyn ma Clive Rowlands yn ei alw yn 'galon'; galwch e'n 'gymeriad' os mynnwch chi. Ond 'gyts' yn y pen draw, hynny a phàs hyfryd gan Scott i Nigel Walker i gyrraedd y lein yn hwyr yn y gêm, er gwaetha ymdrech lew gan Philippe Sella i'w daclo, ddaeth â'r fuddugoliaeth hirddisgwyliedig o 24 i 15. Gareth Llewellyn wedd yn gapten achos wedd Ieuan Evans wedi'i anafu, ac fe brofodd Gareth eto'r diwrnod hwnnw y bydde fe'n whare'n well pan fydde pwyse'r gapteniaeth ar ei ysgwydde. Ar nodyn personol, hon, heb os, wedd y gêm ore i fi yn y crys coch.

Ac yna i Lunden, i Twickenham, am y Goron Driphlyg a'r Gamp Lawn ar y 19eg o Fawrth, 1994. Gêm ma pob Cymro ers pan mae'n ddim o beth wedi breuddwydio amdani, a wên i ddim gwahanol. Wên i wedi bod yn ymarfer ym Mharc Ysgall y tu ôl i'r tŷ yng Nghilrhue bob prynhawn Sul pan wên i'n grwt, ar gyfer yr union ddiwrnod pan fydden i'n whare yn erbyn Lloegr am y Goron Driphlyg a'r Gamp Lawn. Wedd y diwrnod wedi cyrraedd, nid yng Nghaerdydd fel wên i wedi breuddwydio ond yn Twickenham, a'r Bencampwriaeth o fewn ein gafael.

Wên i ddim wedi meddwl, wrth droi a throsi o dan y blancedi yn llofft Cilrhue slawer dydd, y bydde'r diwrnod mawr yn troi ar fathemateg chwaith, neu falle bydden i wedi panso chydig mwy yn yr ysgol. Ond dyna fel wedd hi yn ôl y system newydd o gyfri'r pwyntiau. Bydde angen i Loegr ennill o 16 pwynt clir i godi Tlws y Bencampwriaeth. Jason Leonard, am y tro cynta ers i ni gwrdd yng Nghaerlŷr yn nyddie ein hieuenctid, wedd fy ngwrthwynebydd i, a dw i'n falch o gael dweud na chafodd e ei ffordd ei hunan y diwrnod hwnnw. Mewn gêm dynn, fe gollon ni o 15 i 8 ond fe drodd y gêm a'r Bencampwriaeth ar gais Nigel Walker wedi gwaith da gan y prop Ricky Evans, a phàs bert gan y clo Phil Davies.

Mewn pedwar mis, yn dilyn y golled yn erbyn Canada, wedd Cymru wedi adennill ei hunan-barch ac wedi ennill y Bencampwriaeth am y tro cynta er 1979. Rhyw deimlad rhyfedd, serch hynny, wedd gweld capten Cymru, Ieuan Evans yn dringo'r grisiau i dderbyn Tlws y Pum Gwlad o law'r Frenhines a ninne wedi colli! Ond dyna fe, wedd hi'n amlwg fod rhywrai wedi dishgwyl taw Lloegr fydde'n ennill y canfed gêm rhwng Lloegr a Chymru. Dau gais gafodd y Saeson, y naill i Rory Underwood a'r llall i'r rheng ôl Tim Rodber, a ddygodd bêl o'r lein ar ein tafliad ni yn gynnar yn y gêm. A wedd y rheiny, fel y profodd hi, ddim yn ddigon.

Wedd fawr o amser i ddathlu achos wedd y tymor ddim drosodd. Gyda Chwpan y Byd i ddigwydd yn Ne Affrica ymhen chydig dros flwyddyn, ac yn dilyn siom Cwpan y Byd 1991 pan fethwyd â chyrraedd yr wyth ola, wedd rhaid i ni'r Cymry brofi ein bod ni'n haeddu ein lle unwaith eto gyda goreuon y gamp. Wedd 1995 yn addo bod yn flwyddyn fawr, achos dyma fydde'r tro cynta i'r Springboks gymryd rhan yn y gystadleuaeth wedi i'r wlad gael ei derbyn yn ôl i'r llwyfan rhyngwladol yn dilyn blynydde'r apartheid. Ond Cymru wedd yr unig un o'r gwledydd cartre na wedd gyda nhw docyn otomatig i fynd drwodd i rowndiau terfynol Cwpan y Byd a buodd rhaid i finne hefyd chwilio am fy mhasbort.

Trechwyd Portiwgal a Sbaen yn hawdd ym mis Mai 1994, y naill o 102 i 11 a'r llall o 54 i 0, ond wedd y gêmau yn erbyn Rwmania a'r Eidal ym mis Medi a Hydref y flwyddyn honno, a'r rheiny hefyd i gymhwyso ar gyfer Cwpan y Byd fel y gore o blith gwledydd eraill Ewrop, dipyn yn anoddach na'r dishgwyl. Mewn dwy gêm brawf, ym 1983 a 1988, wedd Cymru wedi colli yn erbyn y Rwmaniaid, o 24 i 6 yn Bucharest ac yna 15–9 yng Nghaerdydd yng ngêm ola Jonathan Davies cyn iddo adael am rygbi tri ar ddeg. Wedd pethe ddim yn edrych yn haws wedi i Scott Quinnell dynnu mas o'r garfan ar y funud ola ar ôl cyhoeddi ei fod ynte hefyd wedi arwyddo i glwb tri ar ddeg Wigan. Wedd Scott wedi bod yn allweddol i lwyddiant Cymru ym Mhencampwriaeth y Pum Gwlad ym 1994 ac wedi hynny yng ngêmau'r haf, a dyma ni nawr yn wynebu tîm lletchwith tu hwnt, bant o gatre, a heb un o'n chwaraewyr amlyca.

Milwyr a phlismyn, wedd yn derbyn eu cyflog a'u cynhaliaeth, yn fwyd a dillad, gan y wladwriaeth wedd ein gwrthwynebwyr gan fwya, a ta shwt wedd cyflwr gwleidyddol ac economaidd y wlad, wedd cyfle iddyn nhw roi Rwmania ar y map eto. Wedd digon o amser iddyn nhw ymarfer fel tîm a hogi eu sgiliau, o gofio pwy wedd yn talu eu cyflogau. Ac wrth gerdded o gwmpas strydoedd Bucharest y penwythnos hwnnw wedd problemau economaidd y wlad yn ddigon amlwg. Dangoswyd i ni hefyd y tyllau bwledi yn y wal ble llofruddiwyd Nicolae Ceauşescu ym 1989 wedi i'r hen drefen Gomiwnyddol yn y wlad gael ei chwalu.

Fe gawson ni'n hatgoffa eto o gyflwr y wlad pan gyrhaeddon ni Stadiwm Awst 23, wedd wedi hen weld dyddie gwell. Rhyw 1,000 o gefnogwyr mewn stadiwm o goncrid di-liw a digymeriad a fedrai ddal 100,000, ac a alle, mewn golau gwan, gael ei chamgymryd am garchar. Ac mewn gêm digon fflat mewn gwres llethol yn erbyn chwaraewyr wedd yn amlwg wedi'u caledu yn gorfforol a meddyliol gan eu hamgylchiadau, dim ond dianc wnaethon ni'r Cymry, diolch i gais Ieuan Evans a chicio Neil Jenkins. Mae'n anodd meddwl nawr ond dyma wedd buddugoliaeth gynta Cymru dros y Rwmaniaid, ac ar ôl i'r Eidal eto drechu Rwmania, wedd rhaid i ninne drechu'r Eidalwyr yng Nghaerdydd ym mis Hydref.

Wedd hynny'n haws dweud na gwneud oherwydd wedd yr Eidalwyr yn daer i ymuno â Phencampwriaeth y Pum Gwlad ac yn naturiol am greu argraff. A chawson ni ddim o'n siomi o dan lifoleuadau'r Maes Cenedlaethol pan aeth yr asgellwr, a'r diweddar erbyn hyn, Ivan Francescato drosodd yn y gornel yn gynnar, ac er i ni ennill o 29 i 19 wedd dim llawer ynddi wrth i Neil Jenkins ennill brwydyr y cicwyr yn erbyn Diego Domínguez. Wedd 14 pwynt iddo fe ond, diolch i'r drefen, wedd 24 i Jenks.

Wedd yr Eidalwyr yn gryf, gyda phac o flaenwyr grymus caled â phrofiad o whare yn erbyn prif wledydd rygbi'r byd. Os rhywbeth, wên nhw'n gryfach yng nghanol y 1990au na fydden nhw wrth ymuno â Phencampwriaeth y Chwe Gwlad pan ddaeth honno i fodolaeth yn y flwyddyn 2000. Gydag Alessandro Troncon, y mewnwr, a aeth mlân i ennill dros gant o gapiau i'r Azzuri yn bartner i Diego Domínguez, wên ni'n iawn i beidio â gwrando ar y rheiny wedd yn dweud ar y pryd taw dim ond troi lan ar y diwrnod wedd raid i ni ei neud.

Yn y rheng flân unwaith eto, fel trwy Bencampwriaeth y Pum Gwlad ac yn y gêmau cymhwyso, wedd Ricky Evans, prop Llanelli, ar y pen rhydd, finne ar y pen tyn, gyda Garin Jenkins, bachwr Abertawe, rhyngon ni. Wedd y tri ohonon ni wedi datblygu'n uned gref yn ystod y tymor hir a aeth heibio a nawr wedd ein golygon ni ar Gwpan y Byd yn Ne Affrica'r flwyddyn wedyn. Allai neb, mewn gwirionedd, alw'u hunen yn Bencampwyr y Byd – nid Seland Newydd, a enillodd y Bencampwriaeth ym 1987, na chwaith Awstralia, a gododd Dlws William Webb Ellis yn Twickenham ym 1991 – heb drechu De Affrica. Ac fe fydde cyfle i finne brofi fy hunan yn erbyn y Springboks o fewn mis i drechu'r Eidal yng Nghaerdydd, gan eu bod hwythe i herio Castell-nedd ar nos Fercher, yr 2il o Dachwedd, 1994 mewn gêm a gofir am byth bellach fel 'Brwydyr y Gnoll'.

A brwydyr wedd hi o'r chwiban gynta. Fel tîm, wên ni'n benderfynol na wedd y Boks yn mynd i gael y gore arnon ni ta shwt fydde hi ar nosweth niwlog, fochynnaidd. Ond wedd y gêm yn fwy mochynnaidd na'r tywydd, gyda blagardio a bychanu o gyfeiriad yr ymwelwyr o'r dechre'n deg. Ma hynny'n gallu bod yn arwydd o dîm sy'n brin o hyder, a wedd neb yn uwch ei gloch na'r bachwr, James Dalton. Wedd Dalton yn dipyn o gecryn, fel y profodd e wedyn yng Nghwpan y Byd pan waharddwyd e o weddill y gystadleuaeth ar ôl dyrnu yn y gêm yn erbyn Canada yn Port Elizabeth yn y rowndiau cynnar.

Yn erbyn Casnewydd, Cymru A a Llanelli, wedd blaenwyr De Affrica wedi neud popeth i rwystro ac i sbwylo ar gyrion sgarmes a ryc. Aeth blaenasgellwr Castell-nedd, Andrew Kembery, i mewn yn uchel ar y clo, Drikus Hattingh, ac am ei ymdrech fe gafodd ei dopi ddwywaith gan yr Affricanwr. Fe aeth hi'n dân gole, ac fe gollodd y dyfarnwr, Mr Megson o'r Alban, reolaeth ar y gêm. Ond fe aethon ni ar y blân wedi ugain munud, diolch i gais gan y mewnwr Rhodri Jones, a droes yn ôl ar ei sawdl i'r ochor dywyll cyn ochrgamu dros y lein. Ac erbyn i ni gyrraedd hanner amser, wedd y sgôr yn 13–3 yn dilyn dwy gôl gosb gan Arwel Thomas a'i drosiad o gais Rhodri.

Wedd pethe'n argoeli'n dda ond fe ddirywiodd y gêm wedi i ni droi. Dyna'r gêm gynta i fi gael ergyd cachgïaidd o'r tu ôl – y glowten gynta i fi'i derbyn heb i fi wbod pwy wedd ben arall y dwrn. Un eiliad wên i'n rhedeg nerth fy nhraed, a'r nesa wên i'n codi o'r llawr ac yn poeri porfa mas o 'ngheg. Lloriwyd y prop Brian Williams gan gapten y Boks, Tiaan Strauss, yng ngolwg pawb, ac fe redodd y clo Chris Wyatt ddeugain llath i roi help llaw. Wydde Brian ddim ble wedd e, a thase fe wedi mynd bant fel bydde'n ofynnol heddi fe fydde Castell-nedd, yn ôl y rheole bryd hynny, wedi gorfod whare am weddill y gêm gyda 14 dyn. Ond diolch i feddwl chwim y capten, Gareth Llewellyn, wedd yn gwaedu o gwmpas ei ben hefyd, fe rwbiodd e beth o'i waed ei hunan ar wyneb Brian. Fe dynnodd e sylw'r dyfarnwr, Ray Megson, at yr angen i Brian adael y cae i dderbyn triniaeth i atal llif y gwaed. Fe gydsyniodd hwnnw ac fe ddaeth y prop yn ei ôl i'r cae a'i ben yn glir, a gadael ei farc ar Springbok neu ddau cyn rhoi'r gore iddi ddeng munud cyn diwedd y gêm.

Fe gafodd y clo Andrew Kembery, ar ochor dywyll y sgrym y noson honno, un o'i gêmau gore dros y clwb, ac fe brofodd e ei bod yn haws dofi Springbok na 'tharw', a'i fod e wedi elwa o'r profiad gafodd e yn erbyn y 'bustych' ifainc yn ne Ffrainc rai hafau cyn hynny! Colli wnaethon ni o 13 i 16 ond wedd Castell-nedd wedi profi eto nad ar whare bach y deuai buddugoliaeth ar y Gnoll, hyd yn oed i'r rhai wedd yn ystyried eu hunen y gore yn y byd. Wedi digwyddiade'r noson honno, daeth galwad arall i glwb Castell-nedd gael ei wahardd, nid rhag teithio y tro yma, ond rhag cael yr hawl i wahodd timau teithiol. Ond ddaeth 'na'r un gwaharddiad.

Cyn diwedd y mis, wên i'n wynebu Os du Randt am yr eildro, y tro hwn yng nghrys coch Cymru, gyda Garin Jenkins a Ricky Evans eto yn y rheng flân, ac fe roeson ni gêm i'r

Springboks. Wên ni ar y blân o 12 i 10 hanner ffordd drwy'r ail hanner, diolch i gicio cywir Neil Jenkins, ond cais hwyr i'r asgellwr talentog Chester Williams setlodd y mater wrth i'r Boks gario'r dydd o 20 i 12. Wedd Ricky, Garin a finne'n prysur ennill parch fel uned ac ar ben ein gêm. Tu ôl i ni wedd Gareth Llewellyn, a Derwyn Jones yn ennill ei gap cynta. Yn chwe troedfedd deg modfedd, wedd e'n darged hawdd a sicr yn y leiniau, ac yn gallu creu lle i Gareth hefyd. Enillodd Derwyn ei gap wedi perfformiadau graenus i Gaerdydd a Chymru A yn erbyn y teithwyr. Wedd 'da nhw ddim ateb i'w daldra yng nghanol y lein, ac ar Rodney Parade fe gafodd ei ddamsgin ar lawr gan y clo, Kobus Wiese. Ond wedd digon o reswm gyda ni fel tîm, yn dilyn y gêm honno, i gredu y gallen ni gystadlu pan ddeuai hi i Gwpan y Byd yr haf canlynol. A gyda'r elfennau gosod yn gadarn, wedd gyda ni lwyfan i adeiladu arno wrth feddwl am y flwyddyn newydd a Phencampwriaeth y Pum Gwlad.

Gweld coch

DW I'N DAL i ddweud taw tymor rhyngwladol y Pum Gwlad ym 1994 wedd y cyfnod gore i fi yn y crys coch a wedd gyda fi bob bwriad o adeiladu ar y perfformiadau hynny wrth feddwl am y tymor rhyngwladol newydd a'r Cwpan y Byd wedd i ddigwydd yn Ne Affrica yn ystod misoedd Mai a Mehefin 1995.

Ym 1994, wedd gan Gymru dîm sefydlog o dan Alan Davies, a sdim dowt fod hynny'n rhannol gyfrifol am y llwyddiant. Fe wydden ni, fel carfan, erbyn dechre'r tymor rhyngwladol newydd y bydden ni'n rhan o Gwpan y Byd yn Ne Affrica yn ystod yr haf. Fe wydden ni hefyd erbyn gêm gynta'r tymor rhyngwladol newydd mas ym Mharis taw Seland Newydd, Japan ac Iwerddon fydde ein gwrthwynebwyr ni ar gyfandir Affrica, ac y bydde'r gêmau hynny'n cael eu whare ar y tiroedd uchel yn Bloemfontein a Johannesburg, lle bydde'r awyr yn denau yn hytrach nag ar lan y môr yn Cape Town a Durban, lle bydde tynnu anadl dipyn yn haws. Wedd hynny'n ein siwtio ni i'r dim, yn enwedig i grwtyn o Foncath wedd wedi'i fagu yng nghysgod y Frenni Fawr ac yng ngolwg Foel Drigarn a Foel Eryr. Prin y sylweddolwn i bryd hynny fod llawr gwlad Bloemfontein bron i bedair gwaith yn uwch na Foel Cwm Cerwyn, yr ucha o fynyddoedd y Preselau, uwchlaw'r môr.

Ond wnaeth y tymor newydd ddim dechre'n rhy dda oherwydd fe aethon ni i Baris heb saith o'r tîm a gipiodd y Bencampwriaeth y tymor cynt. Wedd Scott Quinnell wedi arwyddo i dîm tri ar ddeg Wigan ym mis Medi, a Mark Perego wedi dod o hyd i rywbeth gwell i'w neud â'i Sadyrnau. Roedd Emyr Lewis wedi'i anafu, fel Ieuan Evans, Mike Rayer a Nigel Davies y tu ôl i'r sgrym. At hynny, wedd anafiadau hefyd i'r ddau reng ôl, Steve Williams a Hemi Taylor.

Wedd 'na'r un tîm o Gymru wedi ennill ym Mharis er 1975 pan ddaeth rheng flân chwedlonol Pontypŵl at ei gilydd ar y llwyfan rhyngwladol am y tro cynta. Wedd neb yn rhoi llawer o obaith iddyn nhwythe chwaith ond cario'r dydd wnaethon nhw. Fe wydden ni, fel gyda De Affrica 'nôl ym mis Tachwedd, y bydde raid i ni dawelu eu blaenwyr nhw yn yr ugain munud cynta ac fe ddechreuon ni ar garlam ar y Parc des Princes gyda'r glaw ar ein cefnau. Ciciodd Neil Jenkins y gynta o'i dair gôl gosb i'n rhoi ni ar y blân. Ond wedi saith munud o'r gêm yn unig, aeth y prop Ricky Evans i lawr fel sach o dato, wedi iddo gael ei dopi gan glo Ffrainc, Olivier Merle. Fe dorrodd Ricky ei drwyn, ac wrth ddisgyn yn drwm i'r llawr fe dorrodd ei bigwrn hefyd, a hynny mewn dau fan. Croesodd yr asgellwyr, Émile Ntamack a Philipe Saint-André, am gais yr un a wedd y gêm drosodd wedi dim ond hanner awr, mewn gwirionedd.

Wedd hi ddim yn syndod i ni golli'r gêm o 21 i 9 ond gyda Ieuan, Nigel ac Emyr yn eu holau wedd yr hwyliau'n dipyn gwell wrth i ni baratoi ar gyfer ymweliad y Saeson â Chaerdydd ymhen y mis. Ond anghofia i ddim dydd Sadwrn, y 18fed o Chwefror, 1995 ar whare bach.

Am awr, wedd Jason Leonard a finne wedi mynd benben â'n gilydd yn y sgrym a wedd hi'n gystadleuaeth dda, fel y bydde hi wastad. O ran techneg, wedd Jason gyda'r gore – os nad y gore. Wên i ddim yn dod i ben â'i symud e'n fwy na wedd e'n dod i ben â fy symud inne. Wedd gyda ni barch mawr tuag at ein gilydd, a phan ges i fy anwybyddu eto gan Gymru yn hwyrach yn fy ngyrfa, wedd Jason gyda'r cynta i ofyn "Pam?".

Pan wên ni'n dau'n dod yn erbyn ein gilydd ar y cae, wedd e fel dau danc rhyfel a'r brêcs bant yn dod yn erbyn ei gilydd. Wedd e'n gallu cymryd y pwyse. Fel 'na wedd hi'r diwrnod hwnnw yng Nghaerdydd, a wên inne hefyd yn ddigon ystwyth i allu cyfrannu'n helaeth i'r whare rhydd o gwmpas y cae. Ond wedi bron i awr union dyma chwibaniad uchel, a finne'n cael fy ngalw draw at y dyfarnwr, Didier Mené. Yn ôl

Patrick Robin, wedd yn rhedeg y lein, wedd e wedi 'ngweld i'n damsgin ar ben wythwr Lloegr, Ben Clarke. Ar air Robin, aeth Mené i'w boced a thynnu mas gerdyn coch a'i chwifio yn yr awyr o 'mlaen i â'r naill law a phwyntio at yr ystlys â'r llaw arall. Wnes i ddim sylweddoli hynny ar y pryd, a hyd y dydd heddi dw i ddim yn falch o'r ffaith taw fi mae'n debyg oedd y cynta i weld y cerdyn coch a chael fy anfon o'r cae ym Mhencampwriaeth y Pum Gwlad. Do, fe gafodd eraill eu hanfon o'r cae, ond fi oedd y cynta o dan y gyfundrefn cardiau coch a melyn.

Falle taw fi wedd y chwaraewr cynta erioed i weld y cerdyn coch mewn gêm yn y Bencampwriaeth, ac i 'John Davies' erbyn hyn fod yn ateb i gwestiwn trifia, ond fe allwch chi edrych ar faint fynnoch chi o lunie teledu, ac ailchwarae o ba ongl bynnag am dystiolaeth fy mod i'n euog o ddamsgin. Fe ddweda i eto, ac fe daera i tra bydd anadl yn 'y nghorff i – wnes i ddim damsgin ar Ben Clarke yn y gêm honno.

Doedd y llunie teledu ddim tamed o help i brofi'r naill ffordd neu'r llall beth yn union ddigwyddodd. Falle i fi ddamsgin yn ddamweiniol ar law Dean Richards wrth ruthro gydag eraill i mewn i'r sgarmes, ond ddylse llaw hwnnw ddim bod lle wedd hi mewn ryc yn y lle cynta. Dw i'n barod i gyfadde 'mod i wastad wedi bod yn chwaraewr caled, ond byth yn frwnt. Ma 'nghydwybod i'n glir.

Wedd pobol eraill hefyd yn meddwl 'mod i'n ddieuog. Fe dderbynies i nifer o lythyron o gefnogaeth a wedd y newyddiadurwr Alan Watkins o bapur newydd yr *Independent* hefyd yn gweld pethe'n wahanol i'r dyfarnwyr o Ffrainc. Dyma fel y gwelodd e'r digwyddiad:

> My opinion is that Davies was, well, unlucky... He seemed to me to be prodding with his toe, as if testing the bath water after a hard afternoon in the front row.

Allwn i ddim â disgrifio'r digwyddiad yn well fy hunan. Ond wrth feddwl 'nôl nawr, unwaith y gwnaeth Patrick

Robin ar yr ystlys dynnu sylw Didier Mené – welodd e mo'r digwyddiad, gyda llaw – doedd gan Mr Mené ddim dewis ond dangos y cerdyn coch i fi. Wedi dweud hynny, wedd rhai o chwaraewyr Lloegr hefyd yn crafu eu penne pan welson nhw Mené yn mynd i'w boced.

Fe daflwyd llwch i lygaid Mené am yr eildro pan wnaeth e ganiatáu, yn synhwyrol fel mae'n digwydd, i'r prop Huw Williams-Jones ddod i'r cae. Ond nid dod yn fy lle i wnaeth Huw, ond yn hytrach yn lle Hemi Taylor. Fe aeth e lan i'r rheng flân ond pharodd e ddim yn hir fan honno, nid am iddo gael anaf ond am y galle fe, ac ynte'n gwbwl ddibrofiad yn y safle, fod wedi neud niwed difrifol i'w wddw. Fuodd Hemi'n ddigon call, serch hynny, i esgus ei fod e wedi tynnu llinyn y gâr, a phan gydsyniodd Mr Mené i'r eilyddio, fe branciodd Hemi bant o'r cae fel ebol blwydd!

Bryd hynny, wedd y rheole ddim yn mynnu bod rhaid cael prop profiadol ar gyfer sgrym gystadleuol. Yn ôl y rheole, ni ellid ond eilyddio chwaraewr wedi i hwnnw gael ei anafu. Ar ôl hynny y gwnes i ddeall taw'r capten, Ieuan Evans, gyda chapten Lloegr, Will Carling, yn cydsynio, a falle Didier Mené'n troi clust fyddar, y daeth Huw Williams-Jones i reng flân y sgrym yn fy lle i yn hytrach nag i'r rheng ôl yn lle Hemi. Sefyllfa wherthinllyd o ddifrifol fel mae'n digwydd, ond y digwyddiad hwnnw yng Nghaerdydd arweiniodd at sicrhau mor gynnar â'r gêm ryngwladol nesa yn yr Alban ymhen pythefnos y bydde'n rhaid i'r drefen newid oherwydd diogelwch chwaraewyr. A chyn diwedd y tymor, cyflwynwyd rheol yn mynnu bod blaenwr rheng flân profiadol wrth gefen tase aelod o'r rheng flân yn gweld y cerdyn coch. Wedyn, fe ddaeth rhyw ddaioni o'r hyn wedd yn ddiflastod i fi.

Fe'm dilynwyd i mewn i'r stafell newid gan Bob Norster. Fe eisteddodd e ar fy mwys i ond thorrwyd yr un gair. Aeth y Saeson mlân i ennill y gêm o 23 i 9. Wedi'i hunllef yng Nghaerdydd ddwy flynedd ynghynt, croesodd yr asgellwr, Rory Underwood, ddwywaith cyn y chwiban ola. Hon oedd

50fed gêm y mewnwr Robert Jones yn y crys coch, ond wedd dim achos dathlu iddo fe.

Dwy gêm ryngwladol, a wedd Cymru wedi colli ei dewis cynta o ddau brop. O ystyried popeth, falle i Ricky, Garin a finne gael ein rhibo cyn dechre'r tymor rhyngwladol gan y newyddiadurwr Rob Cole. Ma'r newyddiadurwyr 'ma'n hoff o'u hystadegau, a dyma fe'n gofyn i Garin a finne ar yr awyren 'nôl o Bucharest ym mis Medi a wên ni'n deall, tase'r tri ohonon ni'n dal ati fel partneriaeth trwy Bencampwriaeth y Pum Gwlad a chael rhediad llwyddiannus o gêmau hyd at chwarteri Cwpan y Byd, fe allen ni dorri record rheng flân nodedig Pontypŵl o 19 gêm ryngwladol lawn. Wedd hynny ddim wedi croesi meddyliau'r un ohonon ni, ond gydag anaf i Ricky yn erbyn y Ffrancwyr a cherdyn coch i finne yn erbyn y Saeson, wedd dim diben meddwl ymhellach na'r gêm nesa – ta pryd fydde honno!

Wên i'n dal yn ddigon pendant fy marn na wnes i anelu cic i gyfeiriad pen Ben Clarke ac apelies i ar unwaith yn erbyn y gwaharddiad otomatig o drigain niwrnod. Yn anffodus, wedd y system ddisgyblu ddim mor sydyn ag yw hi erbyn hyn, a wedd dim cyfle i finne ymddangos 'o flân fy ngwell' chwaith. Fe gafodd y cyfan ei benderfynu o bellter hyd braich, drwy gyfrwng ffacs 'nôl a mlân rhwng yr Alban, Ffrainc ac Awstralia. Yr Albanwr Alan Hosie, y Ffrancwr Marcel Martin a'r Awstraliad Roger Vanderfield wedd y tri a ddewiswyd o blith pwyllgor rheoliadau'r Bwrdd Rygbi Rhyngwladol i benderfynu fy nhynged, a hynny wedi iddyn nhw dderbyn tystiolaeth fideo o'r digwyddiad, ynghyd â'r datganiadau a gyflwynwyd gen i a swyddogion y gêm yn y gwrandawiad gwreiddiol.

Wedd y tri yn eu tro i anfon eu penderfyniad mewn ffacs i'r Bwrdd Rygbi Rhyngwladol yn Nulyn, ond wedd dim dishgwyl i hynny ddigwydd am yn agos i bythefnos. Wedd geiriau Ben Clarke yn ddim help o gwbwl i fy achos i: "Anyone who kicks a player in the head deserves to go off," medde fe. Yr hyn sy'n eironig am y sefyllfa yw mai dim ond cerdyn melyn

Teulu Cilrhue ddoe
– Daff, Tad-cu a Mam-gu
(Jack ac Elizabeth) a Huw.

Yn ifanc iawn gyda
'Nhad.

Mwy o siâp ar y ci gyda'r
bêl nag Edward a fi!

Hafau braf mewn carafán yng Ngheinewydd.

Dim ofon tarw hyd yn oed yn grwt.

Tîm yr ysgol – yr actor Rhodri Evan ar fy ysgwydd dde.

Mark Harries, Andrew Phillips a finne yn cynrychioli Sir Benfro.

Ieuenctid Cymru v Ffrainc ar Sain Helen 1987.

Yn fy elfen yn godro.

Cyw o frid ar y Gnoll.

7 o'r Gnoll yn nhîm dan 21 Cymru 1988 – (yn y rhes gefn) Chris Bridges, Gareth Llewellyn, fi, Jason Ball; (y tu blân) Adrian Davies, Lloyd Isaac a Chris Higgs.

Tîm gore'r byd?

Capten Ffantastig!

Lan, lawr, mlân ond byth sha 'nôl.

Diawled mewn du.

How big is Australia?

Gyda'n gilydd – un, dau, tri!

Noson y gêm yn erbyn Awstralia 1992.

Llew a llo, ond p'un yw p'un?
Llun: Huw Evans Agency

Pwy? Fi?
Llun: Huw Evans
Agency

Y Cymro Cryfa?

Gorau Cymro,
Cymro oddi cartre.

Dyddie da yng Nghanada – fi, Garin a Ricky.

Arwyddo i Richmond gyda
Darrell Hallett.

Tordo a Sophie a fi yn 58, Roydon Court.

Talu'r
pwyth i
Abertawe
2000.
Llun:
Getty Images

West is
Best!
Llun: Huw
Evans Agency

Cymryd
y gêm at
Gaeredin.
Llun: Huw
Evans Agency

Seren y gêm yn erbyn Wasps.
Llun: Getty Images

Gêm ola i'r Scarlets ond gêm gynta Gwion.
Llun: Huw Evans Agency

Cadw'r addewid i
glwb Crymych.
Lluniau: Emyr Rhys Williams

Bydda i 'na nawr!

Yn arwain o'r tu blân.

Llun: Emyr Rhys Williams

Gwireddu uchelgais – helpu Crymych i'r Brif Adran.

Llun: Sara Williams

Priodas Liz fy chwaer, gyda Mam ac Edward.

Pen tost i ddewiswyr y dyfodol – Gwion, Isaac, Jac a Daniel.

Jack Cilrhue (Tad-cu) a Gwion – y prop nesa o Foncath? Dau dderyn a dau ddwrn.

Yr AGA ddaeth gyda'r 'amlen frown'.

ddangosodd Patrick Robin i Ben Clarke, a hwnnw hefyd y cerdyn melyn cynta i'w ddangos i chwaraewr mewn gêm ryngwladol, am i hwnnw, lawer yn fwy amlwg, ddamsgin ar yr asgellwr pen-golau, Simon Geoghegan yn Nulyn fis cyn hynny pan wên ni'n colli i'r Ffrancwyr ym Mharis.

Bach iawn feddylies i, serch hynny, wedi digwyddiadau'r 18fed o Chwefror yng Nghaerdydd, y bydden i ymhen tymor neu ddau yn cael fy nghroesawu â breichiau agored gan Ben Clarke a chael fy nhalu am whare ochor yn ochor ag e i glwb Richmond. Ond wedyn, wedd dim awgrym y diwrnod hwnnw o'r chwyldro a ddeuai yn hanes y gêm cyn diwedd yr haf y flwyddyn honno chwaith.

Wnes i ddim dal fy anadl ond o edrych ar yr almanac ar wal y gegin yng Nghilrhue, fe welwn i wrth droi'r dail taw tyn fydde hi arna i i gael fy newis i'r garfan a fydde'n teithio i Gwpan y Byd yn Ne Affrica ganol mis Mai, gan na fyddwn wedi cael cyfle i whare. Ar y 19eg o Ebrill y deuai'r gwaharddiad i ben, ond ta shwt wedd hi i fod, wên i am gadw'n ffit a byw mewn gobaith. Fydde cadw'n ffit ddim yn anodd, gyda chant a mil o bethe i'w neud ar y ffarm. Wedd ŵyn i'w dethol a gwartheg i'w paratoi ar gyfer eu gwerthu ym mart Aberteifi – tasgau na fydde wedi cael eu bennu taswn i'n gorfod meddwl am y daith i Murrayfield ymhen pythefnos.

Colli'r apêl wnes i, gyda dau o'r tri dyfarnwr ar y panel disgyblu yn cefnogi penderfyniad Didier Mené. Ches i ddim gwbod, a dw i ddim hyd y dydd heddi yn gwbod yn iawn, pa un o'r tri wnaeth fy nghefnogi i ond dw i'n meddwl taw'r Albanwr wedd e. Wedd dim amser i boeni am y penderfyniad na chwaith i boeni am beth fyddwn i'n ei neud â fy hunan yn ystod y trigain niwrnod nesa oherwydd wedd wastad dyletswydde ar y ffarm. A dom wedd y peth mwya ar 'y meddwl i ar y pryd achos ble bynnag ma buches odro ma dom, a ble bynnag ma dom ma 'na broblem! Wrth i ni godi sied newydd, rhaid wedd mynd ynghyd â chadw'r dŵr glaw a'r dom ar wahân. Ma system arbennig yng Nghilrhue i ddelio â'r dom drwy osod slats yn llawr y sied, ac ma hynny wedi neud pethe'n haws dros y blynydde. System chwyldroadol ar y pryd, ond system sydd wedi profi'n addas i ddefaid ac i wartheg dros y blynydde ers i ni roi'r gore i odro. Pan ges i'r *marching orders* yng Nghaerdydd, roedd y sied ar ei hanner, a pharlwr godro newydd ar y gweill hefyd.

Wedd hast mawr i orffen y parlwr godro, gyda fy ngobeithion i o neud y daith i Dde Affrica yn dal yn fyw, er yn dene. A thasech chi'n gofyn i fi heddi beth roddodd y mwya o bleser i fi – ennill 'y nghap cynta dros Gymru, neu odro am y tro cynta yn y parlwr newydd, buase rhaid i fi bwslo'n jogel. Ac wrth roi cot o baent i'r parlwr newydd un prynhawn Sadwrn, gwrando ar sylwebaeth radio o gêm chweched rownd Cwpan SWALEC rhwng Castell-nedd ac Abertawe ar y Gnoll fuodd rhaid i fi. Tase Castell-nedd yn ennill yna wedd gobaith y cawn i gêm neu ddwy yn rowndiau terfynol y Cwpan i brofi i ddewiswyr Cymru 'mod i'n haeddu cael fy newis i'r garfan a fydde'n teithio i Gwpan y Byd.

Fe gyrhaeddodd *AllWhites* Abertawe y Gnoll gyda'u hail ddewis o gryse, yn hytrach na'r gwyn arferol, ond wedd y lliw hwnnw'n rhy agos at ddu Castell-nedd i fod wrth fodd y dyfarnwr a falle pobol y teledu hefyd. Canlyniad y camgymeriad anfwriadol – ond bwriadol heb os, achos ma Garin Jenkins wedi hynny wedi cyfaddef taw ei syniad e wedd e – wedd i Gastell-nedd orfod newid ar hast a whare mewn rhyw liw gwyrddlas anghyfarwydd, a wedd hi'n amlwg wrth y sylwebaeth na wedd y Crysau Duon yn gysurus mewn lliw dierth. Enillwyd y gêm yn amser y dyfarnwr tu hwnt i'r 80 munud gyda gôl gosb i faswr Abertawe, Aled Williams, wedi i Brian Williams gael ei ddal yn camsefyll. 22–20 i'r Gwynion wedd y sgôr terfynol, eu buddugoliaeth gynta ar y Gnoll mewn deuddeg tymor. Fe dafles inne'r brwsh paent i'r llawr yn fy rhwystredigaeth. Wedd De Affrica i'w weld yn bellach nag erioed.

Fe gwplwyd y sied a wedd yr hoe o rygbi, mewn gwirionedd, wedi neud lles i fi. Dw i ddim yn meddwl bod pobol yn sylweddoli pa mor bwysig yw'r angen am hoe er mwyn atgyfnerthu yn gorfforol ac yn feddyliol, ac yn fwy y dyddie hyn nag yn fy nghyfnod i. Sawl gwaith y gwelson ni chwaraewr, ac ynte wedi whare yng Nghwpan y Byd neu wedi bod ar daith gyda'r Llewod, yn diodde anafiadau a'i cadwodd yn segur ar adegau tyngedfennol i'w glwb ac i Gymru?

Wên i, fodd bynnag, yn gysurus 'mod i wedi cynnal fy lefelau ffitrwydd ac fe ges i hwb i 'ngobeithion wrth glywed Robert Norster, rheolwr tîm Cymru ar y pryd, yn ei ymateb i benderfyniad y pwyllgor apêl, yn dweud na wedd angen i fi neud dim mwy i brofi fy hunan i'r tîm hyfforddi rhyngwladol.

Colli fu hanes Cymru ym mhob un o gêmau'r Bencampwriaeth, gan gynnwys honno yn erbyn Iwerddon – un o'r timau fydde'n ein haros yn y gêmau grŵp yn Ne Affrica. Wedd hi'n arferol i'r Undeb drefnu cinio i ddathlu, neu o leia i ddiolch, i'r chwaraewyr ar ddiwedd tymor y Pum Gwlad, ac er i'r holl chwaraewyr yn y garfan, yn ogystal â'r rhai a gollodd gêmau oherwydd anafiadau, megis Ieuan Evans, Mike Rayer a Nigel Walker, dderbyn gwahoddiad, galwad ffôn ges i gan Undeb Rygbi Cymru i ddweud na wedd gwahoddiad i fi gan 'mod i'n dal o dan waharddiad. Ond fe ychwanegwyd bod 'na wahoddiad, os nad dishgwyl i fi, ar yr un pryd i gadw fy hunan yn ffit!

Cwpan y Byd 1995

WÊN I'N TYNNU mlân yn iawn gyda'r tîm hyfforddi, ond wên ni i gyd fel chwaraewyr yn y garfan ryngwladol yn ymwybodol o'r pwyse wedd ar Alan Davies fel hyfforddwr ac yn benodol wedi siom y Pum Gwlad. Nid bai'r tîm rheoli wedd hi ein bod ni wedi colli gêmau yn y Bencampwriaeth ond wedd hi'n glir bod aelodau o bwyllgor Undeb Rygbi Cymru wedi blino ar y sefyllfa ac yn colli amynedd. Wedd Alan ei hunan yn gwbwl agored gyda ni, ac fe ofynnodd e fwy nag unwaith i rywun dynnu'r cyllyll o'i gefen ar ôl iddo ddod mas o gyfarfod gyda phwyllgor yr Undeb. Ond ymhen ychydig dros wythnos wedi gêm y Llwy Bren, a cholli i Iwerddon yng Nghaerdydd ym mis Mawrth, fe ymddiswyddodd Davies, ei ddirprwy, Gareth Jenkins, ynghyd â rheolwr y tîm, Bob Norster. Ymddiswyddo wedd y lein swyddogol, ond o gofio'r pwyse wedd arno, a'r canlyniade siomedig, heb sôn am anfodlonrwydd llond gwlad o gefnogwyr, wedd yr hyfforddwr cenedlaethol mewn twll na alle fe ddod mas ohono fe.

O fewn deufis i'r gystadleuaeth fwya yn y gêm, roedd Undeb Rygbi Cymru, nid am y tro cynta cyn Cwpan y Byd, yn chwilio am hyfforddwr newydd, ac fe'i cafwyd e y tro hwn drws nesa, ar Barc yr Arfau. Fe drodd yr Undeb at hyfforddwr Caerdydd, yr Awstraliad Alec Evans, a gofyn iddo fe gymryd gofal o'r tîm cenedlaethol dros gyfnod Cwpan y Byd yn unig. Daeth Geoff Evans yn rheolwr, gyda Dennis John a Mike Ruddock yn ddirprwyon ar gyfer y gystadleuaeth yn Ne Affrica. Wedd hanes yn cael ei ailadrodd, am fod y sefyllfa bron yn union yr un fath â phan gafodd Alan Davies ei benodi ym 1991. Fe fydde rhywun yn meddwl y bydde Undeb Rygbi Cymru wedi dysgu gwers ar ôl digwyddiadau 1991, ond dyma nhw unwaith eto'n penodi hyfforddwr y clwb mwya llwyddiannus yng Nghymru ar y pryd yn hyfforddwr cenedlaethol.

Fe ges inne fy ngwahodd i ymuno â charfan estynedig o 37 i baratoi ar gyfer y gystadleuaeth yn Ne Affrica cyn i fy ngwaharddiad ddod i ben, a rhaid bod rhywun wedi gofyn y cwestiwn, "Ond ydy John wedi'i wahardd?" Ateb y rheolwr newydd, Geoff Evans, wedd, "Sdim problem, gan nad oes carfan wedi'i chyhoeddi a dyw John ddim wedi whare'r un gêm."

Wedd Alec Evans yn hynod o gefnogol i fi ac fe ddwedodd e'n gyhoeddus 'mod i gyda'r prop gore yn y byd. Wedd hynny, p'run a wedd e'n ei feddwl e ai peidio, yn gysur mawr ac yn rhoi mwy na gobaith i fi – yn y tymor byr o leia. Wedd e'n profi 'mod i ym meddyliau'r tîm hyfforddi newydd, ond fy mhroblem i nawr wedd prinder gêmau. Gyda Chastell-nedd mas o Gwpan SWALEC, dim ond y gêm yn erbyn Llanelli ar y 29ain o'r mis fydde gyda fi i brofi fy ffitrwydd wedi i fy ngwaharddiad ddod i ben ar y 19eg o Ebrill. Wedd y prop Ricky Evans hefyd yn yr un sefyllfa ar ôl iddo fe dorri ei goes mas yn Ffrainc dri mis ynghynt. At bwy ma rhywun yn troi mewn sefyllfa o'r fath ond at y rhai mae e'n eu nabod ore. Trefnwyd tair gêm mewn chydig dros wythnos gan glwb Crymych, ac o fewn pedair awr ar hugain i fy ngwaharddiad ddod i ben ar y dydd Mercher fe chwaraeais i dros Gastell-nedd yn erbyn tîm y pentre ar y nos Iau. Ar y dydd Sadwrn fe ddales i'r pen tyn i Grymych am hanner y gêm yn erbyn ail dîm Tyddewi ac ar y nos Lun ganlynol fe ges i fy neud yn ddyn tân anrhydeddus er mwyn cael ymuno â Ricky yn rheng flân tîm Brigâd Dân Dyfed yn erbyn fy hen glwb. Wên i nawr yn barod ar gyfer her Llanelli y Sadwrn canlynol, a 'ngwrthwynebydd i – Ricky Evans!

Fe fydde pobol yn gofyn i fi'n amal shwt wên i'n dod i ben â phropio yn erbyn Ricky, ac ynte a finne'n gymaint o ffrindie. Yr un wedd yr ateb bob tro: "Dw i'n rhoi Castell-nedd o flân pob dim arall pan fydda i'n gwisgo'r crys du amdana i, ac ennill y gêm sy wastad yn dod gynta." A dw i'n siŵr tase rhywun yn gofyn yr un cwestiwn i Ricky taw'r un fydde ei ymateb ynte.

Dw i ddim yn cofio i Ricky a finne roi amser rhy galed i'n gilydd y prynhawn hwnnw ar y Strade. Fe enillon ni'r gêm o 35 i 33, diolch i drosiad munud ola Mathew McCarthy o gais Huw Woodland, a phan gyhoeddwyd y garfan o 26 i deithio i Dde Affrica, allwn i ddim bod yn hapusach o glywed enwe Ricky a finne yn eu plith. Wedd 11 o glwb Caerdydd yn y garfan, a wedd hi'n ddim syndod pan drosglwyddwyd y gapteniaeth o Ieuan Evans i Mike Hall, gan fod Mike yn gapten ar Gaerdydd. Wedd hynny'n galed ar Ieuan, achos wedd e'n gapten arbennig, nid yn unig ar y cae ond oddi arno hefyd. Wedd pawb yn teimlo dros Ieuan, ond wên i'n deall yn iawn fod Mike mewn sefyllfa anodd hefyd.

Yn ôl Alec Evans, fe fydde Cymru'n dîm anodd iawn i'w trechu. "This squad is as good as any Wallaby squad I was ever involved with," meddai. Nid dyna wedd fy mhrofiad i, fodd bynnag. Fe fydde chwaraewyr yn troi lan mewn *slippers* i ymarfer gyda'r garfan genedlaethol! Allwn i ddim dychmygu beth fydde ymateb Brian Thomas a Ron Waldron o weld chwaraewyr yn cyrraedd y Gnoll i ymarferion mewn *slippers*!

Fe fuon ni'n aros yng ngwesty'r Copthorne ar gyrion Caerdydd yn ystod y cyfnod paratoi a wedd bod mewn carfan fel hyn am gyfnod mor hir yn brofiad newydd i fi. Brecwast, cinio, te a swper a bwyd ar alw drwy gydol y dydd. I fab ffarm wedd hwn fel gwylie, a phlated o frechdane cyn mynd i'r gwely os wên i am hefyd. Fe aeth hi'n gystadleuaeth un noswaith i weld pwy alle fwyta'r mwya o frechdane ham a mwstard. A dw i'n amau dim taw *dead heat* rhwng Garin Jenkins a finne wedd hi. Tase'r ras wedi mynd i 'amser ychwanegol' dw i ddim yn gwbod shwt bydde hi wedi bod ar yr un ohonon ni!

O'r dechre'n deg, a chyda cyn lleied o amser i asio fel carfan cyn teithio, doedd hi ddim yn syndod i chwaraewyr Caerdydd glosio at ei gilydd, a wedd hi'n ymddangos fod Alec hefyd yn fwy na chysurus yn eu cwmni hwythe. Fe allen ni fod gyda'n gilydd am ryw chwe wythnos tase Cymru'n ddigon ffodus i gyrraedd y rownd derfynol! Ond wedd hi'n amlwg na wedd hynny'n debygol o ddigwydd o gofio'r awyrgylch yn y garfan a'r digwyddiadau oddi ar y cae wrth i dîm hyfforddi newydd gymryd yr awenau wythnose'n unig cyn y gystadleuaeth. Ac os taw Castell-nedd yn erbyn y lleill wedd hi yn Awstralia yn '91, wedd hi'n edrych yn debyg taw Caerdydd yn erbyn y gweddill fydde hi yn Ne Affrica yn '95.

Bloemfontein – prifddinas talaith y Free State a chadarnle'r Afrikaaner gwyn – oedd cartre tîm Cymru am y bythefnos gynta wrth baratoi am y gêm gynta yn erbyn Japan.

Wedd yr ymarfer yn galed ar gaeau caletach prifysgol y Free State a wedd hynny'n dweud ar y corff, a'r awyr denau'n golygu ei bod hi'n anodd tynnu anadl ar uchder o bron i bum mil o droedfeddi uwchlaw'r môr. Pan gyhoeddodd Alec Evans i'r byd a'r betws, ddyddie cyn y gêm agoriadol, fod gan dîm Cymru cystal sgilie â thimau'r 1960au a'r 1970au, fe wnaeth sawl un amau fod yr awyr denau yn neud rhywun arall heblaw'r chwaraewyr yn benysgafn!

Fe fydde uchder uwchlaw'r môr yn ystyriaeth ar gyfer y ddwy gêm yn Ellis Park – yn erbyn Seland Newydd, a'r un dyngedfennol yn erbyn Iwerddon – gan fod Johannesburg bron 1,500 troedfedd yn uwch na'r Wyddfa, a thros deirgwaith uchder y Frenni Fawr, y mynydd wên i'n ei weld bob dydd o Gilrhue.

Wedd Steddfod yr Urdd ym Moncath ym 1995, ac fe wnes i, fel cyn-aelod o Aelwyd Crymych, gyfweliad i'w ddarlledu ar y sgrin fawr ar gyfer y seremoni agoriadol. A dweud y gwir, wedd chydig bach o hiraeth, ac fe ges i reswm i ystyried pa mor ffodus wedd plant Cymru o gael mudiad fel yr Urdd pan aethon ni fel carfan i roi ychydig o hyfforddiant sgilie rygbi i blant croenddu Heidedal, un o'r treflannau – *townships* – ar gyrion Bloemfontein.

Profiad rhyfedd wedd teithio mewn *convoy* o geir a faniau heddlu tu ôl a thu blân i'r bws, a'r rheiny'n ein gwibio ni ar hast i gyfeiriad y stadiwm na wedd yn fwy na chae whare llychlyd dan groen o borfa wedi'i losgi gan yr haul, a therasau o eisteddleoedd syml o bren a metel ar hyd dwy ochr, fel y rhai dros dro a welir mewn sioe ac eisteddfod. Wedd y plant fel morgrug o'n cwmpas ni, ac yn frwdfrydig iawn i ddangos eu sgiliau. Fe rannon ni fathodynnau pin eurliw Undeb Rygbi Cymru gyda nhw ac fe gawson ninne'r oll wedd gyda nhw i'w gynnig, er na wedd hynny'n ddim mwy na gwên a brwdfrydedd heintus. Wedi rhyw awr bleserus iawn, fe'n hysiwyd ni 'nôl i'r gwesty ar hast gan heddlu sobor o nerfus. Alle'r gwrthgyferbyniad ddim bod yn fwy trawiadol. Plant, fel maen nhw ym mhob man, yn ein derbyn ni â breichiau agored, a'r awdurdodau'n clymu breichiau ac am neud yn siŵr na wedd neb yn camu dros y tresi. Fuon ni ddim mewn perygl tra wên ni yn y ddinas, ond gyda De Affrica yn agor ei drysau am y tro cynta i gystadleuaeth ryngwladol, alle'r awdurdodau chwaith ddim fforddio unrhyw fath o gyhoeddusrwydd gwael â'r byd i gyd yn gwylio.

Japan wedd ein gwrthwynebwyr cynta a nhw wnaeth ennill y frwydyr seicolegol cyn y gêm oherwydd fe'n gorfodwyd ni i wisgo crysau gwyrdd yn hytrach na choch am na ddaeth Japan â chrysau heblaw eu rhai coch a gwyn arferol. Wnaeth hynny fawr o wahaniaeth oherwydd fe enillwyd y gêm yn hawdd o 57 i 10. Doedd Ricky Evans ddim wedi dod dros ei anafiadau yn llwyr, a Mike Griffiths, prop Caerdydd, ddaeth i mewn ar y pen rhydd at Garin a finne. Wedd record o 22 pwynt mewn gêm Cwpan y Byd i Neil Jenkins, â'r asgellwr Gareth Thomas yn croesi am dri chais yn ei gêm ryngwladol gynta. Ond, yn bwysicach na hynny, wrth groesi saith gwaith wedd Cymru, ar ôl colli pum gêm o'r bron, wedi ailddarganfod y ddawn i sgorio ceisiau.

Y dechre gore posib ond nid yn annisgwyl, a falle dylen ni fod wedi neud yn well hyd yn oed, gan fod storïe ar led am dîm Japan yn mwynhau eu hunen tan orie mân y bore yn yr wythnos cyn y gêm, â'u gwesty ond dafliad carreg o glwb nos y rhedwraig droednoeth Zola Budd a'i gŵr. Os wên nhw'n mwynhau eu hunen, uchafbwynt y sbort i ni'r Cymry wedd gweld y cyflwynydd y rhaglen deledu *The Big Breakfast*, Keith Chegwin, yn cael ei daclo i mewn i'r pwll nofio yn ei siwt gan un neu ddau o'n chwaraewyr ni, pan ddaeth e i neud cyflwyniad byw dros y lloeren i deledu brecwast 'nôl gatre. Dw i ddim yn cofio i ni glywed, "Wake up, you beggars. It's Cheggers!" Wedd e ddim yn hapus!

Wedd neb yn siŵr iawn shwt bydde pethe yn erbyn y Crysau Duon ond wedd pawb o'r un farn y bydde hi'n gêm anodd yn erbyn y ffefrynnau twym i godi Cwpan William Webb Ellis. Pa dîm fydde Alec Evans yn ei ddewis? Fydde fe'n neud y gore o ddoniau'r garfan gyfan, a chadw'i dîm cryfa i wynebu Iwerddon? Wedd hi'n hollbwysig, er mwyn rygbi Cymru, ein bod ni'n cyrraedd rownd yr wyth ola o leia. Wedd dishgwyl iddo neud ambell newid, a wyddwn i ddim pa mor saff wên i o fy lle. Ond pan gafodd y tîm ei gyhoeddi ar gyfer y gêm yn erbyn y Crysau Duon ar Ellis Park a'r rhyddhad o wbod 'mod i yn y tîm, wên i ddim yn barod am y sioc o weld bachwr Abertawe, Garin Jenkins, yn colli ei le i fachwr Caerdydd, Jonathan Humphreys. Fe ddaeth y newydd hwnnw fel ergyd o wn.

Wedd gyda fi ddim problem bod Ricky Evans yn dod i mewn i'r rheng flân yn lle Mike Griffiths. Yr unig bryder wedd gyda fi wedd shwt bydde Ricky yn ymdopi ar dir caled Ellis Park â phlât o ddur a sgriws yn dal ei bigwrn yn ei le. Fe fydde ei gadw'n ffres i wynebu'r Gwyddelod wedi neud synnwyr, ond dyma ni nawr yn dechre gêm yn erbyn y tîm wedd yn ffefrynnau i ennill Cwpan y Byd y flwyddyn honno, nid yn unig â chap newydd yn safle'r bachwr, ond gyda phartneriaeth gwbwl newydd yn y rheng flân.

Ma sesiynau ymarfer yn dilyn cyhoeddi'r tîm wastad yn galed achos fod y chwaraewyr sydd wedi colli eu lle am brofi pwynt i'r hyfforddwr. Wedd Garin yn benwan ac er na ddwedodd e hynny mewn cymaint o eirie, wedd hynny'n ddigon amlwg i bawb yn y sesiwn ymarfer nesa. Dyna ble wedd e, gyda 27 cap y tu ôl iddo fe, a'r unig aelod cyson o reng flân Cymru trwy gydol y Pum Gwlad a gêmau'r haf cynt, nawr yn dal y bagie taclo. Wedodd e'r un gair mas o le, ond wedd ei rwystredigaeth yn amlwg i bawb. Falle fod gan Alec Evans un llygad ar y gêm hollbwysig yn erbyn Iwerddon achos wên ni i gyd yn sylweddoli taw honno fydde'r gêm i benderfynu pwy fydde'n aros i ymladd y chwarteri a phwy fydde'n mynd gatre.

Wedd pump blân y Gwyddelod wedi cael trafferth yn erbyn y Crysau Duon, mewn gêm a gollon nhw o 43 i 19, ac fe wydde Alec Evans hynny. Dw i'n grediniol hyd heddi bod yna benderfyniad wedi'i neud, am ba bynnag reswm, i chwalu'r bartneriaeth lwyddiannus yn y rheng flân o Ricky, Garin a finne. Wên ni'n rheng flân brofiadol, sefydlog, ond yn sydyn wedd y drefen wedi newid. Wedd gyda fi ddim byd yn erbyn Jonathan Humphreys ond wedd gydag e dipyn i'w ddysgu o hyd, er iddo ddatblygu'n fachwr ac yn gapten ardderchog wedi hynny.

Symudwyd Gareth Llewellyn o'r ail reng i'r blaenasgell ochr dywyll, safle na wedd e wedi whare erioed o'r blân. Wedd hwnnw'n benderfyniad rhyfedd, a daeth Greg Prosser o Bontypridd i mewn i'r ail reng i ennill ei gap cynta – a'i unig gap, fel mae'n digwydd. Y syniad wrth neud y newidiadau a dewis pac trwm o flaenwyr wedd sicrhau y bydde unrhyw bêl a enillai Seland Newydd yn bêl ara, ac y bydde hynny yn ei dro yn arafu llif y bêl i'w holwyr dawnus, Bunce a Little, yn y canol. Wedd gyda nhw hefyd fachan ifanc dawnus deunaw stôn, a chwe troedfedd pum modfedd o daldra, o'r enw Jonah Lomu, mas ar yr asgell. A thase hwnnw'n cael ei atal, fe allen ni fentro y bydde'r blaenasgellwr Josh Kronfeld wrth ei ysgwydd o flân neb arall. Ail fydde Gareth Llewellyn yn y ras honno.

Wnaeth datganiad i'r wasg yn ystod yr wythnos gan Geoff Evans, rheolwr y tîm cenedlaethol, helpu fawr ar ein hachos: "R'yn ni'n fwy na nhw, r'yn ni'n gyflymach na nhw, r'yn ni'n gryfach na nhw! Ac r'yn ni wedi ennill yr hawl i'r stafell newid ore!" Ac yn ôl y sôn wedd Geoff hefyd yn hapus am ei fod e wedi llwyddo i hel y Crysau Duon bant o'r cae ymarfer am eu bod dros amser ac er mwyn i ni gael ein hamser ni i baratoi. Fe enillon ni'r *toss* hefyd, a chyn i'r gêm ddechre fe ddwedodd Ieu rywbeth tebyg i "Fear is a commodity we can use." Dw i'n cofio meddwl ar y pryd, "Pa gomics ma hwn yn 'u darllen?!"

Rhoddodd Craig Dowd, fy ngwrthwynebydd i yn y sgrym, dipyn o drafferth i fi, a gydag e wedd y bachwr a'r capten, Sean Fitzpatrick, ac Olo Brown ar y pen tyn. Fel uned, mae'n lled debyg taw dyna'r rheng flân galeta i fi whare yn eu herbyn erioed gan i fi golli'r cyfle i wynebu Steve McDowell, Fitzpatrick a Richard Loe yn y gêm rhwng Castell-nedd a'r Crysau Duon ar y Gnoll. A bod yn onest, wedd gobeithion Castell-nedd o drechu'r Pencampwyr Byd ar y Gnoll y noson honno ym 1989 dipyn gwell na rhai Cymru yn Ne Affrica ym 1995!

A dyna ble wên ni'n tri, Ricky, Humph a finne, yn whare gyda'n gilydd fel uned am y tro cynta erioed. Ond yn hytrach na glynu wrth y patrwm ffwrdd â hi ddaeth â buddugoliaeth iddyn nhw yn erbyn Iwerddon, fe ddychwelodd y Crysau Duon at eu gêm draddodiadol dynn, gyda'r blaenwyr fel tasen nhw'n benderfynol o hwpo geiriau Geoff i lawr ein gyddfe ni. Wedd hi ddim yn argoeli'n dda o'r gic gynta pan laniodd y bêl ar ben Greg Prosser a thasgu dros yr ystlys. Lein i'r Crysau Duon. Allwn i i ddim yn 'y myw â chofio beth ddwedodd Ieu!

Cymru sgoriodd gynta o dan lifoleuadau llachar Ellis Park, diolch i gôl adlam Neil Jenkins, ond fe gawson ni'n dallu o'r eiliad honno gan whare'r Crysau Duon. Fe sgoron nhw dri chais trwy'r asgellwr Marc Ellis, y canolwr Walter Little a'r blaenasgellwr Josh Kronfeld. Wedd 19 pwynt i'r maswr Andrew Mehrtens, ac fe gollodd Cymru am y trydydd tro ar ddeg o'r bron i Seland Newydd. Dwy gic gosb arall gan 'Jenks' wedd yr agosa i ni ddod atyn nhw, mewn gêm a orffennodd yn 34–9.

Yr unig fachan i ddod bant o'r cae â gwên ar ei wyneb wedd yr asgellwr Wayne Proctor. O leia fe all weud hyd y dydd heddi nad aeth Jonah Lomu heibio iddo fe, trosto fe, na thrwyddo fe, a wedd hynny'n fwy na fedrai'r Saeson ei ddweud bythefnos yn ddiweddarach. Wedd pawb yn dishgwyl i Seland Newydd ddefnyddio'u harf mwya pwerus yn ein herbyn ni, ond cyfraniad mwya Lomu y noson honno wedd estyn y bàs ola i Kronfeld am ei gais e. Roedd 'Proc' wrth ei fodd ac fe gysgodd e'n dawel y noson honno.

Wedi'r gêm, daeth Sean Fitzpatrick, capten y Crysau Duon, mlân at Mike Hall i ofyn iddo neud yn siŵr ei fod e'n diolch i reolwr tîm Cymru, Geoff Evans, am greu araith cyn gêm iddo fe. Wedd rhaid i'r tîm wedd yn fwy, yn ffitiach ac yn gryfach, ond nid yn well, na'r Crysau Duon, nawr godi ein hunen ar gyfer y gêm dyngedfennol yn erbyn Iwerddon i benderfynu'r wyth yn y chwarteri. Fe fydde'r buddugwyr yn mynd yn eu blaene i wynebu'r Ffrancod yn Durban gyda'r collwyr yn dychwelyd adre. Dyma'r gêm fydde'n dangos i'r byd union statws Cymru ymhlith gwledydd rygbi'r byd. Yr unig gysur wedd gyda ni wedd bod cyflwr y gêm yn Iwerddon mor wael ag yr oedd hi yng Nghymru. Dim pwyse o gwbwl, felly, ond fe fydden ni neu'r Gwyddelod yn saff o gael ein siomi.

Hyd yn oed cyn i ni gyrraedd De Affrica, fe wyddwn i y bydde'n rhaid i ni ac Iwerddon ennill dwy gêm os am gyrraedd rownd yr wyth ola. Wedd yr un ohonon ni'n debygol o drechu Seland Newydd; fe ddylse'r ddwy wlad drechu Japan, ac felly hon fydde'r gêm hollbwysig. A dyma ni ar nosweth y 4ydd o Fehefin yn camu mas i Ellis Park o flân torf o 45,000 i herio'r Gwyddelod. Tacteg Alec Evans wedd cicio'r bêl i lawr y cae ar bob cynnig oherwydd fe fydde'r bêl yn cario ymhell yn yr awel, o gofio uchder Johannesburg uwchlaw'r môr. Yr hyn wedd yn fwy o gonsýrn i fi yn y rheng flân wrth ddechre fy nhrydedd gêm yn y gystadleuaeth wedd bod 'na bartneriaeth newydd eto yn y rheng flân gyda Mike Griffiths yn dod yn ôl i mewn yn lle Ricky yn dilyn y gêm yn erbyn Seland Newydd. Tair gêm a thri chyfuniad gwahanol yn y rheng flân. Wedd angen profiad, ac wedd angen profiad Garin yn arbennig yn y gêm honno.

Wedd y tensiwn i'w deimlo o'r chwiban gynta wrth i'r

Gwyddelod ddechre'r gêm ar garlam, yn union fel y gwnaethon nhw yn erbyn Seland Newydd. O fewn chwarter awr, wedd yr awyr fain yn llosgi yn fy mrest i a wedd Iwerddon ddau drosgais i ddim, a 14–0 ar y blân. Fe lwyddon nhw i osgoi Derwyn Jones yn y leiniau, a daeth cais yr un i'r prop Nick Popplewell a'r blaenasgellwr Denis McBride. Fe aeth hi'n gêm o gicio digyfeiriad wedi hynny ac fe ddangosodd y dorf ei hanfodlonrwydd gyda'r don Fecsicanaidd cyn i ni, rywsut, diolch i gôl adlam gan y maswr Adrian Davies a dwy gôl gosb i Neil Jenkins o safle'r canolwr, adennill diddordeb y dorf hanner ffordd drwy'r ail hanner.

Daeth Eddie Halvey i'r cae wrth i Dennis McBride dderbyn pwythau am anaf i'w ben, ac ar ôl iddo daro'r bêl mlân heb i'r dyfarnwr, Ian Rogers o Awstralia, sylwi, wedd e eto wrth law ar ddiwedd y symudiad i groesi am drydydd cais i'r Gwyddelod cyn dychwelyd i'r fainc. Honno oedd yr ergyd farwol ac fe ddaeth ceisie Jonathan Humphreys a Hemi Taylor yn rhy hwyr i achub y gêm. Fe gollon ni o 24 i 23.

Wedd hi'n gêm sobor o sâl ond wedd dim iws neud esgusodion. Fe ddylen ni fod wedi ennill. Dw i ddim yn credu i fi sylweddoli difrifoldeb y sefyllfa hyd nes i ni ymadael â'n gwesty a throi am westy arall ger y maes awyr am nosweth neu ddwy cyn hedfan gatre a gweld timau fel Japan, Canada a rhai o'r gwledydd llai eraill na wedd falle wedi dishgwyl gwell, hefyd yn paratoi i hedfan adre.

Yn fwy o siom wedd gweld Mike Hall, capten Cymru yn rhwygo'r Tair Pluen oddi ar ei *blazer*. Wedd hi ddim yn weithred gyhoeddus ond yn weithred wnaeth adlewyrchu ei rwystredigaeth e fel capten a ninne fel chwaraewyr. Wnaeth Mike ddim gwisgo'r crys coch wedi hynny. Wedd dim dianc rhag y ffaith wrth ddychwelyd yn gynnar o Dde Affrica, taw Cymru wedd yr unig dîm o'r Pum Gwlad i fethu â chyrraedd rownd wyth ola Cwpan y Byd y flwyddyn honno.

Am yr ail Gwpan Byd o'r bron, wedd Cymru wedi methu â chyrraedd y chwarteri. Ac, wrth gwrs, wedd y cyllyll mas. Wedd y sôn yn gryf am rwyg rhwng chwaraewyr Caerdydd a'r gweddill ohonon ni. Wedd y rhwygiadau ddim yn amlwg ond wedd tensiynau fel y gellid dishgwyl, wrth i'r hyfforddwr Alec Evans dalu mwy o sylw i chwaraewyr Caerdydd na'r gweddill ohonon ni. A phwy a ŵyr, falle taw ansicrwydd yn ei feddwl e'i hunan wedd yn gyfrifol am hynny. Fe wnaeth chwaraewyr Caerdydd glosio at Alec wedi'r golled i Seland Newydd, ond aeth nifer ohonon ni i gymdeithasu â'r Crysau Duon wedi'r gêm. Wedd cyhuddiadau o nosweithiau hwyr ac yfed cyn gêmau. O'r hyn dw i'n ei gofio, fe wnaethon ni ymlacio un noson yn Bloemfontein, a dim mwy na hynny, ond yn sicr ddim ar y noson cyn y gêm yn erbyn Japan. Ta beth, wedd y storïe, a storïe'n unig wên nhw, yn fêl ar fysedd rhai gan fod ein methiant ni yn Ne Affrica yn crynhoi cyflwr rygbi yng Nghymru. Ond wydde'r un ohonon ni wrth i ni ddychwelyd gatre fod storom fwy ar y gorwel na honno wên ni wedi'i gadael ar ôl yn Johannesburg.

Yr oes newydd

DDEUFIS WEDI I ni ddod 'nôl o Dde Affrica, a'n cynffonne rhwng ein coese, cyhoeddodd Vernon Pugh, Cadeirydd y Bwrdd Rygbi Rhyngwladol, mewn cyfarfod hanesyddol ym Mharis, ar ddydd Sul, y 27ain o Awst, 1995: "Rugby will become an open game and there will be no prohibition on payment or the provision of other material benefits to any person involved in the game."

Fe fuodd tipyn o siarad yn ystod Cwpan y Byd y flwyddyn honno fod y gêm am fynd yn broffesiynol a bod gwledydd hemisffer y de am ddod at ei gilydd i lwyfannu 'syrcas' rygbi, yn cael ei harwain gan y World Rugby Corporation ac arian Kerry Packer, y biliwnydd wedd yn gyfrifol am y chwyldro ym myd criced. Wedd e nawr â'i olygon ar y gêm rygbi broffesiynol newydd. Gwnaed cynigion i Francois Pienaar geisio dwyn perswâd ar aelodau carfan De Affrica a hefyd Will Carling ar dîm Lloegr i arwyddo i'r World Rugby Corporation. Fel capten Cymru, wedd hi'n naturiol taw Mike Hall wedd y swyddog recriwtio i ni'r Cymry. Wedd Mike wedi derbyn cais gan Ross Turnbull, ci bach Packer, i weithredu ar ei ran, ac i ofyn a fydden i, fel y chwaraewyr eraill siŵr o fod, yn barod i ymuno â'r 'syrcas'.

Yn ôl rheolau'r gêm, fe fuase rhywun wedd yn derbyn arian Packer yn cael ei wahardd rhag ymwneud â gêm yr undeb, ond gan fod cymaint o chwaraewyr wedi dangos eu parodrwydd i ymuno â'r syrcas, wedd fawr o ddewis gan y Bwrdd Rygbi Rhyngwladol wnaeth gyfarfod ym Mharis ddiwedd Awst ond i ganiatáu i'r gêm ddod yn agored. Wedd e'n rhyfedd taw yn Ffrainc y gwnaed y cyhoeddiad achos os wedd rhywrai wedi wfftio amaturiaeth ar hyd y blynydde, y Ffrancwyr wedd y rheiny. Dw i'n cofio clywed sôn am gyn-gapten Cymru, Brian

Price, a'r prop Denzil Williams ar ddechre'r 1970au yn teithio ar benwythnose i whare yn Vichy ym Mhencampwriaeth Ffrainc ac, er mwyn cael trwydded i whare, yn egluro eu bod nhw'n mynd yno i ddysgu Saesneg ar yr un pryd.

Mae'n debyg wedyn i bŵer dinistriol Jonah Lomu dros Seland Newydd yn erbyn Lloegr yn rownd gynderfynol Cwpan y Byd argyhoeddi Rupert Murdoch, perchennog News Corporation, i gynnig dros £250 miliwn i ennill yr hawlie dros holl brif gêmau rygbi hemisffer y de am y deng mlynedd nesa.

Arwyddo cytundeb gydag undebau rygbi eu gwledydd nhw'u hunen yn y pen draw wnaeth y chwaraewyr ond, yn sydyn, wedd Turnbull y tu ôl i syniad arall, sef sefydlu cystadleuaeth Ewropeaidd gyda 300 o chwaraewyr rygbi gore Ewrop yn cael eu cytundebu am £200,000 y flwyddyn. Dyna 200,000 o resymau da dros gydsynio ond ddaeth dim o'r syniad hwnnw chwaith, yn benna oherwydd i Bwyllgor y Pum Gwlad, ar hast mawr, sefydlu cystadleuaeth Cwpan Ewrop. Er na wedd clybie Lloegr yn rhan o'r gystadleuaeth gynta yn nhymor 1995/96, fe lwyddodd Undeb Rygbi Lloegr roi cytundeb i'w chwaraewyr nhw erbyn dechre mis Rhagfyr y flwyddyn honno.

Yn bersonol, wên i'n gweld dim o'i le ar dalu chwaraewyr am eu hamser a'u hymroddiad. Wedd hi'n iawn i chwaraewyr gael eu talu am whare a wedd gyda fi fwy o brofiad na sawl un o orfod cyfuno rheoli busnes a whare rygbi, a hynny ar fy ngholled yn ariannol. Wên i wedi mwynhau pob munud o'r gêm ers y dyddie cynnar yn yr ysgol, ond nawr fe fydde tâl am whare. Wên i ar un wedd yn edrych mlân at yr oes newydd, er na wyddwn i, yn fwy na neb arall, o ble wedd yr arian am ddod.

Yn feddyliol, falle 'mod i'n fwy parod am y drefen newydd na sawl un, er na wydde neb beth wedd oblygiade rygbi proffesiynol chwaith. Ond fe wyddwn i na fydde'r gêm byth yr un fath. Fel sawl ffarmwr wnaeth benderfynu, neu gael ei orfodi gan y banc, i roi'r gore iddi, wedd hi'n anochel y bydde rhai clybie rygbi hefyd yn teimlo'r pwyse, os nad yn methu. Wedd hi'n glir hefyd y bydde rhai chwaraewyr ar eu hennill a rhai ar eu colled oherwydd heb weledigaeth glir fe fydde rhai chwaraewyr yn cael eu talu'n fwy na'i gilydd. Gan amla, y bechgyn wedd yn whare rygbi pert fydde fwya tebygol o gael yr arian mwya – nid y rhai a'u penne i lawr a'u tafode mas yn y sgrym. Neu felly wedd hi, ond erbyn heddi ma propie da yn werth eu pwyse mewn aur wrth i'r gêm, a'r newid pwyslais ar y sgrym, ddod yn fwy dibynnol ar gryfder y rheng flân, a'r prop pen tyn yn benodol.

Fe sylweddoles inne'n glou iawn y bydde'n rhaid i fi fod yn dipyn o ddyn busnes, ond am fy mod i wedi gorfod neud penderfyniadau busnes ar y ffarm o ddydd i ddydd, wên i'n fwy na chysurus y gallwn i ymdopi. Fe wyddwn i hefyd taw oes gymharol fer wedd i chwaraewr rhyngwladol, ac y bydde'r gwartheg godro yn dal wrth iet y clos am chwech o'r gloch y bore yn brefu am eu godro ymhell wedi i fi orffen whare, pryd bynnag fydde hynny.

Wedd fawr ddim amser i ystyried holl oblygiade datganiad Vernon Pugh ar y pryd, serch hynny, achos ble wên i pan wnaeth e'r cyhoeddiad ar y dydd Sul hanesyddol hwnnw ar y 27ain o Awst 1995 ond 'nôl yn Ne Affrica. Paratoi wên i i whare yn erbyn y Springboks yn Johannesburg, ac unwaith eto ar Ellis Park, ar yr 2il o Fedi – ac ar yr union gae lle wên ni wedi siomi, a chael ein siomi, dri mis ynghynt. Wedd neb ond Undeb Rygbi Cymru am i'r gêm hon ddigwydd mewn gwirionedd, a llai am neud y siwrne i ben draw'r byd, ond mae'n debyg bod y gêm wedi'i threfnu fel rhan o'r pris wedd i'w dalu am gefnogaeth Undeb Rygbi De Affrica i gais Cymru i lwyfannu Cwpan y Byd yng Nghymru ym 1999.

Bedair awr ar hugain cyn y cyhoeddiad hanesyddol bod rygbi bellach yn gêm broffesiynol, fe gollodd Cymru gêm baratoi yn Witbank o 47 i 6. Wedd neb yn rhoi gobaith i dîm amatur South-East Transvaal o drydedd adran rygbi De Affrica, ond fe groesodd y gwrthwynebwyr am bum cais. Dri mis ynghynt, cicio wedd y dacteg arweiniodd at fuddugoliaeth i ni yn erbyn Iwerddon ar Ellis Park yn Johannesburg, ac a fydde'n ein cario ni i rownd yr wyth ola, ond lawr yr hewl yn Witbank, rhedeg y bêl wedd y dacteg i fod. A dweud y gwir, wedd Aled Williams, y maswr, wedi cael cyfarwyddyd i beidio â chicio o gwbwl yn y gêm honno. Weithiodd y dacteg ddim ac ymateb yr hyfforddwr, Alec Evans, wedd y galle pethe ond gwella. Yn anffodus, wedd e'n anghywir gyda'i ddadansoddiad – unwaith eto!

Y gêm yn erbyn De Affrica ar yr 2il o Fedi, 1995 wedd y gêm ryngwladol gynta yn yr oes broffesiynol ac, yn hynny o beth, fe grëwyd hanes gennym ni'r Cymry. Unwaith eto, fe gafodd Derwyn Jones sylw gan Kobus Wiese, a choten gachgïaidd o'r tu ôl yn ei orfodi fe o'r cae ar ôl pum munud. Fe wnaeth y digwyddiad hwnnw fy atgoffa i o'r glatshen annisgwyl o'r tu ôl ges i yn erbyn De Affrica yng nghysgodion llifoleuadau gwan y Gnoll y flwyddyn cynt – dim ond un o nifer o ddigwyddiadau ciaidd y nosweth honno. Ond, fel ar Rodney Parade ddeg mis cyn hynny yn erbyn tîm Cymru A, pan wnaeth e ddamsgin ar Derwyn ar lawr, chafodd Wiese ddim ei gosbi ar y pryd ac fe gafodd e aros ar y cae. Fe gafodd Garin Jenkins ei anfon bant cyn diwedd y gêm gan y dyfarnwr, Joël Dumé, ar ôl dod mlân fel eilydd i dalcen y sgrym a rhoi wad i'r mewnwr Joost van der Westhuizen. Fe gafodd Wiese a Garin eu gwahardd o'r gêm am 30 diwrnod. Roedd clo Pencampwyr y Byd yn haeddu llawer mwy na hynny, a'r ddirwy o £9,000 yn ddim ond pisho dryw bach yn y môr i rywun wedd ar gytundeb o £140,000 y flwyddyn fel aelod o garfan ryngwladol y Springboks. Dyna'r math o arian wedd yn cael ei gynnig i chwaraewyr yn Ne Affrica wrth i'r oes newydd wawrio, os nad ein goleuo ni i gyd.

Er i flaenasgellwr Caerdydd, Mark Bennett, gael cais cynnar fe gollon ni'r gêm o 40 i 11. Wedd pum cais i Dde Affrica, yn cynnwys un i'r dihiryn Wiese yng ngêm ola Alec Evans fel hyfforddwr. Fe wnaeth e Jonathan Humphreys yn gapten ar gyfer ei drydedd gêm yn y crys coch, ac fel mae'n digwydd, ei drydedd hefyd ar Ellis Park. Ddiwrnod wedi'r gêm fe aethon ni i Sun City, y ddinas o westai moethus a chyrsiau golff safonol a adeiladwyd ar gost o filiynau yng nghanol y diffeithwch, rhyw ddwy awr o Johannesburg – a chael cwmni rhai o weithwyr y *resort* yn eu caffi nhw eu hunen, mas o olwg y cefnog a'r cyfoethog. Trwy gyd-ddigwyddiad, ar y teledu wedd llunie fideo o gêm Castell-nedd yn erbyn y Springboks fis Tachwedd cyn hynny. Pan ddeallodd y criw lleol fod Chris Wyatt a finne wedi whare yn y gêm honno, fe rannwyd peint neu dri, ac fe wnaeth hynny i fi deimlo'n well – nid y cwrw, ond y ffaith fod yr Affricanwyr yn gwerthfawrogi ymdrech ddi-ildio clwb Castell-nedd wrth sefyll droed wrth droed ac yn wynebau eu cydwladwyr yn y golled o 13 i 16 ym 'Mrwydr y Gnoll'. Maen nhw'n dweud wrtha i fod uchafbwyntiau'r gêm honno, neu i fod yn fanwl gywir, isafbwyntiau'r gêm, i'w gweld o hyd ar y we.

'Nôl yng Nghymru, wedd fawr o glem gan y clybie nac Undeb Rygbi Cymru sut i fynd ynghyd â'r oes broffesiynol newydd yn dilyn sydynrwydd y cyhoeddiad ym Mharis. Mewn gwirionedd, y chwaraewyr wedd yn y sefyllfa ore i fargeinio, a fuodd hi fawr o dro cyn i'r farchnad boethi. Wedd hi'n anodd ar y Gnoll hefyd, wrth i glwb Castell-nedd geisio dod i delere â'r oes newydd, a sylweddoli ar yr un pryd y bydden nhw'n saff o golli rhai o'u sêr rhyngwladol yn y farchnad rydd, heb gael addewid o arian o rywle i dalu chwaraewyr. Trwy orffen y tymor cynt yn y pedwerydd safle, fe enillodd y clwb yr hawl i groesawu Ffiji i'r Gnoll, a dw i'n meddwl taw rywle yng nghanol y tabl wên ni pan drechon ni nhw o 30 i 22 ac o fewn wythnos i ben-blwydd y frwydyr yn erbyn y Springboks. Mae'n debyg i benderfyniad gael ei neud gan Undeb Rygbi Cymru i difeio pawb wedd ynghlwm â'r digwyddiadau ar y noson dywyll honno ar y Gnoll yn ystod y gêm yn erbyn De Affrica naw mis cyn hynny. Ond dim ond ar ôl i glwb Castell-nedd fynnu bod y penderfyniad yn dod yn wybodaeth gyhoeddus y daeth y datganiad swyddogol, a hynny rai orie cyn y gêm yn erbyn yr Ynyswyr.

Oherwydd i fi dderbyn anaf i fy asennau mewn gêm yn

erbyn Pontypridd y Sadwrn canlynol, fe dynnes i mas o baratoadau Cymru i wynebu Ffiji ddechre mis Tachwedd. Wedd hynny ond yn deg i bawb, ond mor hawdd fydde hi wedi bod i ddechre'r gêm, smalio anaf a hercian bant ar ôl deng munud i chwarter awr, a phocedu dros £2,000, sef yr arian a gâi ei dalu i chwaraewyr am gynrychioli eu gwlad yn y misoedd cynta hynny wedi i'r gêm droi'n broffesiynol. Fe fydde hi wedi bod yn hawdd manteisio ar drefniant sigledig o dalu chwaraewyr a fydde'n clymu eu sgidie a chamu i'r cae, tase hynny ond am rai munudau, mewn gêm ryngwladol. Wnes i ddim manteisio, ond wedd hyn eto yn enghraifft, yn ôl y *Western Mail*, o'r modd hastus ac annheg yr aeth Undeb Rygbi Cymru ati i geisio dal gafael ar chwaraewyr.

Gofynnwyd i hyfforddwr tîm A Cymru, Kevin Bowring, gymryd gofal o'r paratoadau ar gyfer y gêm yn erbyn Ffiji ac, yn dilyn y fuddugoliaeth, fe'i penodwyd yn hyfforddwr ar y tîm cenedlaethol – yn wir, yr hyfforddwr proffesiynol cyflogedig llawn-amser cynta i Undeb Rygbi Cymru. Gwawr newydd arall, talentau newydd, ac awydd i redeg a lledu'r bêl. Ond yn fwy na hynny, wedd Bowring yr un mor awyddus i weld chwaraewyr yn mynegi eu hunen a dangos na wedd ofon arnyn nhw i neud penderfyniade ac i beidio bod ag ofon herio'r gwrthwynebwyr chwaith. Mewn geirie eraill, dychwelyd at y math o whare wedd wedi dod â llwyddiant yn y 1970au, sef whare gyda mwy o ryddid a dychymyg. Wedd gyda fi ddim problem gyda hynny, achos wedd y math yna o gêm ddim yn wahanol i'r whare wedd wedi dod â llwyddiant i Gastell-nedd o dan Ron Waldron rai blynyddoedd ynghynt.

A finne'n holliach, wên i'n falch o dderbyn yr alwad gan Kevin Bowring i ymuno â'r garfan ryngwladol i baratoi ar gyfer gêm gyfeillgar yn erbyn yr Eidal ganol Ionawr. Daeth gweledigaeth Bowring fel chwa o awyr iach ac fe welwyd yr anturiaeth newydd ar waith yng ngêm gynta'r hyfforddwr newydd wrth y llyw yn erbyn yr Eidalwyr. Wedd capie cynta i Mathew Wintle a Gwyn Jones o Lanelli, i Andrew Lewis o Gaerdydd yn y rheng flân a Leigh Davies, canolwr ifanc

Castell-nedd na fydde'n dathlu ei ben-blwydd yn ugain oed am fis arall, ac Arwel Thomas, wedd hefyd wedi whare gyda fi ar y Gnoll cyn derbyn cytundeb i groesi'r bont ac i Fryste yn yr hydref. Wedd clybie Lloegr eisoes yn chwifio'r llyfr main! Eto, wedd yr ymwelwyr yr un mor awyddus i brofi eu bod nhw'n deilwng o le ym Mhencampwriaeth y Pum Gwlad ar ôl dod o fewn deg pwynt i ni yng Nghaerdydd dri mis ynghynt yn y gêm gymhwyso ar gyfer Cwpan y Byd. Ond Arwel ddaliodd y llygad, ac os wedd Bowring i droi'r cloc yn ôl i'r 1970au, wedd e wedi dod o hyd i rif deg wedd yn sicr yn atgoffa rhywun o faswyr twyllodrus a llithrig y cyfnod hwnnw. Wedd 16 pwynt iddo fe ac er i'r Eidalwyr ddod yn ôl o fewn pum pwynt erbyn y diwedd, wedd pawb yn gytûn taw ein diffyg profiad ni o whare fel tîm wedd i gyfri am hynny. Fe orffennodd hi yn 31–26 ar ôl i ni fod ar y blân ar un adeg o 31 i 6.

Daeth Terry Cobner yn gyfarwyddwr rygbi Undeb Rygbi Cymru ym mis Ionawr 1996 ac yn dal yn y cefndir, wrth gwrs, wedd yr holl fater o gytundeb a chyflog, gyda Chadeirydd Undeb Rygbi Cymru, Vernon Pugh ei hunan, bryd hynny ddim yn rhag-weld cyfloge mawr i chwaraewyr. Ar fy nghais i, fe ges i wahoddiad i'w gartre yng Nghaerdydd, ac fe ddes i oddi yno dipyn yn hapusach, gyda chytundeb Swyddog Datblygu ar ran yr Undeb yn fy mhoced. Bydde car yn dod gyda'r swydd hefyd a fydde'n fy ngalluogi i deithio 'nôl a mlân i Gaerdydd ar gyfer sesiynau ymarfer fel bo'r galw. Dw i ddim yn credu i Vernon sylweddoli, yn fwy na gweinyddwyr y clybie yng Nghymru bryd hynny, fod arian mawr yn cael ei gynnig eisoes gan glybie Lloegr i chwaraewyr o Gymru. Wedd dynion busnes â phocedi dyfnion y tu hwnt i'r bont yn gweld eu cyfle ac yn dechre buddsoddi'n sylweddol mewn clybie fel Harlequins, Saracens a Richmond.

Ymunodd Arwel Thomas â chlwb Bryste am na fedrai clwb Castell-nedd gynnig dim byd tebyg i'r arian wedd e'n cael ei gynnig gan y clwb o orllewin Lloegr – hynny a *sports car* coch, yn ôl y sôn. Ac erbyn i Arwel gamu i'r Maes Cenedlaethol yng Nghaerdydd am y tro cynta ym Mhencampwriaeth y

Pum Gwlad ar yr 17eg o Chwefror, 1996, wedd ei enw'n cael ei gysylltu hefyd â'r Harlequins yn Llunden a sôn amdano fel y chwaraewr cynta o Gymru a fedrai hawlio enillion o £100,000 y flwyddyn. Wedd e wedi disgleirio yn erbyn y Saeson yn Twickenham pan ddaethon ni o fewn un sgôr i'w trechu bythefnos cyn hynny. Wedd y gobeithion yn naturiol yn uchel am fuddugoliaeth yn erbyn yr Albanwyr ar ein tomen ein hunen. Ond yr Albanwyr aeth â hi o 16 i 14, gydag Arwel yn methu trosiad hwyr o chwe modfedd yn unig. Cymru, er ein haddewid a whare rygbi deniadol unwaith eto, yn sefydlu record na wedd neb yn falch ohoni, a dod y tîm cynta i golli saith gêm yn olynol ym Mhencampwriaeth y Pum Gwlad. Ond fe ges i unwaith eto fwy o ofod yn y wasg na welodd Arwel rhwng y bêl a'r pyst, yn dilyn digwyddiad naw munud o ddiwedd y gêm a ddisgrifiwyd wedyn gan ein capten, Jonathan Humphreys, fel y trobwynt yn y gêm. Flwyddyn union i'r diwrnod y gwelais i goch yng Nghaerdydd yn erbyn y Saeson, fe ddaeth y llumanwr i mewn unwaith eto i gael gair â'r dyfarnwr. Unwaith yn rhagor, Ffrancwr, Joël Dumé y tro hwn, wedd yn dyfarnu. Wedd cic gosb i Gymru o fewn cyrraedd y pyst a'r sgôr yn 9 yr un, pan drodd Dumé i'r cyfeiriad arall a rhoi cic gosb i'r Albanwyr oherwydd i'r llumanwr weld Cymro'n anelu cic at ben yr asgellwr Michael Dods.

Aeth y dyfarnwr ddim i'w boced i chwilio am gerdyn, ac fe wyddwn i nad fi wedd ar fai am y drosedd. Wnes i ddim meddwl mwy am y digwyddiad nes i fi gyrraedd adre drannoeth i glywed y ffôn yn canu'n ddi-baid, a phobol yn sôn am yr hyn wên nhw wedi'i ddarllen yn y wasg am y digwyddiad a'r awgrym eto taw fi wedd ar fai. Allwn i ddim credu'r peth, na chwaith pam wedd y bys yn cael ei bwyntio ata i. Nid fi a enwyd gan y llumanwr. Fe ddywedodd Dumé yn union wrth y capten pwy wedd ar fai, ac nid fi wedd hwnnw. Erbyn heddi, wrth gwrs, ma rhywun yn medru clywed pob gair o'r drafodaeth rhwng llumanwr a dyfarnwr a chapten, ond dyfalu'n unig wnaeth y dynion papur newydd y diwrnod hwnnw, a dyfalu'n anghywir. Ond dyma fi eto yn cael y bai am fod Cymru wedi colli. Wedd Arwel wedi methu gôl gosb a throsiad, ac fe ollyngwyd ambell bàs wrth i ni fabwysiadu cynllun Bowring o redeg a lledu'r bêl. Ond yn ôl y wasg yng Nghymru a thu hwnt, wedd Cymru wedi colli'r gêm oherwydd un digwyddiad, a phrop Castell-nedd, John Davies, gas y bai, ar gam, am y digwyddiad hwnnw.

Wên i'n grac? Wên. A dweud y gwir, wên i'n benwan. Ma rhywun yn rhoi o'i ore mewn gêm ryngwladol, ac yn dod bant o'r cae gan feddwl bod y cyfan drosodd. Ond wedyn ma rhywbeth fel hyn yn digwydd ac ma'n rhaid troi'r peth drosodd yn y meddwl, ail-fyw'r digwyddiad, cyn ceisio canolbwyntio ar y gêm nesa. Bob dydd am wythnos a mwy wedi'r gêm yn erbyn yr Alban, testun pob sgwrs wedd y digwyddiad hwnnw, a'r cwestiwn amlwg fydde'n dod gyda gwên a winc, "Ai ti wedd ar fai 'te?" a'r ateb bob tro, hyd at syrffed bron, wedd "Nage!"

Fe gymerais i 'nghosb pan anfonwyd fi o'r cae yn erbyn Lloegr ddeuddeng mis cyn hynny, ac fe ddes i 'nôl yn gryfach fel person ac fel chwaraewr. Wên i'n ymwybodol iawn y galle cael yr enw am fod yn chwaraewr brwnt amharu ar fy ngyrfa i, a nawr bod y gêm yn agored ac yn broffesiynol, fe alle gostio fy mywoliaeth i fi hefyd. Ond diolch i'r drefen, fe ges i bob cefnogaeth gan y bobol wedd bwysica i fi, sef y teulu a'r cefnogwyr.

Fe bwysleisies i eto na fues i erioed yn chwaraewr brwnt, ac eto wedd ffrind o ffarmwr i fi bant yn Lloegr wythnos wedi'r gêm yn erbyn yr Alban a rhywun wedi dweud wrtho mewn sgwrs, "I see John Davies has been at it again!" Wedd hi ddim yn ddierth wrth gwrs i ddynion papur newydd gytuno ymysg ei gilydd pwy wedd ar fai, gan eu bod nhw â'u penne i lawr yn ysgrifennu ar adeg y digwyddiad tyngedfennol. Trwy lwc, erbyn heddi, sdim modd sychu trwyn yn llewys eich crys heb fod 'na ryw gamera arnoch chi, a'r digwyddiad hwnnw'n cael ei whare trosodd a thro ar sgrin fawr. Ac ma hynny'n ddatblygiad i'w groesawu – rhag i'r dieuog gael ei gosbi.

Gorfod i fi fod yn ofalus iawn, serch hynny, wrth feddwl am y siwrne i Ddulyn ymhen pythefnos, ac yn y gêm yn erbyn Iwerddon a gollwyd o 30 i 17. Ac er cystal dau gais Ieuan Evans, wên i'n ymwybodol y galle llyged pawb fod arna i. Sdim dwywaith i'r digwyddiad hwnnw yng Nghaerdydd amharu ar fy mharatoadau, a wên i'n teimlo'n ddigon isel wrth sylweddoli erbyn diwedd y gêm bod y record o golli gêmau yn y Pum Gwlad erbyn hynny wedi'i hymestyn o saith o'r bron, i wyth.

Ein hamddiffyn wedd wedi'n gadael ni i lawr yn Nulyn pan wnaethon ni adael i'r Gwyddelod gael pedwar cais. Talodd Wayne Proctor ac Andrew Lewis y pris am golli'r gêm a daeth Gareth Thomas i mewn ar yr asgell a Christian Loader i'r rheng flân ar gyfer gêm ola'r tymor yn erbyn y Ffrancwyr. Wedd Terry Cobner, Cyfarwyddwr Rygbi'r Undeb, wedi bod yn dawel yn y cefndir yn ystod yr wythnose cynta ers ei benodiad ym mis Ionawr ond, a ninne mewn perygl o golli pob gêm yn y Bencampwriaeth, fe gawson ni bryd o dafod go iawn ganddo fe yn y dyddie cyn i ni wynebu Ffrainc yng Nghaerdydd. Ni'r blaenwyr yn benodol ddaeth dan y lach, ac fe ddwedodd Phil Bennett mewn erthygl yn y *Sunday Mirror* ddiwrnod ar ôl i ni drechu'r Ffrancwyr o 16 i 15 nad cyd-ddigwyddiad wedd hi fod Gareth Llewellyn a Jonathan Humphreys wedi cael eu gêm ore yn y crys coch. Yn ôl Phil, wedd angen rhywun fel Cobner, a wedd yn chwaraewr caled a gwydn yn ei ddydd, i atgoffa blaenwyr Cymru bod angen whare'n galed a digyfaddawd a chystadlu ym mhob agwedd o'r gêm os am ennill y math o bêl a fydde'n caniatáu i Bowring whare'r gêm lydan, agored wedd e'n ei dymuno. Dyna'n union wnaethon ni i sicrhau ein buddugoliaeth gynta mewn naw gêm yn y Pum Gwlad. Doedd dim Pencampwriaeth i Ffrainc, ac fe wnaethon ninne osgoi'r Llwy Bren, diolch i gic gosb Neil Jenkins saith munud cyn y chwiban ola.

Teitl yr erthygl yn y *Sunday Mirror* yn hytrach na'i chynnwys wnaeth ddal fy sylw i serch hynny – 'Mad Cobs Disease'. Falle taw whare ar eiriau wedd yr awdur, ond 'nôl yng Nghilrhue wên ni fel y gymuned amaethyddol ar draws y wlad y penwythnos hwnnw yng ngafael y pryderon ynghylch BSE, neu glefyd y gwartheg gwallgo, ac o fewn pythefnos fe ddaeth gwaharddiad ar allforio cig eidion o Brydain. Wedd hyder y diwydiant yn isel wrth i bris gwartheg iach o'r clefyd ddisgyn fel carreg i ffynnon. Wedd dim rheswm am hynny ond bod y posibilrwydd lleia y galle'r clefyd gael ei drosglwyddo o anifail i ddyn yn un real yn nhyb y cyhoedd ac yn troi pobol rhag bwyta cig coch. Wedd hi'n anodd canolbwyntio ar y rygbi weithie, a wedd comisiynwyr y Gymuned Ewropeaidd hyd yn oed yn is na dyfarnwyr rygbi o Ffrainc ar fy rhestr o hoff bobol.

Wên i mewn llawer gwell sefyllfa na nifer o ffrindie, boed y rheiny'n chwaraewyr rygbi neu'n ffermwyr, gan 'mod i'n cael fy nhalu fel Swyddog Datblygu ar ran Undeb Rygbi Cymru yn ogystal â chyfrannu at waith y ffarm. Ymdrech Undeb Rygbi Cymru i gadw chwaraewyr yng Nghymru wedd penodi rhai ohonon ni'n swyddogion datblygu a wedd clwb Castell-nedd hefyd yn cyfrannu at fy nghyflog i yn y tymor cynta hwnnw wedi i'r gêm droi'n broffesiynol. Yr hyn na wyddwn i, wrth dderbyn swydd Undeb Rygbi Cymru, wedd hyd a lled y cytundeb yn fwy na'r dishgwyl i gyflawni dyletswyddau datblygu'r gêm. Wên i wrth fy modd pan sylweddoles i fod defnydd o gar yn dod gyda'r swydd. Ma rhywun yn cael ei ddallu bron heddi wrth weld y ceir drudfawr sydd at ddefnydd sêr y cae rygbi, a phob lwc iddyn nhw, ond Volkswagen Passat wedd y car at fy nefnydd i. Fe gafodd hwnnw wres ei draed wrth fy ngharío i 'nôl a mlân ar hyd a lled de a de-orllewin Cymru. Fe fydde fe'n tuchan ei anfodlonrwydd yn amal ar y rhiwie rhwng Cilrhue a Chaerfyrddin, ond wedd e yn ei elfen ar hyd yr M4 wrth anelu am y Gnoll neu i gyfeiriad y brifddinas ar gyfer sesiynau ymarfer.

Ddwywaith yr wythnos, falle deirgwaith, fe fydden i'n codi am hanner awr wedi pump y bore i odro 150 o wartheg cyn gyrru i Gaerdydd i ymarfer gyda charfan Cymru – naill ai i Ganolfan David Lloyd ar gyfer sesiynau codi pwyse neu i gae clwb Crwydriaid Morgannwg i ymarfer sgiliau a thactegau gyda'r garfan lawn. Fe fydden i'n gadael y tŷ tua hanner awr wedi saith a chyrraedd Caerdydd rhwng naw a hanner awr wedi, yn dibynnu ar y traffig. Awr o godi pwyse ac yna gyrru adre at waith y ffarm tuag amser cinio, cyn dychwelyd i ymarfer gyda chlwb Castell-nedd, a fydde'n ymarfer deirgwaith yr wythnos.

Fe feddyliodd y newyddiadurwr Gareth Roberts y bydde fy mhrofiad yn neud stori dda i'w golofn yn y *Western Mail*, a'r ffordd ore o neud ei ymchwil fydde fy nilyn i am ddiwrnod. Fe arhosodd e yng Nghilrhue y noson cynt, a 'nilyn i o gwmpas y ffarm cyn ac adeg godro drannoeth, cyn troi trwyn y Passat am Gaerdydd. Digon yw dweud bod Gareth wedi manteisio ar awr o gwsg ar ôl dychwelyd adre amser cinio i Gilrhue tra wên i mas yn neud yr hyn wedd ei angen ar y ffarm. Rhaid i fi gyfadde, weithie fyddwn i ddim yn trafferthu dychwelyd adre ar ôl y siwrne i Gaerdydd ond yn mynd yn syth i'r Gnoll, a dwyn awr neu ddwy o gwsg fy hunan cyn ailgydio yn yr ymarfer gyda Chastell-nedd. Wedd y Passat ddim yn achwyn chwaith.

Allwn i ddim cwyno, oherwydd dyma wedd y drefen. Y gwir amdani wedd fod Dave Clark, hyfforddwr cryfder a ffitrwydd newydd yr Undeb, yn cael ei dalu am neud yn siŵr ein bod ni'n dilyn y gyfundrefn ymarfer wedd e wedi'i darparu, a'r unig ffordd o neud yn siŵr fod hynny'n digwydd wedd ein cael ni i ddod i Gaerdydd ddwywaith neu dair yr wythnos. Wedd hyn yn wastraffus o ran amser ac adnodde, ond dyna sy'n digwydd wrth geisio bodloni dau feistr. Erbyn heddi, wrth gwrs, ma'r cyfan wedi newid, ac ma dealltwriaeth a chytundeb rhwng yr Undeb a'r rhanbarthau ynglŷn â defnydd o amser y chwaraewyr. Wedd neb fel tasen nhw'n deall bryd hynny fod gorffwys er mwyn atgyfnerthu'r corff yr un mor bwysig â'r ymarfer, a sdim dwywaith fod y drefen yma wedi dweud ar y chwaraewyr pan ddaeth hi i'r gêmau rhyngwladol.

Penodwyd Dave Clark, o Dde Affrica yn wreiddiol, wedi i'r gêm droi'n broffesiynol ym 1995. At ei ddyletswyddau i'n cryfhau a'n hystwytho ni chwaraewyr yn gorfforol ac yn feddyliol wedd yr angen i'n cynghori ni ar yr hyn y dylsen, a'r hyn na ddylsen ni, ei fwyta. Yn rhyfedd, ches i ddim trafferth gyda fy mhwyse tra wên i'n cyfuno ffarmo gyda rygbi, ond yn y cyfnode hynny pan fydden ni fel carfan yn treulio amser gyda'n gilydd yng ngwesty'r Copthorne ar gyrion Caerdydd, a phan wedd brechdane ham a mwstard yn ormod o demtasiwn, fydde hi ddim yn anghyffredin i rai ohonon ni ychwanegu hyd at hanner stôn o bwyse bron dros nos. Cyn hyn, dim ond dau fath o fwyd wên i'n ei ddeall yn blentyn yng Nghilrhue – 'bwyd milgi' a 'bwyd ceffyl'. Ond 'bwyd milgi, gwaith milgi, a bwyd ceffyl, gwaith ceffyl' yw'r hen ddywediad cyfarwydd yng nghefen gwlad. Bydd ffermwyr yn deall beth dw i'n sôn amdano.

Enillodd Castell-nedd bob gêm wedi'r Nadolig, ond rownd derfynol y Cwpan, i godi Tlws y Brif Adran yn nhymor cynta'r oes broffesiynol. Gan fod Caerdydd a ninne'n gyfartal ar frig y tabl gyda 67 pwynt yr un o 21 gêm, wedd rhaid i ni drechu Pontypridd a chroesi am saith cais cyn y gallen ni alw'n hunen yn Bencampwyr. Wedd Pontypridd eisoes wedi cael y gore arnon ni yn rownd derfynol y Cwpan ychydig dros wythnos cyn hynny, a fuodd y Bencampwriaeth erioed yn y fantol hyd at gêm ola'r tymor mewn chwe blynedd o hanes y Cynghreiriau. Ond wedd rhaid i Gaerdydd, y deiliaid, drechu Llanelli a chroesi am 13 o geisie ar Barc yr Arfau os wên nhw am ddal gafael ar y Bencampwriaeth gan fod gan Gastell-nedd fantais o chwe chais cyn gêm ola'r tymor. Fe wnaeth Caerdydd yn dda i gael 11 cais ond wedd y cefnogwyr ar y Gnoll ar eu traed yn dathlu ymhell cyn i'r wythwr, Steve Williams, gyrraedd y lein am y seithfed cais hollbwysig a thalu'r pwyth i Bontypridd am ein trechu ni yn y Cwpan ddyddie ynghynt.

Mae'n bosib na fydde Castell-nedd wedi ennill y Gynghrair oni bai fod y system newydd o bwyntiau bonws wedi'i chyflwyno ar ddechre'r tymor. Sdim dwywaith fod y system newydd wedi cynnal diddordeb y cefnogwyr drwy gydol y tymor, a chymaint wedd y diddordeb ar y nosweth ola fel bod y ddwy gêm yn digwydd ar ddwy sianel deledu ar yr un pryd. Wedd Caerdydd wedi ennill un gêm yn fwy na ni, ond trwy ledu'r bêl, cael y blaenwyr yn gyflym at y bêl rydd ac ymestyn amddiffynfeydd, fe ddaeth y pwyntiau bonws – un am groesi deirgwaith, dau am bum cais a thri am saith neu fwy – a daeth Cwpan y Cynghreiriau Cenedlaethol yn ôl i'r Gnoll am yr eildro. Fe ddaeth siec o £31,500 hefyd, sef y wobr am gymryd rhan ac ennill y Bencampwriaeth. Hon wedd gêm ola'r brodyr Llewellyn, Gareth a Glyn, i Gastell-nedd, ac wedd hi'n briodol iawn bod y dorf ar eu traed i gydnabod eu gwasanaeth pan ddaethon nhw i'r cae, a hefyd pan ddaethon nhw bant o'r cae. Wedd Gareth wedi derbyn cynnig gan yr Harlequins yn Llunden, fel ei frawd Glyn wedi i'w drafodaethau gyda'r Wasps dorri i lawr. Fe fyddwn i, yn fwy na neb, yn gweld eu colli. Wedd Gareth wedi bod yn gapten ardderchog am bedwar tymor, a wedd ynte a finne wedi whare gyda'n gilydd ers dyddie Ieuenctid Cymru o dan Ron Waldron.

Rhwng y cŵn a'r brain

YN SYDYN, WEDD hi'n amser cyffrous i chwaraewr rygbi proffesiynol yng Nghymru achos wedd hi'n amlwg taw yn Lloegr wedd yr arian mawr. Y clybie wedd wedi denu'n sêr amlyca ni dros y blynyddoedd wedd clybie rygbi tri ar ddeg gogledd Lloegr, ond nid yno wedd yr arian bellach ond yn hytrach yn y gêm bymtheg dyn. Daeth dynion busnes cefnog megis Syr John Hall wedd hefyd yn berchen ar glwb pêl-droed Newcastle, Tom Walkinshaw, Nigel Wray, Chris Wright ac Ashley Levett, dynion na chlywais i erioed amdanyn nhw, i mewn i'r gêm ac arllwys eu harian i mewn i glybie megis Newcastle, Caerloyw, Saracens, Wasps a Richmond. Dynion â llygad at fusnes a'r cyfleoedd fydde'n cael eu cynnig gan rygbi proffesiynol i neud ceiniog neu ddwy wên nhw, yn hytrach na dynion wedd â phrofiad o redeg clybie rygbi.

Wedd y dynion hynny'n brin yng Nghymru, ac fe gafodd Castell-nedd hi'n anodd i ddal gafael mewn chwaraewyr yn yr oes broffesiynol newydd o'r dechre'n deg. Gadawodd Gareth a Glyn Llewellyn am Lunden ac fe arwyddodd y canolwr Leigh Davies i Gaerdydd, yr unig glwb yng Nghymru a alle gystadlu'n ariannol â chlybie mawr Lloegr. Gorffennodd Brian Thomas fel cyfarwyddwr rygbi'r clwb ac fe gymerodd Darryl Jones at rai o ddyletswydde 'Twmas', yn ogystal ag arwain y tîm hyfforddi. Wedd rhaid torri'r siwt yn ôl y brethyn. Wedd gan y clwb ddim noddwr ariannol a wedd hi ddim yn syndod fod nifer o chwaraewyr yn denu sylw'r clybie cyfoethog y tu fas i Gymru, a finne yn eu plith, gwta wythnos wedi i Gastell-nedd sicrhau Pencampwriaeth gynta'r Gynghrair Heineken newydd.

Fe ddaeth galwad ffôn i Gilrhue un bore oddi wrth Nigel Wray, perchennog y Saracens, yn gofyn a fydde gen i ddiddordeb ymuno â'r clwb wedd am gryfhau'r rheng flân. Fe ddwedes i y bydden i'n barod i siarad. Erbyn amser te wedd Nigel Wray yn ishte gyferbyn â fi wrth ford y gegin yng Nghilrhue gyda chwpaned o de yn ei law, bara brith ar ei blat, a'i *chauffeur* yn ishte yn y car drud ar y clos tu fas. O 'mlân i wedd cytundeb yn barod i'w arwyddo, a *fountain pen* wedi'i gosod yn gyfleus wrth ei ochor. Wên i'n gallu gweld bod y cynnig yn un da, wrth i fi ddilyn y *noughts* â fy llyged a'u cyfri nhw yr eildro er mwyn neud yn siŵr 'mod i wedi darllen yn iawn y tro cynta. Wedd y Ffrancwr Philippe Sella, Michael Lynagh, cyn-gapten Awstralia ynghyd â Tony Copsey, clo Llanelli, wedi arwyddo eisoes, ond allwn i ddim codi 'mhac dros nos. Wedd cymaint o bethe i'w trafod cyn y gallwn i hyd yn oed feddwl am dderbyn cynnig y Saracens, er mor hael wedd e. Yn flaena i'r holl ystyriaethau wedd dyfodol y ffarm, a wedd Nigel Wray'n deall yn iawn cyn iddo gyrraedd iet y clos y noson honno na allwn i dderbyn heb gael amser i feddwl, ac i drafod gyda'r teulu. Ta beth, dyw ffermwyr ddim yn nodedig am ddod i benderfyniad ar chwiw.

Dyw hi ddim yn gyfrinach erbyn hyn, ond wedd cytundeb y Saracens dros £300,000 am dri thymor, a bydde fe wedi fy ngosod i ymhlith y chwaraewyr rygbi wedd yn ennill y cyflog mwya ym Mhrydain ar y pryd. Tasen i'n derbyn, wrth gwrs. Ar yr un pryd, wedd Undeb Rygbi Cymru yn awyddus iawn i sicrhau cytundebau i'w sêr disgleiria aros yng Nghymru.

Wedd yr Undeb yn cynnig hyd at £40,000 y flwyddyn, am gyfnod o hyd at ddwy neu dair blynedd, mewn ymgais i gadw'i chwaraewyr mwya gwerthfawr rhag dianc dros y Bont. At hyn, ffurfiodd y clybie gwmni, First Division Ltd, gyda'r bwriad o gynnig £35,000 y flwyddyn i ryw 23 o chwaraewyr rhyngwladol. Wedd y clybie'n gobeithio sicrhau'r holl arian yma o hawliau teledu a noddwyr gêmau Ewrop a gêmau'r gynghrair Eingl-Gymreig tase honno'n dod i fodolaeth. Dyna wedd y gobaith, oherwydd dyma fydde bara menyn y clybie.

Wedd hwn yn dir newydd i ni i gyd a wedd gen i fawr o syniad, yn fwy na'r chwaraewr, nesa shwt y bydde pethe'n datblygu yn ystod y tymor. Wên i'n 26 oed, ac os wedd e'n wir beth wedd yn cael ei ddweud am brop, wedd fy mlynyddoedd gore o 'mlân i! Wnes i o ddifri ystyried cynnig y Saracens? Do, fe wnes i, o gofio pa mor anodd fuodd hi i losgi dau pen y gannwyll y tymor cynt wrth geisio cadw trefen ar y ffarm, a neud fy ngore i Gastell-nedd a Chymru. Wedd y ffigure ar gytundeb Nigel Wray yn dawnsio fwyfwy o flân fy llyged i wedi i fi gael ar ddeall na wên i ar y gris ucha o gytundebau wedd yr Undeb yn eu cynnig.

£30,000 am gyfnod o flwyddyn yn unig wedd y cynnig i fi, gyda Chaerdydd yn ganolfan waith, ac addewid pellach o £1,000 bob tro y bydden i'n gwisgo crys coch Cymru, a £1,000 arall am ennill. Wedd gen i fy nghytundeb Swyddog Datblygu gwerth rhwng £8,000 a £10,000 a'r hyn y galle Castell-nedd ei gynnig o fewn First Division Ltd, tase rhywbeth yn dod o'r fenter honno. Ar yr ochr arall, wrth gwrs, wedd rhaid i fi ystyried coste cyflogi rhywun i neud y gwaith yn fy lle i ar y ffarm achos, o brofiad y misoedd cynt, wedd pethe ond yn arwain i un cyfeiriad – a 'Thre-din' wedd pen draw'r ffordd honno!

Wên i'n cael fy nghydnabod gyda'r gore yn fy safle ar draws y byd bryd hynny. Wnes i ddim rhoi rhyw goel fawr ar gymeradwyaeth fel'ny erioed ond fe fydde cyfle'n fuan iawn i fi brofi hynny yn Awstralia. Ond fe wnes i, fel sawl un arall, wrthod arwyddo'r cytundeb, yn llythrennol tan y funud ola. Wedd ensyniad, os nad bygythiad, na fyddwn i'n cael fy ystyried ar gyfer anrhydeddau rhyngwladol pellach tasen i'n gwrthod arwyddo'r cytundeb. Ni ddwedwyd hynny mewn cynifer o eirie, ond ddigwyddodd dim byd wedi hynny i neud i fi newid fy meddwl.

Wên ni i gyd fel chwaraewyr yn y cylch pedair blynedd, o Gwpan y Byd i Gwpan y Byd erbyn hynny, ond o dderbyn cytundeb blwyddyn yn unig ym 1996, wên i ddim yn cael y teimlad rywsut 'mod i yng nghynll),)uniau'r tîm hyfforddi gogyfer â'r tymor hir. Wên i'n ceisio rhesymu ar yr un pryd, sut y galle rhywun ddweud bod chwaraewr ar gytundeb o dair blynedd yn fwy na blwyddyn yn mynd i gyflawni ei botensial ar union adeg Cwpan y Byd nesa, na phenderfynu beth yw gwerth y chwaraewyr hynny. Ac fe wyddwn i hefyd fod y bachan wên i'n clymu bôn braich ag e yn y rheng flân yn ennill £10,000 yn fwy na'r hyn wên i'n mynd i'w gael. Wên i'n mynd i ddala 'nôl, a gofyn i hwnnw, ac ynte'n ennill mwy na fi, fynd lawr ar bêl rydd a falle cael ei ddamsgin gan y tîm arall? Na wên, wrth gwrs.

Saracens £300,000 offer to Davies

Wales star target for big spenders

Wedd fy mhen i'n troi pan es i Gaerdydd i arwyddo'r cytundeb oherwydd ar yr union ddiwrnod hwnnw wedd yna *exclusive* yn y *South Wales Evening Post* mewn llythrennau bras yn cadarnhau 'Saracens £300,000 offer to Davies'. Ond ar yr 22ain o Fai, 1996, arwyddo'r cytundeb wnes i ac o fewn oriau i adael am Lunden a'r daith i Awstralia, nid rownd y bwrdd yn swyddfeydd yr Undeb, na chwaith o gwmpas ford y gegin yng Nghilrhue, ond yn hytrach yn stafell y dyfarnwr o dan yr eisteddle yn yr hen Faes Cenedlaethol yng Nghaerdydd. Wên i'n dadle y galle fy ngyrfa ryngwladol i yn y tymor hir fod mewn perygl o beidio ag arwyddo'r cytundeb, ond o fod y tu mewn i'r garfan o hyd fe allwn i neud yn siŵr fod fy nyfodol yn fy nwylo i fy hunan. Cymaint i'w ystyried, cymaint o gecru, cymaint o ansicrwydd.

144

Alla i ddim â phwysleisio gormod pa mor amaturaidd wedd y trafod, ond fel 'na wedd hi yn y deuddeg mis wedi i'r gêm fynd yn agored dros nos yn Awst 1995. A wedd bygythiad na fydde rhywun wedd yn dilyn gyrfa tu fas i Gymru yn cael ei ystyried ar gyfer y tîm cenedlaethol. Gan 'mod i ar dân i ennill rhagor o gapie rhyngwladol, gwrthod cynnig y Saracens wnes i. Fe ddringes i mewn i'r bws a gadael am Lunden ar y ffordd i Awstralia ar ôl gwrthod y cyfle i ennill dros £100,000 y flwyddyn, a hynny 'nôl ym 1996, ar gryfder addewid am, ar y mwya, £60,000 y flwyddyn, sef yr hyn a gynigiwyd gan yr Undeb a'r hyn y gallai clwb Castell-nedd yng nghanol ei drafferthion ariannol ei fforddio, a'r posibilrwydd o ennill rhagor o gapie rhyngwladol. Byddech chi'n meddwl 'mod i'n graig o arian!

Y peth pwysica i bob chwaraewr o Gymro yw cael gwisgo'r 'crys' ac os oes rhywun yn ddigon da i whare dros Gymru, fe all e fod yn whare i glwb yn Timbuktu o ran hynny, fel y profwyd erbyn hyn gyda chwaraewyr sy'n ennill eu bara menyn – a'u jam – yn Ffrainc, heb sôn am Loegr. Mae'r oes wedi newid a hynny er gwell ond, bryd hynny, nid dyna wedd y ffordd i bobol broffesiynol drin pobol eraill wedd eu hunen yn 'broffesiynol' mewn enw, oherwydd taw whare rygbi wedd eu 'proffesiwn'.

Erbyn hyn, ma gan bob chwaraewr ei asiant i edrych ar ôl ei fuddiannau, sydd ond yn deg, gan adael y chwaraewr i ganolbwyntio ar yr hyn mae e'n ei neud ore, sef whare. Fe adawodd y profiad hwnnw ar yr hen Faes Cenedlaethol flas cas yn fy ngheg i oherwydd wedd e'n ddim mwy na blacmêl, a wedd gen i fawr o olwg ar Terry Cobner, er cystal chwaraewr wedd e yn ei ddydd.

Falle dylwn i fod wedi rhwygo'r cytundeb a neud safiad achos, fel trodd pethe mas, wedd y daith i Awstralia yn hunllefus. Wedd Awstralia ddim wedi whare gêm ryngwladol am yn agos i flwyddyn, ond wên nhw'n llawer rhy gryf i ni. Wên nhw hefyd yn fwy corfforol, fel y profon nhw yn y prawf cynta yn Brisbane, gyda Joe Roff, asgellwr fel rheol, yn chwe troedfedd tair modfedd ac un stôn ar bymtheg yng nghanol y cae. Collwyd y prawf o 56 i 25, ac er i fi ddechre'r gêm, Lyndon Mustoe gafodd ei ddewis ar gyfer yr ail brawf, a gollwyd unwaith eto o 42 i 3. I neud pethe'n waeth, fe gollon ni dair mas o'r pump gêm yn erbyn taleithiau Awstralia ac un arall yn erbyn tîm B Awstralia yn Brisbane. Y prawf cynta yn Brisbane wedd y cynta i'w whare yn dilyn diwygio'r rheole i orfodi'r rheng ôl i beidio â thorri o sgrym hyd nes fod y bêl mas. Fel y dwedodd yr hyfforddwr Kevin Bowring wedi hynny, wedd y gêm yn debycach i bêl-droed Americanaidd. "It is all about yardage, and our offensive team is also having to do a lot of defending."

Wên i ddim ar fy ngore yn Awstralia, a finne'n dod trwy bwl o frech yr ieir ac yn diodde o ryw anaf cefen ffwdanus. Ond dych chi ddim yn achwyn os wês cyfle i fynd ar daith, ac nid teithio er mwyn teithio dw i'n ei feddwl. O beidio teithio, ma'r drws ar agor i chwaraewr arall hawlio'r crys, ac ma hynny wedi digwydd i sawl un ar hyd y blynydde. Wedd Garin Jenkins mewn gwaeth cyflwr na fi, ac yn cael gwaith codi ei fraich uwch ei ben. Fe lwyddodd e i daflu llwch i lyged meddyg yr Undeb, ond ma anaf yn siŵr o glapian arnoch chi rywbryd, a gorfod i Garin ddychwelyd adre cyn iddo glymu ei sgidie hyd yn oed. Barry Williams, wedd yn fachwr gyda fi ar y Gnoll ar y pryd, ddaeth mas i gymryd lle Garin, ac ymhen blwyddyn fe fydde fe'n teithio gyda'r Llewod i Dde Affrica.

Falle dylwn i fod wedi derbyn cynnig y Saracens, ac fe groesodd hynny fy meddwl i fwy nag unwaith yn ystod y daith ond, fel dwedes i, fyddwn i byth yn gwrthod cyfle i whare dros 'y ngwlad. Fe brofes i hynny ddwy flynedd yn ddiweddarach pan dderbynies i wahoddiad i deithio i Dde Affrica pan wedd nifer eraill yn gwrthod neu'n methu teithio. Ac yn 27 oed, wên i'n gwbod bod sawl blwyddyn ar ôl ar y lefel ucha. Ond fe wyddwn i hefyd, tase cynnig arall yn dod gan glwb o'r tu fas i Gymru, fe fyddwn i'n rhoi llawer mwy o ystyriaeth iddo, beth bynnag fydde'r bygythiad o gyfeiriad Cymru.

O'r ffreipan i'r tân

WEDD CAERDYDD WEDI cyrraedd rownd derfynol Cwpan Heineken Ewrop yn nhymor cynta'r gystadleuaeth ym 1996 ond tymor 1996/97 wedd blas cynta Castell-nedd o'r gystadleuaeth a drefnwyd ar hast y tymor cynt pan gynrychiolwyd Cymru gan Gaerdydd, Abertawe a Phontypridd yn unig. Erbyn i ni lanio yn Bordeaux ar ddydd Gwener, yr 11eg o Hydref, 1996 wên i'n gapten ar Gastell-nedd, yn cario'r holl gyfrifoldebau, heb sôn am y disgwyliadau sy'n dod gyda hynny. Bedair awr ar hugain yn ddiweddarach wên i'n arwain y tîm ar yr union gae ble wedd Kevin Phillips wedi'n arwain ni bant cyn diwedd y gêm yn dilyn 'Brwydr Brive' ym 1989. Yno wên ni i herio Brive, Pencampwyr Cwpan Ffrainc y tymor cynt. Dyma fydde gêm gynta Castell-nedd yn Ewrop. Wên i'n ddigon ffyddiog wrth groesi'r Sianel gyda charfan ifanc y gallen ni fod yn gystadleuol, ond colli wnaethon ni o 34 i 19. Fe roeson ni dipyn o gêm iddyn nhw – wedd pac mawr trwm gyda ni ac fe glirion ni nhw mas yn y rycie, ond wedd gormod o dalent 'da Brive y tu ôl i'r sgrym, ac fe wnaethon nhw well defnydd o'r bêl. Ar dystiolaeth yr hyn a welodd yr hyfforddwr Darryl Jones, gan ystyried adnodde Brive oddi ar y cae yn ogystal â'n perfformiad ni arno, gyda thîm wedd ond cysgod o hwnnw wnaeth ennill pencampwriaeth Cynghrair Heineken Cymru y tymor cynt, fe wedodd e wrth y *Western Mail* fod rygbi yng Nghymru ddeg mlynedd ar hugain y tu ôl i rygbi yn Ffrainc.

Colli fuodd ein hanes ni yn erbyn yr Harlequins yn Llunden hefyd wythnos yn ddiweddarach, o 44 i 22. Yn y fan honno ar y Stoop y gwawriodd yr oes broffesiynol go iawn ar glwb Castell-nedd. Wedd yr Harlequins wedi'u prynu gan gorfforaeth NEC o Japan am £4.5 miliwn ac yn eu tîm y diwrnod hwnnw wedd y Gwyddelod Jim Staples a Keith Wood, yn y canol wedd Gary Connolly a Robbie Paul – dau gyn-seren rygbi tri ar ddeg – ar y tu fas i Will Carling wedd yn faswr y diwrnod hwnnw, a Huw Harries, cyn-fewnwr Caerdydd. Yn y rheng ôl wedd y Ffrancwr Laurent Cabannes, yn yr ail reng wedd fy hen gyfeillion Gareth a Glyn Llewellyn, ac yn y rheng flân hen gyfaill arall, a chapten y tîm, Jason Leonard. Profiad rhyfedd wedd gweld Gareth a Glyn yn rhedeg mas yn erbyn Castell-nedd, a dw i'n gwbod bod y gêm honno'n un anodd yn emosiynol i'r ddau ohonyn nhw hefyd.

Dau chwaraewr amser llawn wedd ar y Gnoll, a wên i'n un o'r rheiny. Y bachwr Barry Williams wedd y llall. Yng ngharfan yr Harlequins wedd 16 o chwaraewyr amser llawn. Dim syndod falle nad aeth Castell-nedd ymhellach yn y gystadleuaeth. Ond o fwy o ofid i fi wedd cyflwr ariannol y clwb a'r angen i aildrafod cytundebau chwaraewyr. Wedd y clwb wedi amcangyfrif y bydde'r incwm teledu a nawdd rywle tua £850,000, ond wedd dim awch am rygbi Ewropeaidd yng Nghastell-nedd ac wedd y nifer wedd yn dod i'n cefnogi ni yn lleihau. At hynny, wedd y clwb heb dderbyn yr un geiniog gan Undeb Rygbi Cymru erbyn diwedd mis Hydref.

Wên inne eisoes yn gweld colli'r Passat, y car ddaeth gyda'r swydd ddatblygu. O fewn diwrnode i fi ddychwelyd o Awstralia yn yr haf fe aeth y car am wasanaeth. Ddaeth e ddim 'nôl a ches i ddim ateb boddhaol i'r cwestiwn "Pam?" Wedd rhywun eto ddim yn cadw at ei ochr e o'r fargen. Ond fe fues i'n ffodus iawn i dderbyn car nawdd gan garej leol BV Rees o Landudoch. Dw i'n ddyledus iawn i'r teulu Rees, sy'n berchen ar hawlfraint ceir Fiat yn ardal Aberteifi ac sydd wedi bod yn gefnogol iawn i fi ar hyd fy ngyrfa. Dw i'n gwerthfawrogi'r gefnogaeth honno yn fawr iawn hyd heddi.

Wedd pethe'n edrych yn well ar y llwyfan rhyngwladol pan ges i 'newis i garfan Kevin Bowring i ddechre gêm, a'r gynta i Gymru mas yn Rhufain yn erbyn yr Eidalwyr ym mis Hydref. Cap rhif 33. Hon wedd gêm gynta Scott Gibbs ers iddo ddychwelyd i Abertawe o glwb tri ar ddeg St Helens ac fe brofodd ei werth cyn diwedd y gêm drwy hollti amddiffyn yr Eidalwyr, cyn pasio i Gareth Thomas am ei ail gais a'n rhoi ar ben ffordd at fuddugoliaeth. Ar ben ffordd falle, ond Neil Jenkins ddaeth â ni adre gyda gôl gosb hwyr, gyda'r chwaraewyr yn achwyn wedi mis Medi prysur o whare i'w clwb ac ymarfer gyda charfan Cymru eu bod nhw wedi blino. Ond fel hyn fydde hi yn yr oes broffesiynol.

Nid i fi, fodd bynnag, oherwydd heb yn wbod i fi, y gêm yn erbyn yr Eidal fydde fy ngêm ola i o dan Kevin Bowring. Ches i ddim gwbod pam, ond wên i'n rhyw synhwyro bod grymoedd cryfach na Bowring ar waith. Wên i'n pwslo i fi fy hunan pwy wedd yn dewis y garfan mewn gwirionedd. Nid fi wedd yr unig un wedd yn gofyn, oherwydd ymhen blynydde wedyn fe wnes i ddarllen gyda boddhad tawel:

> John was one of only a handful of truly world-class players in the team. However, Bowring wasn't the first Welsh coach to misunderstand the murky world of the front-row.

Ac mewn man arall fe ddarllenais i:

> In Davies, Wales had probably the best player in his position in world rugby. Mr Bowring, however, appeared to care little. Welsh Rugby was to suffer further humiliation without Davies up front.

Mewn llai na deufis fe weles i Dai Young yn dychwelyd at glwb Caerdydd o glwb tri ar ddeg Salford, ac yn cael ei ruthro i mewn i'r tîm cenedlaethol gan Bowring i wynebu Awstralia. Ches i mo fy ystyried ar gyfer Pencampwriaeth y Pum Gwlad yn y flwyddyn newydd, gyda Dai yn dechre pob gêm ar y pen tyn. Ma cystadleuaeth yn beth iach, ond yr hyn a siomodd fi fwya wedd gweld Dai, a'i goes mewn *plaster* chwe diwrnod cyn hynny, yn dechre yn erbyn Lloegr yn y gêm ola yn yr hen stadiwm. Ma Dai yn cyfadde na wedd e'r un chwaraewr pan ddaeth e 'nôl i rygbi'r undeb â wedd e pan aeth e i Leeds saith mlynedd cyn hynny. Wedd blynydde rygbi'r gynghrair wedi gadael eu hôl ar ei gorff. Mae e'n dweud yn gwbwl agored na wedd e'n barod i rygbi rhyngwladol pan ddaeth e 'nôl. Wedd e'n amlwg ddim yn holliach i ddechre yn erbyn y Saeson, a gyda phob cyfiawnhad, fe ofynnais i eto, "Pwy ddiawl sy'n dewis y tîm?" Dw i ddim am funud yn pwyntio'r bys at Dai, oherwydd wedd e gydag un o'r propie gore yn bod, ond o fod y nesa peth i ddim yn saff o fy lle yn y tîm, yn sydyn wên i ar y tu fas. Ond nid gyda Dai wedd fy nghweryl i.

Wedd cweryla ar y Gnoll hefyd, a bygwth cyfreitha rhwng y chwaraewyr a'r clwb, a rhwng y clwb a'r Undeb. Wên inne wedi gwrthod cynnig y Saracens yr haf cynt, ac wedi derbyn y cyfrifoldeb i arwain clwb Castell-nedd ar adeg digon anodd yn nhymor 1996/97. Nid y tymor gore, wedi uchelfannau dechre'r degawd, ond wedd pethe ddim wedi setlo'n iawn ar ôl i'r gêm fynd yn broffesiynol yn 1995.

Wedd carfan Castell-nedd y tymor hwnnw ddim gyda'r cryfa, ac fe gawson ni'n hunen mewn tipyn o frwydyr i sicrhau ein dyfodol ym mhrif adran y Gynghrair Genedlaethol. Yn dilyn penderfyniad Undeb Rygbi Cymru i gwtogi nifer y clybie yn y brif adran, a phedwar clwb i ddisgyn i'r ail adran ar ddiwedd y tymor, wedd Castell-nedd, Pencampwyr a Cynghreiriau y tymor cynt, nawr mewn perygl o fod yn un o'r rheiny gyda Dyfnant, Treorci, Trecelyn a Chaerffili. Wên i'n teimlo bod y chwaraewyr ddim yn mynd ati mewn ffordd broffesiynol; eu bai nhw wedd hynny, nid yr hyfforddwyr. A falle 'mod inne hefyd yn euog o bwyntio bys at eraill yn hytrach nag ata i fy hunan ar brydie. Fe edryches i yn ddigon sifil ar fy hunan, dw i'n cofio, yn agos at ddiwedd y tymor a neud penderfyniad i anghofio fy rhwystredigaethau personol cyn torchi llewys eto. Ac wrth gwrs, wedd yr 'Ayatollah' Brian Thomas byth ymhell.

Wên i'n trio rhesymu taw tîm ifanc wedd gan Gastell-nedd a falle fod y disgwyliadau yn ormod. Ymateb 'Twmas' wedd: "Don't give me this nonsense about youngsters and learning their trade – it's all a myth. Bloody war is full of 19-year-olds." Wedd dim un ffordd y bydde Castell-nedd yn disgyn i'r ail adran wedi'r fonclust honno. Fe aethon ni i Gaerffili ar gyfer gêm ola'r tymor gan wbod bod yn rhaid i ni ennill. Fe grafon ni fuddugoliaeth o 20 i 19, er i Gaerffili groesi deirgwaith yn erbyn ein dau gais ni. Trwy lwc, fe giciodd Darren Case ddeg pwynt gwerthfawr. Wydden ni ddim ar y pryd pa mor werthfawr fydde'r pwyntie hynny oherwydd fe arbedwyd Castell-nedd rhag y fwyell o groen ei dannedd.

Erbyn diwedd y gêm wedd y chwaraewyr, a finne'r capten gyda nhw, wedi llwyr ymlâdd a theimles i erioed gymaint o bwyse mewn gêm â'r diwrnod hwnnw ar Barc Virginia. Wedd un edrychiad o gwmpas y stafell newid wedi'r gêm yn adrodd cyfrolau wrth i ni sylweddoli yn y diwedd ein bod ni wedi dianc rhag y gwymp, a lled debyg ein bod wedi achub clwb Castell-nedd, un o'r clybie hyna yng Nghymru, dros dro ta beth.

Wedd hi'n amlwg nad fi wedd yr unig un i deimlo'r pwyse. Wedd y clwb â'i gartre o fewn gôl adlam dda i'r Castle Hotel, lle sefydlwyd y Welsh Football Union (sef Undeb Rygbi Cymru mewn popeth ond enw ar y 12fed o Fehefin, 1881) yn ddiogel am dymor arall o leia. Wedd fy nyfodol i, fodd bynnag, ymhell o fod mor sicr. Dyma'r clwb wnaeth roi'r cyfle i fi pan wên i'n grwt ifanc i ddatblygu fel chwaraewr, ac o'r Gnoll yr enilles i fy holl gapie rhyngwladol. Wedd hyd yn oed meddwl am symud i glwb arall yn sobor o anodd ar y funud honno.

Wên i'n deall yn iawn fod y sefyllfa ariannol o fewn y clwb ddim yn arbennig o dda a thipyn o ansicrwydd ynglŷn â pha chwaraewyr fydde'n aros a pha chwaraewyr fydde'n gadael neu'n symud yn ystod haf 1997. Wedd y bachwr Barry Williams ar fin gadael am Dde Affrica gyda'r Llewod ac ar ben ei ddigon ar ôl dod i delerau i ymuno â chlwb Richmond yn Llunden yn y tymor newydd. Fe ddaeth hi'n amser aildrafod fy nghytundeb inne gyda'r Undeb ar ddiwedd tymor 1996/97, ac yn sydyn wedd £30,000 y tymor cynt nawr wedi disgyn i £10,000 y flwyddyn. Daeth rhesymeg ffarmwr i'r blân eto. Tynnwch y dreth incwm mas o'r cyflog, a rhwng £2,000 a £3,000 am betrol 'nôl a mlân i sesiynau ymarfer yng Nghaerdydd, hyd yn oed bryd hynny, ac yn sydyn wedd gwerth y cytundeb yn nes at £6,000 na £10,000. Yn y print mân wedyn, fel tase i danlinellu'r ffaith na wedd costau teithio yn ystyriaeth, "these activities will be centred on Cardiff, therefore you will be required to live within a reasonable travelling distance." Gyda 'nhafod yn ddwfwn yn fy moch fe ddwedes i wrth Graeme Gillespie o gylchgrawn *Rugby World*: "Os taw dyna fel ma pethe, gwell i ti ddweud wrth yr Undeb pan fyddan nhw'n codi'r stadiwm newydd, am iddyn nhw ganiatáu cyfleusterau yno i bori 100 o wartheg ar yr un pryd." Wedd hynny'n gyfaddefiad na wedd dyfodol i fi o dan y gyfundrefn hyfforddi genedlaethol. Fe ddaeth hynny â fi at fy synhwyrau, oherwydd os taw hynny wedd y diolch am aros yn deyrngar i Gymru pan welodd eraill yn dda i gwrso'r bunt, wedd hi'n bryd i finne ystyried fy ngham nesa mewn difri.

Croesi'r Bont i nôl dŵr

WRTH FEDDWL 'NÔL, mae'n debyg i stori ymddangos ar wasanaeth Teletext tra wên i ar 'y ngwylie, yn awgrymu 'mod i am ymuno â chlwb rygbi Newcastle neu fod Newcastle â diddordeb yn'o i, ta beth. Mae'n amlwg fod Darryl Jones, prif hyfforddwr Castell-nedd ar y pryd, wedi gweld y stori neu wedi clywed amdani, achos fuodd e ddim yn hir cyn codi'r ffôn. Yn naturiol wedd e am wbod a wedd gwirionedd yn y sibrydion. Wedd gyda fi ddim syniad ble wên nhw wedi dechre. Cyn belled â wên i yn y cwestiwn bryd hynny, ar y Gnoll wedd fy nyfodol i – ta pa mor ansicr wedd hwnnw, a pha mor anniddig wên inne.

Wên i'n dod mlân yn iawn gyda Darryl, ac ar ei gais e fe es i draw i Gastell-nedd i gael sgwrs gydag e i glirio'r awyr os nad dim arall. Fe eglures 'mod i'n siomedig gyda chynnig yr Undeb, ac fe fuodd 'na drafodaeth ar yr hyn y gallai Castell-nedd ei gynnig tase clwb arall yn dod ar fy ôl i. Ddaeth dim rhyw synau positif iawn o gyfeiriad y Gnoll, ac yn naturiol wên i'n siomedig. Ond fe ddaeth galwad ffôn i fi o glwb Newcastle wedyn, a do, fe fues i'n siarad â Rob Andrew, cyn-faswr Lloegr a'r Llewod. Wedd Rob wedi'i benodi gan Syr John Hall, perchennog y clwb, i adeiladu tîm a alle gymryd Newcastle 'nôl, nid yn unig i brif adran rygbi Lloegr, ond i herio goreuon Ewrop yn y Cwpan Heineken newydd. Tua'r un pryd fe ddaeth Richmond i glywed bod Newcastle yn dangos diddordeb, a fuon nhw ddim yn hir cyn codi'r ffôn.

Wên i wedi gwrthod cynnig y Saracens ar ddiwedd y tymor cynt ac wedd hwnnw'n gynnig da. Wedd y bachwr Barry Williams eisoes wedi arwyddo i Richmond cyn gadael gyda'r Llewod ar daith i Dde Affrica, a falle fod hynny wedi ychwanegu at ei gytundeb o £120,000 y flwyddyn. Wedd hi'n gwbwl amlwg nawr nad yng Nghymru wên i'n mynd i gael y fargen ore. Wedd cynnig Richmond ddim cymaint â'r hyn wedd yn cael ei gynnig gan y Saracens ddeuddeg mis ynghynt, ond wedd 'prop Cymru' ddim ar dop fy CV i chwaith erbyn hynny. Ac fe ges i fy atgoffa o'r hen ddywediad yng nghefen gwlad sy'n dweud y dylech chi dorri ffon o'r berth pan y'ch chi'n ei gweld hi! Wên i ddim wedi'i gweld hi pan ddaeth y Saracens ar alw, a wên i ddim am adael hon mas o 'ngolwg i. Wedd y cynnig o Richmond yn ddigon i ddal fy niddordeb i ac i agor trafodaeth. Felly dyma chwilio'r bilwg, mewn ffordd o siarad, a phoeri ar fy nwylo.

Wedd hi'n amlwg bod arian mawr i'w ennill gan chwaraewyr yn Lloegr, ac o gwmpas Llunden yn arbennig. Wedd y maswr o Awstralia, Michael Lynagh, a chanolwr Ffrainc, Philippe Sella, eisoes wedi ymuno â'r Saracens, gyda'r Albanwr Damian Cronin a'r Cymro Mike Griffiths wedi'u denu gan y Wasps. Y tymor cynt roedd y Gwyddel Keith Wood, y Ffrancwyr Laurent Bénézech a Laurent Cabannes, a Gareth Llewellyn – cyfaill agos ym mhob tywydd ers i ni whare gyda'n gilydd i dîm ieuenctid Cymru dan Ron Waldron slawer dydd – a'i frawd Glyn; y bachan wedd wedi rhannu stafell 'da fi'r noson honno cyn i fi ennill fy nghap rhyngwladol cynta yn erbyn Iwerddon bum mlynedd ynghynt; wedi ymuno â Will Carling a'r Harlequins ar y Stoop.

Ond lan yr hewl ar Faes yr Athletic, Richmond wedd y cynnwrf mwya allwn i feddwl. Wedd dim amheuaeth fod yma glwb uchelgeisiol â'u noddwr, Ashley Levett, yn ôl y sôn, wedi buddsoddi dros £2.5 miliwn yn y clwb. Bachan wedd yn prynu a gwerthu yn y farchnad gopor wedd Ashley Levett, a'i gartre ym Monte Carlo yn dystiolaeth o'i lwyddiant. Bydde bois yn galw heibio i Gilrhue nawr ac yn y man am brynu copor a sgrap o bob math ond wedd y bachan Levett yma'n gweithredu ar lefel dipyn uwch na phrynu a gwerthu tanciau dŵr poeth, fel wên i'n deall pethe! Ond wedyn, beth wyddwn i?

Mewn un 'sblash' fawr yn y Café Royal ym mis Mai

1996 ac yn yr union fan ble sefydlwyd y clwb 'nôl ym 1861, cyhoeddwyd bod Ben Clarke, chwaraewr rheng ôl Caerfaddon, Lloegr a'r Llewod, wedi arwyddo cytundeb gwerth miliwn o bunnoedd dros bum mlynedd i ymuno â'r clwb. Clarke fydde'r chwaraewr cynta yn y byd i hawlio'r fath swm. Ar yr un diwrnod fe arwyddodd sêr rygbi tri ar ddeg y gogledd, Scott Quinnell o Wigan a Jim Fallon o Leeds, a'r ddau reng flân, Darren Crompton o Gaerfaddon a Richard West o Gaerloyw.

Wedd Adrian Davies ac Andy Moore, haneri Caerdydd, wedi arwyddo'n barod, ac ymhen dim o dro symudodd Craig Quinnell o Lanelli. Wedd Richmond hefyd â'u llyged ar Scott Gibbs, ond wedd clwb tri ar ddeg St Helens yn gofyn gormod. A dyna shwt y daeth Allan Bateman 'nôl o Awstralia, wedi cyfnod gyda thîm tri ar ddeg Cronulla yn Sydney. Fe geisiodd Terry Cobner ei berswadio i ymuno â chlwb yng Nghymru, ond wedd e'n rhy hwyr oherwydd wedd Allan wedi rhoi ei air i Richmond.

Wedd neb wedi llwyr ystyried oblygiadau'r gêm broffesiynol, a neb yn fwy euog nag Undeb Rygbi Cymru eu hunen. Cyhuddodd Clwb Rygbi Castell-nedd nhw o yrru chwaraewyr gore'r gêm yng Nghymru i grafangau clybie yn Lloegr a nhwythe nawr, yn groes i'r graen, yn mynd i orfod dod i delere gyda chlwb Richmond am fy enw i.

Syniad Ashley Levett wedd prynu chwaraewyr o bob cwr o'r byd wedd ar ben eu gêm ar y pryd er mwyn sicrhau y bydde'r clwb y mwya llwyddiannus nid yn unig yn Lloegr ond yn Ewrop hefyd mewn pum mlynedd. Wedi dau dymor ansicr ar y Gnoll a gweld ffrindie da megis Gareth a Glyn Llewellyn yn gadael am borfeydd brasach, fe wnes inne arwyddo cytundeb tri thymor gyda chlwb Richmond.

Nid y cynnig yma o Richmond, nac un y Saracens chwaith, wedd y cynnig cynta i fi. Sdim llawer o bobol yn gwbod i fi gael cyfle ym 1996 i fynd i whare mas yn Ffrainc. Er i Gastell-nedd golli gêm Gwpan Ewrop o 34 i 19 mas yn Brive, fy ngêm gynta i a'r clwb yn Ewrop, fe ddaeth eu hyfforddwr nhw, Laurent Seigne, mlân ata i yn y derbyniad wedi'r gêm a dweud bod gydag e dipyn o barch i fi fel chwaraewr. Wên i'n parchu ei farn e achos wên i'n gwbod ei fod e'n brop pen tyn wedd wedi whare yn y rheng flân i Ffrainc. Ar y pryd, wên i wedi anghofio taw fe wedd yn dal y pen tyn i Ffrainc pan ddes i mlân yn lle Ricky Evans ym Mharis ddwy flynedd cyn hynny. Wên i wedi anghofio hefyd, neu ddim yn dewis cofio, iddo fe a'i bartneriaid yn y rheng flân baratoi ar gyfer gêm gyda Seland Newydd yn Nantes ym 1990 drwy dopi ei gilydd! Ond colli wnaethon nhw!

Gofynnodd Seigne i fi yn y fan a'r lle, tase 'na gyfle yn dod rhyw ddydd i whare rygbi yn Ffrainc, ac yn Brive yn benodol, a fydde gyda fi ddiddordeb. Fe ddaeth y cwestiwn fel tipyn o sioc. Dw i ddim yn gwbod p'un ai'r gwin coch wedd yn siarad ond fe atebes i y bydden i'n ddigon hapus i ystyried symud i Brive tase cynnig derbyniol yn dod – rhyw ddiwrnod. A wir, fe ddaeth y cynnig, mewn galwad ffôn – ddeuddydd yn ddiweddarach!

Ry'n ni'n dueddol o gysylltu Brive â'r digwyddiadau yn y Bar Toulzac yn dilyn gêm danllyd rhwng y tîm lleol a Phontypridd yng Nghwpan Ewrop ym 1997, ond fe ges i argraff gwbwl wahanol o'r lle. A dweud y gwir, fe adawodd Brive argraff ffafriol iawn arna i o'r eiliad gynta. Y wlad o gwmpas, tir amaethyddol fflat fel ford, porfa dda, gwartheg mewn gwedd da – fel bydde rhywun yn dishgwyl yn ardal y Limousin, ardal o Ffrainc sydd yn nodedig am frîd o wartheg sy'n rhannu'r un enw, ac sydd â'u teirw wedi cael cymaint o ddylanwad ar fuchesi pesgi bîff yn y wlad yma ar hyd y blynydde. Ma pob ffarmwr gwerth ei halen yn gwbod am ddylanwad y Limousin ers i had y tarw cynta gael ei fewnforio i Brydain ar ddechre'r 1970au. Ewch chi i unrhyw sioe neu arwerthiant gwartheg masnachol ac yn sicr i unrhyw ffair neu sioe Nadolig yng Nghymru a thu hwnt, ac fe gewch chi weld dylanwad y Limousin yn gryf ar yr anifeiliaid sy'n dod i'r brig. Fe gododd fy nghlustie pan ddealles i fod tre Brive yng nghanol yr ardal doreithiog honno.

Wên i wrth fy modd gyda'r dre, y dorf frwd a niferus

yn y stadiwm, dros 14,000 yn gyson, a phawb yn gefnogol ac yn frwdfrydig o blaid eu tîm, yn union fel wedd hi yn ystod y dyddie da ar y Gnoll. Ma 'na chwedl am y dorf ar hen Barc y Strade a'u bod nhw'n unllygeidiog ac yn ddall i bawb ond eu chwaraewyr eu hunen. Wedd hynny'n ddim i'w gymharu â thorf Brive, a'r cefnogwyr yn eu hwylie y diwrnod y gwnaethon nhw drechu Castell-nedd, er taw rhyw 5,000 wnaeth drafferthu dod i'n croesawu ni yn ein gêm gynta yn Ewrop. Ond ble arall fyddech chi'n clywed clyche eglwys o fore gwyn tan nos ar ddiwrnod gêm, yn galw'r 'ffyddloniaid' i gêm rygbi, ac i'r Stade Amédée-Domenech? Ma'r gêm yn ddigwyddiad, yn achlysur i'r teulu cyfan. Maen nhw'n byw rygbi yn Brive. Wên nhw'n eich croesawu chi â breichie agored, ond am awr a hanner ar y cae wên nhw hefyd yn barod i fwrw'r stwffin mas ohonoch chi, a thorri pob asgwrn yn eich corff chi tase raid!

Fe wydden ni fel tîm ein bod ni mewn gwlad arall, a bod rygbi yn Ffrainc yn dra gwahanol i'n syniadaeth ni'r Cymry am y gêm. Fe gawson ni noson i'w chofio yn dilyn y gêm a chroeso mawr mewn pabell enfawr yn llawn o bobol – digon o fwyd a gwin lleol, wrth gwrs, a phawb yn canu'u henaid hi mas. A ninne, chwaraewyr Castell-nedd hefyd yn ein tro, yn ei morio hi – wel, trio'i morio hi ta beth.

Wên i erioed wedi gweld dim byd tebyg ac wedd e'n dipyn o newid i'r ffagots, chips a phys arferol fydde rhywun yn ei gael mewn clybie yng Nghymru. Wedd e'n agoriad llygad i ni a dweud y gwir, ond fel hyn y bydden nhw'n croesawu pob tîm a wedd rhywbeth gwaraidd iawn yn perthyn i'r holl achlysur. Dim rhyfedd 'da fi fod y Ffrancwyr yn methu deall beth wedd yr holl ffws am y gêm yn troi'n broffesiynol rai misoedd cyn hynny. Wedd hi'n amlwg i fi na wedd dim yn newydd na dim wedi newid chwaith iddyn nhw, a bod y gêm i bob pwrpas yn broffesiynol mewn popeth ond enw yn Ffrainc ers blynydde. Fel ffarmwr, wên i'n synhwyro bod gwynt arian o gwmpas y lle hefyd.

Wedd ennill y gêm yn bwysig ond wedd y gêm ddim

ond yn rhan o achlysur ehangach iddyn nhw. Os mai dyma
wedd y gêm broffesiynol yn ei olygu, wên i am weld mwy. A
dyma dîm na wydde fawr o neb ddim amdanyn nhw. Wedd
pedwar cais i'r asgellwr Sebastian Carat. Be wyddwn i ei fod
e a'i frawd wedi bod yng ngharfan ras gyfnewid 4 x 100m
Ffrainc? Wedd gyda nhw Sébastien Viars, gwibiwr arall, yn
safle'r cefnwr, ynghyd â Cédric Heymans ifanc, a rheng ôl o
Weriniaeth Tsiec, Greg Kacala, a greodd gymaint o argraff yn
erbyn Caerdydd yn rownd gynderfynol y Cwpan y flwyddyn
honno nes iddo ymuno â chlwb y brifddinas yn ddiweddarach
a dod yn dipyn o ffefryn ar Barc yr Arfau. Honno wedd y gêm
pan ddaeth hi'n eira mawr ar y nos Sadwrn a hithe'n edrych
fel y bydde'r gêm yn cael ei gohirio. Ond fore trannoeth fe
gyrhaeddodd sgwadron o dractors o'r ffermydd cyfagos am
saith o'r gloch y bore, ac o fewn dwy awr fe gliriwyd dros 200
tunnell o eira i ddod â chae fel bwrdd *billiards* i'r golwg, ac fe
aeth y gêm yn ei blân o flân 15,000 o dorf.

Fe ddaeth y cynnig o Brive yn rhy glou mewn gwirionedd
achos wedd uchelgais gen i o hyd i ennill mwy o gapie
rhyngwladol tros Gymru, a wedd hi'n gwbwl glir erbyn hynny
taw'r pella i gyd fydden i o Gymru, y pella i gyd fydden i o
feddyliau'r hyfforddwr cenedlaethol hefyd. Falle dylwn i fod
wedi cymryd amser i ystyried y cais ymhellach, oherwydd
fe aeth Brive mlân i ennill Pencampwriaeth Ewrop y tymor
hwnnw pan drechon nhw Gaerlŷr yng Nghaerdydd. Cyfle
wedi'i golli, falle, ond wên i ddim yn mynd i golli cyfle
arall, achos o 'mhrofiad i yn ystod blwyddyn gynta'r oes
broffesiynol wedd hi wedi bod yn galed i gyfuno ffarmo gyda
whare rygbi.

Ma un wythnos yn sefyll mas yn arbennig, pan wnes i'n agos
i 1,200 o filltiroedd 'nôl a mlân, yn ogystal â whare ar y dydd
Sadwrn i Gastell-nedd. Wedd hi chydig bach yn hurt i deithio
awr a thri chwarter mewn car i dreulio awr yn codi pwyse, a
finne'n ymarfer y cyhyrau angenrheidiol i brop yn fy ngwaith
bob dydd yng Nghilrhue. Ond dyna wedd Cyfarwyddwr
Rygbi newydd yr Undeb, Terry Cobner, yn mynnu gan bob

chwaraewr wedd wedi arwyddo cytundeb gyda'r Undeb ac, wrth gwrs, nhw wedd yn fy nghyflogi i erbyn hyn. Gan taw nhw wedd yn fy mherchen i, pwy wên i i ddadle â'r drefen?

Fe fydde Veronica, y wraig, a fy chwaer, Elizabeth, yn helpu gyda'r godro a wedd gwas hefyd bryd hynny yng Nghilrhue. Ond gyda'r ewyllys ore yn y byd, wedd rhaid i rywbeth roi, achos ma rheoli buches o wartheg yn gofyn am lawer mwy na godro nos a bore. Felly, pan ddaeth y cynnig o gyfeiriad Richmond wedd rhaid ei ystyried o ddifri, ac ar yr un pryd, wrth gwrs, ystyried yr oblygiadau i ni fel teulu ac i ddyfodol y ffarm, a wedd wedi'r cyfan yn gartre i Mam, i Edward ac Elizabeth, ac yn gynhaliaeth iddyn nhwythe hefyd.

Wên i wedi cael fy siomi gan gynigion Undeb Rygbi Cymu a fydde'n golygu gostyngiad o £20,000 yn fy nghytundeb i £10,000 yn unig, ac wedi gweld prop Iwerddon, Paul Wallace, a ymunodd â'r Saracens wedi i fi eu gwrthod, yn cael ei ddewis i fynd ar daith y Llewod i Dde Affrica yr haf hwnnw. Fe ges inne wahoddiad i fod ar alw i ymuno â'r Llewod tase chwaraewr yn cael ei anafu, a dyna'r agosa y des i at wireddu breuddwyd arall. Sdim dwywaith i Paul ymuno â'r Saracens ar yr adeg iawn. Wedd hyder y clwb yn uchel a wên nhw'n whare'n dda yng Nghynghrair Allied Dunbar gyda Michael Lynagh, Philippe Sella, Thomas Castaignède a Francois Pienaar yn denu'r torfeydd i ogledd Llunden ble wedd Nigel Wray, fel y dwedodd e bryd hynny, "am gynnau tân a denu sylw".

Ond os wên i am dderbyn cynnig Richmond rhaid wedd cael sêl bendith y teulu cyfan, achos wedd e'n mynd i fod yn gam mawr iawn, a wedd gan y bobol agosa ata i gymaint i'w ddweud am y peth â finne. Tasen nhw wedi gwrthwynebu'n chwyrn, fydden i wedi bod yn siomedig tu hwnt, ond ar yr un pryd wedi deall yn iawn – ac fe fydden i wedi sefyll gatre a bennu fy ngyrfa gyda chlwb yng Nghymru.

Cafwyd trafodaeth fel teulu ac fe ges i bob cefnogaeth gan Mam, fy mrawd Edward a Liz, fy chwaer, ac am hynny fe fydda i wastad yn ddiolchgar ac yn ddyledus iddyn nhw.

Ac fe wnaed y penderfyniad. Ond os wên i am fyw bywyd chwaraewr rygbi proffesiynol llawn-amser, fe sylweddolwyd yn sydyn y bydde'n rhaid newid y patrwm ffarmo yng Nghilrhue. Fe fydde hynny'n golygu gwerthu'r fuches odro. Fe gododd yr amheuon unwaith eto. Fe wyddwn i na wedd gan Edward fawr o ddiddordeb mewn godro, a dyw hynny ddim yn anghyffredin ar ffermydd lle ma brodyr am ddilyn eu trywydd eu hunen. Weithie, ma hynny'n neud pethe'n haws. Peiriannau wedd yn goglis Edward, ac fel hynny ma hi i radde o hyd ond, yn dawel bach, 'nôl ym 1997, ma'n rhaid i fi gyfadde, wên i'n fwy na phenderfynol o adael am fywyd chwaraewr proffesiynol yn Lloegr.

Wedd y penderfyniad yn un anodd ac ar yr un pryd yn un hawdd hefyd. Busnes wedd ffarmo bellach, a sdim lle i emosiwn na sentiment mewn busnes. Neu dyna fel wên i'n ceisio twyllo fy hunan ar y pryd. Wedd gwartheg godro wedi pori Cilrhue ers cyn cof ac oni wedd fy nhad-cu wedi ennill medal am gynhyrchu llaeth glân mor bell 'nôl â 1929? Dw i'n cyfadde i fi edrych yn go sifil ar y fedal honno cyn neud y penderfyniad terfynol.

Ar ôl neud y penderfyniad, fodd bynnag, wedd dim troi 'nôl. Wên i'n hen gyfarwydd â dala mas am bris teg yn y mart ac fe wydden i shwt wedd cael y fargen ore a phryd wedd rhywun yn ceisio towlu llwch i'n llyged i. Ond wedd angen rhywun arna i nawr a alle roi cyngor i fi. Wedd neud dêl i fi yn ddim mwy na shiglo llaw i daro bargen mewn mart neu ar glos y ffarm. Wedd angen rhywun arna i i fynd drwy'r print mân a wedd yn gallu darllen rhwng y llinellau, y tu ôl i'r print mân.

Darrell Hallett, ymgynghorydd ariannol, brawd Eddie, y cyfaill a'r gwladwr o ardal Penfro y cyfeiries i ato'n gynharach, wedd y bachan hwnnw. Wedd e'n deall rhywbeth am rygbi? Wel, yn grwt pymtheg oed fe gafodd e ei dowlu mas o Barc yr Arfau gan blisman wedi iddo ddringo un o byst y gôl cyn y gic gynta mewn gêm rhwng Cymru ac Iwerddon! Wedi hynny fe fuodd e'n gwasanaethu ei wlad yn yr Awyrlu ac yn y

Gwasanaethau Cudd. Wedd e wedi callio tipyn yn y cyfamser ac fe gytunodd yn syth.

Wedd gan Darrell gysylltiadau da yn y byd ariannol ac yn y byd cyfreithiol yn Llunden. Wedd e'n siarad yr un iaith â 'nhw'. Fe fydde hynny'n help. Ac ar y 15fed o Orffennaf, 1997 dyma'r tri ohonon ni, Darrell, Veronica a finne yn mynd bant am Lunden ar ôl godro'r nos i arwyddo'r cytundeb. Arhoson ni mewn Travelodge ar yr M4 a mewn â ni i Walton yn gynnar fore trannoeth i gael cip ar y lle. Bwyty McDonalds wedd yr unig le wedd ar agor am saith y bore. Dw i'n cofio'n iawn i fi gael mẁg o de gwan ac Egg McMuffin gyda'r gwyn a'r melyn yn rhedeg trwy'i gilydd. Fe adewes i hwnnw ar ei hanner – a dyma'r amheuon yn dechre codi 'to!

Wedd Walton mor wahanol i Foncath ag y gallai fod, er taw ystyr lythrennol yr enw 'Walton', mae'n debyg, yn nyddie'r Sacsoniaid wedd 'fferm y Brythoniaid'. Wedd lot o dai crand yr olwg, ond buan y gwelson ni y bydde angen cytundeb ddwywaith gwerth beth wedd ar gynnig i fi os wên ni am fforddio tŷ yn Walton. 'Nôl yn haf 1997 wedd yr un tŷ tair llofft a lle i dynnu'r car bant o'r hewl i'w gael o dan £200,000. Cafwyd mwy o flas ar ginio ac yng nghwmni Tony Dorman, y llywydd, Tony Hallett (dim perthynas i Darrell), un o'r cyfarwyddwyr, a'r prif hyfforddwr John Kingston, fe arwyddwyd y cytundeb yn swyddfeydd y clwb, drws nesa i dafarn y Sun yn Richmond Upon Thames.

Fe dorres i fy enw ar y lein gydag addewid am £250,000 dros dri thymor, tipyn llai na'r hyn wedd gan y Saracens i'w gynnig ddeuddeg mis cyn hynny. Fe fyddwn i'n dechre'n swyddogol pythefnos wedyn ar yr 28ain o Orffennaf. Pan ddaeth y diwrnod hwnnw, gatre ar y ffarm wên i, a rygbi wedd y peth dwetha ar 'y meddwl i achos ymhen tridiau fe fydde arwerthiant yng Nghilrhue, a'r holl fuches odro yn dod o dan y mwrthwl.

Diwedd a dechre

Nos Iau'r 31ain o Orffennaf, 1997 wedd hi a chysges i ddim llygedyn. Ond wedd y penderfyniad wedi'i neud i werthu'r da godro a thrannoeth, ar y 1af o Awst, fe fydde'r cyfan yn mynd o dan y mwrthwl. Dyma'r fuches odro wedd Nhad a Mam wedi'i chodi dros y blynydde, a finne a fy mrawd wedi adeiladu ar eu gwaith. Wên i'n nabod y gwartheg i gyd wrth eu henwau. At hynny, wedd yna welliannau wedi'u neud gan gynnwys adeiladu parlwr godro a siediau newydd a fydde'n ateb y diben am sawl blwyddyn. A dyma ble wên i nawr yn troi 'nghefen ar y cyfan i fynd i 'gico pêl' yn Lloegr.

Gwta ddeufis wedi i Barry Williams arwyddo i glwb rygbi Richmond, wên inne'n troi 'nghefen ar glwb Castell-nedd wedi naw mlynedd ar y Gnoll. Fe wydde'r clwb na allen nhw gystadlu â'r math o arian wedd yn cael ei gynnig gan glybie Lloegr, ond wên i'n gwbwl dawel fy meddwl fy mod i, o ran fy rygbi ta beth, wedi neud y penderfyniad cywir. Fe heuwyd yr had ar ddiwedd y tymor cynt gan Undeb Rygbi Cymru pan gwtogwyd fy nghytundeb rhyngwladol i o £30,000 i £10,000 y flwyddyn. Yn ystod y trafodaethau, wên i wedi gweld Dai Young a Jonathan Humphreys yn dod mas o gyfarfod gyda gwên; wedd Garin Jenkins, yn fwy na finne, ddim mor hapus.

Wrth gwrs, wedd yr Undeb mewn 'gwaed oer' wedi edrych ar eu cynllun busnes a gyda Chwpan y Byd 1999 ar y gorwel, wên nhw'n awyddus i gytundebu'r chwaraewyr hynny a fydde, yn eu barn nhw, yn cynrychioli eu gwlad ar lwyfan ucha'r gêm pan ddeuai sioe rygbi fwya'r byd i Gaerdydd ymhen dwy flynedd. Y syniad wedd cyflwyno cynllun cytundebu ar dair graddfa, gyda symiau amrywiol o arian yn cael eu cynnig i chwaraewyr yn ôl eu gwerth a'u defnyddioldeb i Gymru.

Ond yr hyn na wên nhw wedi ei rag-weld wedd y bydde cytundebau gwahaniaethol yn saff o greu rhwyg rhwng chwaraewyr. Yn eironig, dyma un o'r pethe cynta a nodwyd gan Graham Henry wedi iddo gael ei benodi yn hyfforddwr cenedlaethol y flwyddyn ganlynol ac fe wnaeth e'n siŵr fod pob chwaraewr yn dechre ar yr un cytundeb sylfaenol gyda thaliadau ychwanegol yn ôl y nifer o gapie. Ar y pryd, ac i bobol sy'n deall iaith y mart, wên i'n amlwg lawr gyda'r *barrens* a'r *brokers*, sef y gwartheg gweigion a'r defaid sydd ar fin, neu wedi, colli eu dannedd.

From Hero to Zero

Neath captain John Davies feels his loyalty to club and country has been poorly rewarded by the Welsh Rugby Union. Graeme Gillespie visits the disillusioned prop and hears why he awards the WRU less than full marks

His career got back on track in 1993 when against France and Zimbabwe he came on as a replacement and eventually cemented his position in the front row. Alongside hooker Garin Jenkins and fellow prop Ricky Evans, the trio were the cornerstone of the Welsh pack for 12 matches before the sequence was cut short when Evans was ruthlessly felled by Oliver his contract with the WRU has recently been slashed to just £10,000 a year while his post of National Development Officer (which he only got because he went and asked for it) worth around £8,000-10,000 - has also been severed. Davies estimates that during the course of a season he will spend £2,000-3,000 on fuel while tax also has to come out so in effect his

O gofio'r berthynas fregus rhwng y clwb a'r Undeb, fe ddewisodd Darryl Jones, prif hyfforddwr Castell-nedd, ei eiriau'n ofalus mewn sgwrs gyda'r *Sunday Mirror* ar yr 17eg o Orffennaf:

> We are not in the business of blaming anyone, but it's a fact that John was unhappy about having his WRU money cut.
> I don't understand why John's Union contract was changed. All I know is we have been effectively forced to sell a player who had become disenchanted with his situation through no fault of Neath rugby club.

Wedd y system yn un sobor o amhoblogaidd gan y chwaraewyr a'r clybie, ac fe fuodd 'na ddadlau chwyrn, ond mynnai Terry Cobner, Cyfarwyddwr Rygbi'r Undeb, fod Cymru ar y trywydd iawn, er nad honno wedd y drefen yn Lloegr, yr Alban nac Iwerddon. Ac mewn ymateb i Darryl yn yr un papur newydd fe ddywedodd e:

> The players were very unhappy with the idea of a sliding scale last year and we didn't do it.
>
> But a year down the road I think there has been a realisation that some players are worth more than others. It's a system that works well in other sports.

Dyna realiti'r oes broffesiynol newydd, mae'n debyg. Wedd rhai ar eu hennill ond wedd mwy ar eu colled. Wedd dim bwriad o gwbwl gen i i fod ar fy ngholled, ac os wên i wedi whare fy ngêm ola dros fy ngwlad, yna wên i'n ddiolchgar am y cyfleoedd ddaeth i wisgo'r crys coch mewn 33 gêm.

Gwawriodd dydd Gwener, y 1af o Awst, a wedd Cilrhue yn edrych ar ei gore wrth i'r heulwen braf groesawu'r rheiny wedd wedi dod i brynu, i gefnogi, a'r rheiny wedd wedi dod i weld a wên i mewn difri calon yn gall ai peidio. Daeth geirie Brian Williams 'nôl i'r cof, pan glywodd e rai wythnose ynghynt 'mod i am 'groesi'r Bont': "Ti off dy ff***** ben!" Wedd gyda Brei ffordd arbennig o liwio brawddeg ac o fynegi safbwynt pendant! Erbyn hynny wên i'n dechre ame a wedd Brei'n agos ati. A wedd fy mhenderfyniad i'n neud rhyw fath o synnwyr o hyd? Wên i ddim yn siŵr. Ond wedd dim troi'n ôl. Wên i wedi torri fy enw ar gytundeb a fydde'n mynd â fi i glwb rygbi Richmond ac yno y bydden i am y tair blynedd nesa.

Ar lefel fasnachol, wedd y penderfyniad i werthu'r fuches ddim yn un anodd achos wedd pris llaeth wedi gostwng – tua 18c y litr yr adeg honno a digon hawdd fydde rhoi'r cwota llaeth ar brydles am bris o ryw 9–10c y litr gan ddal gafael ar berchnogaeth y cwota werth tua 50c y litr ar y pryd. Delio â'r emosiwn o werthu'r fuches wedd y peth anodda. Felly, dyma ffonio Mal Evans o gwmni JJ Morris yr arwerthwyr yn Aberteifi, a neud y trefniadau ar gyfer y sêl.

Wedd tipyn o golli chwys am sawl diwrnod cyn y diwrnod mawr. Rhaid wedd golchi'r gwartheg i neud yn siŵr eu bod nhw'n edrych ar eu gore. Ond fe fuodd y cymdogion yn dda yn trefnu popeth am wythnos neu ddwy cyn hynny. Fe gawson ni gontractwr i gymoni'r ffensys, hongian iete a gwyngalchu. Dw i'n gallu wherthin nawr wrth edrych yn ôl achos wedd hi'n werth cael sêl tase ond er mwyn neud gwaith na chawson ni gyfle i'w neud wrth i fi gwrso 'nôl a mlân i Gastell-nedd ac i Gaerdydd i fodloni gofynion fy nghytundeb gydag Undeb Rygbi Cymru. Dw i'n siŵr y daw'r cyfaddefiad yna â gwên i wyneb sawl ffarmwr! Dim ond adeg sêl neu pan fo Dai Llanilar yn bygwth galw heibio gyda chriw ffilmio *Cefn Gwlad*, fel y gwnaeth e rai blynydde'n ddiweddarach, ma rhywun yn neud amser i gymoni. Fel 'na ma hi ar y ffarm yn amal iawn a fydden i ddim yn dishgwyl i neb ond ffarmwr ddeall hynny. Ond wedd e ddim yn llawer o sbort ar y pryd.

Fe gyrhaeddodd y ceir, y Land Rovers a'r bocsys anifeiliaid, ac ambell lori, ac fe aed mlân â'r gwerthu. Fe werthodd y gwartheg yn dda, ond ddaeth Veronica ddim mas o'r tŷ. Alle hi ddim meddwl am weld y gwartheg yn gadael y ffarm ar lori neu ar drelar rhywun arall. Er mai dim ond ers pum mlynedd wên ni'n briod, a hithe wedi neud ei chartre yng Nghilrhue, wedd y gwartheg yn gymaint rhan o'i bywyd bob dydd hithe â wên nhw i fi. D'yn ni ddim gyda'n gilydd bellach, ond fe fuodd Veronica yn gefen mawr i fi drwy gydol fy ngyrfa.

Yn y Land Rover gyda Mal Evans yr arwerthwr y bues i drwy'r dydd, a Tudor Harries yn cadw'r llyfr cownt. Bu Tudor yn gyfaill agos ers y buodd e'n fy hyfforddi gyda thîm ieuenctid Crymych, ac ma fe eto yn aelod o dîm hyfforddi ieuenctid y clwb wedi cyfnodau gyda chlybie eraill yn yr ardal. Dw i'n ddyledus iawn iddo am ei gymwynas, dim ond un o sawl cymwynas ers fy nyddie cynnar i gyda Chlwb Rygbi Crymych, achos dw i'n trysori'r llyfr cownt hwnnw hyd y dydd heddi, ac fe fydda i am weddill fy oes.

Ynddo, ma enwau'r gwartheg i gyd, y prisiau a phwy a'u prynodd, ac yn eu canol ma Swci – buwch Friesian a brynodd Nhad o fferm Windy Hill gerllaw. Wedd hi'n dipyn o ffefryn gan y teulu, a dim syndod. Mewn deng mlynedd fe ddaeth hi â naw llo benyw ac fe fydd ffermwyr sy'n darllen yr hanes yma'n gwbod pa mor anghyffredin yw hynny a pha mor werthfawr yw cael gwartheg fel hynny yn eich buches. Allwch chi ddim cynllunio ar gyfer rhywbeth fel hynny. Dim ond trefen natur all benderfynu, yn union fel ma trefen natur yn penderfynu ai prop neu asgellwr fydd y crwt bach drygionus pan fydd e'n cymryd ei gam ansicr cynta yn y byd. Mi fydda i'n edrych yn ôl drwy'r llyfr cownt hwnnw'n amal, rhaid i fi gyfadde. Ac fe fydda i'n gweld taw un o'r cynta i gael ei enw yn y llyfr wedd neb llai na chyn-brop Castell-nedd a Chymru, Brian Williams, Dandderwen, Llangolman. Ma cynnal yr hen draddodiadau'n bwysig o hyd yng nghefen gwlad Cymru ac un o'r traddodiadau hyna, heb os, yw cael eich enw yn y 'llyfr' pan fo sêl ffarm yn y gymdogaeth.

Gwartheg Friesian fuodd yng Nghilrhue erioed hyd at fy amser i, yn alluog i gynhyrchu llaeth ac i fagu lloi gwryw ar gyfer y farchnad cig eidion. Wedd heffrod Friesian hefyd yn cael eu croesi gyda tharw bîff ac yn neud buchod sugno ardderchog. Yn bersonol, wedd dim lot gyda fi i'w ddweud am y gwartheg Holstein, mawr eu dylanwad, wedd yn cynhyrchu mwy o laeth na'r Friesian, er i ni ddefnyddio 'gwaed' y gwartheg hynny o Ogledd America rhywfaint ar ddechrau'r 1990au. Wên i ddim yn hoff o'u siâp, yn fwy o ran corffolaeth er gyda llai o gnawd na'r Friesian Prydeinig. Dyna pam yr es i i gyfeiriad arall, a phrynu tair buwch Meuse-Rhine-Issel, tipyn llai poblogaidd ond yn nodedig am ansawdd eu llaeth. Wên i wedi bod yn defnyddio had teirw MRI trwy'r gwasanaeth 'tarw potel' nes penderfynu yn y diwedd i brynu tair buwch a tharw o fuches bedigri o Wlad yr Haf ym 1995.

Ddwy flynedd yn ddiweddarach, beth bynnag, fe aethon

nhwythe hefyd o dan y mwrthwl yn arwerthiant Cilrhue, ac un o'r gwartheg MRI wnaeth y pris gore yn yr arwerthiant. Wedd hi'n dda gweld bod y penderfyniad wnes i ddwy flynedd ynghynt wedi profi i fod y penderfyniad iawn. Wedd ond gobeithio y bydde'r penderfyniad arall ynghylch fy nyfodol yn troi i fod yr un mor broffidiol.

Daeth y mwrthwl i lawr am y tro ola fel ergyd o wn, a phan gaewyd iet y clos yng Nghilrhue y noson honno ar ôl i bawb adael, dw i'n cofio meddwl pa mor dawel wedd hi. Ond ches i fawr o amser i bwslo gormod achos fore trannoeth, ar fore Sadwrn yr 2il o Awst, wên i'n dechre ar jobyn newydd amser llawn gyda chlwb rygbi Richmond.

Rhaid wedd codi'n gynnar 'run fath i odro'r unig fuwch wedd ar ôl ar y ffarm. Profiad digon rhyfedd wedd godro un fuwch yn llawn o laeth mewn beudy gwag, ond os mai un neu gant o wartheg wedd yno, rhaid wedd neud y gwaith. Wedi bwydo'r lloi a llyncu 'mrecwast ar hast, dyma droi wyneb y car cyn gynted ag y gallwn i am Faes Awyr Caerdydd achos wedd clwb rygbi Richmond yn gadael y diwrnod hwnnw am wythnos i baratoi ar gyfer y tymor newydd drwy whare gêm neu ddwy ar daith yn Iwerddon.

Fe gyrhaeddes i'r gwesty crand tu fas i Ddulyn sawl awr cyn y tîm a dyna ble wên i mewn gwlad gymharol ddieithr yn dishgwyl tîm na wên i wedi'i gyfarfod o'r blân. Wedd rhai eithriade – y maswr Adrian Davies a fu gyda fi ar y Gnoll cyn symud i Gaerdydd, a Barry Williams, wrth gwrs – mi fydde fe fel ceiliog ar ben domen ar ôl bod gyda'r Llewod yn Ne Affrica am fis a mwy. Wedd ynte hefyd nawr yn dechre ar gyfnod newydd fel gwas cyflog gyda Richmond. Wên i yno ar fy mhen fy hunan, ac unwaith eto dechreuodd y stumog gorddi a'r amheuon godi wrth i realiti'r oes broffesiynol newydd wawrio arna i go iawn. A dyma ofyn i fi fy hunan, "John, beth ar y ddaear wyt ti wedi'i neud?" Falle fod Brei'n iawn wedi'r cyfan.

Tu hwnt i'r Bont

CLWB TRYDEDD ADRAN yng nghynghreiriau Lloegr wedd Richmond pan brynwyd e gan Ashley Levett a'i droi'n glwb proffesiynol. Enillwyd dyrchafiad i'r ail adran yn nhymor 1995/96 ac erbyn i fi gyrraedd yn haf 1997 wedd Levett hanner ffordd at wireddu ei freuddwyd fawr o goncro Ewrop o fewn pum mlynedd, gyda Richmond yn barod am y tymor cynta ym mhrif adran cynghreiriau Allied Dunbar.

Wên i wedi ymuno â chlwb wedd yn un o'r clybie cynta i'w sefydlu yn Lloegr ym 1861, a hynny ddeng mlynedd cyn ffurfio Undeb Rygbi Lloegr ym 1871. Dyma'r trydydd clwb hyna yn y byd. Clwb Richmond chwaraeodd y gêm gystadleuol gynta gafodd ei whare rhwng dau glwb, yn erbyn clwb Barnes ym 1863. Richmond wedd y clwb cynta hefyd i whare o dan lifoleuadau, mewn gêm gartre ym 1878, ac ym 1909 fe chwaraeon nhw yn y gêm gynta erioed i gael ei whare ar faes Twickenham, sef cartre ysbrydol rygbi yn Lloegr. Felly wedd hwn, heb os, wedi bod yn glwb blaengar iawn ar hyd y blynydde, a'r tymor cynt wedd Richmond eto wedi creu darn o hanes, diolch i arian Ashley Levett. Arwyddwyd Ben Clarke, y chwaraewr rygbi cynta i dorri ei enw ar gytundeb gwerth miliwn o bunnoedd yn yr oes broffesiynol newydd – cytundeb a fydde'n ei gadw ar Faes yr Athletic am bum mlynedd. Ond os taw Clarke wedd wyneb newydd y clwb, a Levett roes y *rich* yn Richmond, fe ddes i ddeall yn go glou taw'r hyfforddwr, John Kingston, wedd y *king*.

'Geordie' go iawn o ardal Newcastle yng ngogledd-ddwyrain Lloegr wedd Kingston, yn gwbod beth wedd beth o ran ei rygbi, a phan fydde gydag e rywbeth i'w ddweud, fydde fe ddim yn 'pilio wye' wrth ei weud e. Prop wedd e yn ei ddyddie whare, ac fe arweiniodd e Brifysgol Caergrawnt i dair buddugoliaeth dros Rydychen yng ngêm y Varsity. I bob pwrpas, *fe* wedd Richmond, a bydde Levett yn gadael materion yn ymwneud â rygbi iddo fe.

Tra wên i'n dod i nabod gweddill y garfan yn Iwerddon, fe aeth Veronica lan i Lunden er mwyn cael cip o gwmpas Walton, gyda'r bwriad o chwilio am dŷ. Fe ffoniodd hi fi un nosweth, ar dop ei llais, a digon hawdd deall na wedd hi wedi cael llawer o lwc. Wedd hi'n bwrw glaw a wedd hi'n amlwg wrth ei llais hi bod glaw Llunden hyd yn oed yn wahanol i law Boncath a Chilrhue. Ma ffarmwr yn barod am law ac mae e'n paratoi ar ei gyfer. Mae e'n croesawu glaw pan fydd ei angen ar y cnyde ac yn ei felltithio pan fydd e'n rhwystr. Ond ma glaw tre a dinas yn wahanol rywffordd, yn enwedig pan y'ch chi mewn lle dierth. Mae e'n oer ac yn ddigroeso, a wedd hon yn storom o law o'r hyn wên i'n ei glywed ar ben draw'r ffôn. Nid y math o ddiwrnod i fynd rownd i weld tai.

Wedd Veronica wedi cael diwrnod tu hwnt o rwystredig wrth fwrw golwg dros rhyw bymtheg o dai i gyd. Wedd y rhai wedd hi'n eu hoffi naill ai wedi'u gwerthu neu mas o'n cyrraedd ni'n ariannol. Wedd pethe ddim yn edrych yn dda, ac fe benderfynes inne nad y nosweth honno wedd y nosweth i ddweud wrthi 'mod i'n cael amser wrth fy modd 'da'r garfan mas yn Iwerddon.

Rai diwrnodau wedyn, dyma alwad ffôn arall, ac fe ges i'r teimlad falle bod yr haul yn gwenu. Wedd tŷ gwag yn Walton-on-Thames, yn ymyl yr orsaf drên, rhyw 20 munud i hanner awr o gae Richmond. Wedd hynny'n dal dipyn nes na Chastell-nedd o Foncath a fydde dim angen godro nos a bore tasen ni'n llwyddo i brynu'r tŷ. Tŷ ar ei ben ei hunan, *mock Tudor* wedd 58, Roydon Court gyda thair stafell wely, os gellid eu galw nhw'n stafelloedd gwely. O'u cymharu â Chilrhue, gallech chi roi'r tair yn un o stafelloedd gwely'r hen blasty.

Wedd Roydon Court i'w weld yn eitha preifat, gyda rhyw ddalen riwbob o ardd yng nghefen pob tŷ. Wedd perchennog rhif 58 yn byw mas yn y Dwyrain Pell ac wedi prynu'r tŷ fel buddsoddiad. Ond wedd un broblem fach arall heblaw bod yr ardd yn chwyn i gyd. Wedd y tŷ ddim ar werth! Ta beth am hynny, fe ddaethon ni i wbod pwy wedd y perchennog ac ar ôl tipyn o drafod fe geson ni'r neges fod y "tŷ i chi os y'ch chi am ei brynu fe". Wedd dim tŷ arall ar y farced ar y pryd o fewn ein cyrraedd ni am fod tai ac ynddyn nhw bedair stafell wely ymhell dros £200,000. Ond fe dalodd hi'r ffordd i roi pwyse ar y perchennog ac fe sicrhawyd y tŷ i ni am £170,000. Ac i gapo'r cwbwl, o fewn chwarter milltir i Roydon Court wedd stryd o dai tipyn mwy crand o'r enw Kilrue Lane! Wên i'n teimlo lot yn well wedi hynny, fel tase hyn i gyd i fod i ddigwydd.

'Nôl o Iwerddon ac yn syth i Richmond. Bues i'n aros am fis yn y Richmond Hill Hotel wrth i'r trefniadau gael eu neud i brynu'r tŷ. Wedd y gwesty'n edrych mas dros ddolydd breision Petersham i gyfeiriad afon Tafwys, ond wedd na'r un fuwch na dafad i'w gweld na bugunad na bref i'w clywed yn unman. Wedd bar a stafell fwyta o'r enw'r 'Pembroke Restaurant and Bar' pan fydde hiraeth arna i. Fe fasen i'n fwy cartrefol byth tase buches o wartheg godro yn hytrach na cheirw yn pori 2,500 o erwau Parc Brenhinol Richmond drws nesa.

Wedd hwn yn fyd cwbwl wahanol i'r hyn wên i'n gyfarwydd ag e, ac er cystal y golygfeydd, wên nhw'n ddim i'w cymharu â'r olygfa ar draws y perci o Gilrhue i gyfeiriad y môr yn Aberteifi ar y naill ochor, a mynyddoedd y Preselau a'r Frenni Fawr i'r cyfeiriad arall ar ddiwrnod clir o haf. Wedd e'n sioc i'r system. Cofiwch, wedd bwyd y Pembroke Restaurant and Bar yn ddi-fai, ond ma rhywbeth am fwyd cartre, bwyd ffarm rownd ford y gegin. Wên i erioed wedi bod mor hir â hyn o gatre o'r blân, na chwaith wedi cael y profiad o fyw mor bell; mae'n rhaid taw dyma beth wedd yr 'hiraeth' ma pob Cymro yn mynd trwyddo fe pan fydd e mewn gwlad ddierth ar ei ben ei hunan. Wên i ond wedi clywed am 'hiraeth' mewn gwersi Cwmrâg yn yr ysgol – nid 'mod i llawer callach bryd hynny. A wedd hwn yn rhyw 'hiraeth' cwbwl wahanol i hwnnw ma ffarmwr yn ei deimlo ar ôl gwerthu neu golli creadur? Wên i'n gallu dod i ben â hwnnw.

Ar Sadwrn ola mis Awst 1997 wedd Cymru'n rhoi coten o 70 i 21 i Rwmania yn Wrecsam, ond rhoi cot o baent i 58, Roydon Court wedd ar fy meddwl i. Ond pan godes i ar gyfer brecwast fore Sul yng ngwesty'r Richmond Hill wedd pawb o'r staff yn swp sâl. A dyma ofyn beth wedd yn bod. "Haven't you heard the news?" Daeth y newyddion syfrdanol ar y bore dydd Sul hwnnw fod y Dywysoges Diana wedi marw yn dilyn damwain car ddifrifol ym Mharis. Fe ddaeth y wlad i stop, ac fe welwyd y prif weinidog Tony Blair ar y teledu yn talu teyrnged. Clywyd bod gêmau pêl-droed wedi cael eu gohirio fel arwydd o barch, ac o weld y fflags ar *half-mast* wedd hi ddim yn syndod i'n gêm ni yn erbyn y Saracens gael ei gohirio, a ninne wedi cyrraedd a newid yn barod am y gêm ar gae Vicarage Road.

Symudon ni i mewn i 58, Roydon Court ar y 6ed o Fedi, diwrnod angladd Diana. Wedd Veronica a finne heb gael cyfle i chwilio am gelfi ac eistedd ar focsys cardfwrdd fuodd hi'n gwylio'r teledu achos wên i'n hedfan gyda thîm Richmond mas i dde-orllewin Ffrainc, yn barod am y gêm yn erbyn Colomiers ar gyrion Toulouse drannoeth. Colli'r gêm wnaethon ni yng Nghwpan Her Ewrop o 34 i 18 ac fe aethon nhw mlân i ennill y gystadleuaeth y tymor hwnnw, ond wedd pethe'n edrych yn dda i fi yn y tîm a finne'n ddewis cynta ar y pen tyn. Wên i'n fwy na hapus 'mod i wedi cyfrannu'n helaeth yn y whare rhydd yn ogystal ag yn yr elfennau gosod yn Colomiers fel yn y gêm gynghrair gynta ddaeth â buddugoliaeth yn erbyn y Gwyddelod yn Llunden yr wythnos cynt. Wên i'n fwy na hapus 'mod i wedi neud y penderfyniad iawn i symud o Gastell-nedd.

Yn ystod y diwrnode cynta hynny yn Walton, wên i'n teimlo fel Mick, y cymeriad hoffus hwnnw yn y ffilm *Crocodile Dundee*! Wedd hi'n amlwg na fydde'r cymdogion yn cyfarch ei gilydd drwy godi llaw heb sôn am ddechre sgwrs, a dw i ddim yn credu i fi ddweud – wel, dim i fi gofio ta beth – "Hi there! I'm John – from Wales!" Wên nhw siŵr o fod wedi dyfalu na wên i'n un o'r *locals*. Fe redon nhw i'r tŷ y tro cynta, mewn ofon falle, ond wedyn fe fuon nhw'n gymdogion da.

Profiad newydd wedd mynd mas am goffi yn hytrach na mynd mas i garthu'r boudy, ond wedd hwnnw'n rhan o batrwm bywyd chwaraewr rygbi proffesiynol yn Llunden, gallwn i feddwl. Fe ddaeth Agustín Pichot a Rolando Martin, mewnwr a blaenasgellwr rhyngwladol o'r Ariannin, Earl Va'a, maswr o Samoa, a Matt Pini o Awstralia. Ond wedd mwy o Gymry na neb arall erbyn hyn gan gynnwys Barry Williams a finne yn y tymor newydd, a digon o reswm, bydde dyn yn meddwl, i gael ambell ymweliad gan hyfforddwr rhyngwladol Cymru, Kevin Bowring. Dyna wedd y gobaith ta beth.

"Welcome – but don't stamp on my head," wedd cyfarchiad Ben Clarke y diwrnod ymarfer cynta hwnnw mas yn Iwerddon, ac er mor hapus wedd e o weld 'y nghefen i ar y Maes Cenedlaethol dros ddwy flynedd cyn hynny, wedd e'n fwy na hapus nawr o 'nghael i yn yr un tîm ag e. Wedd e'n ŵr bonheddig ac yn gymeriad cryf. Wedd e ddim at ddant pawb – ond wedyn pwy sydd? – ac ma gen i gof o Barry Williams ag e wrth yddfe'i gilydd mewn sesiwn ymarfer. Taflwyd dyrne ac ymhen dim wedd Barry ar ei ben e ar lawr. Fe fydde cystadleuaeth o'r fath yn fêl ar fysedd yr hyfforddwr John Kingston, wedd yn debyg iawn i Ron Waldron yn gymaint â'i fod e'n hapus o weld, yn cymell hyd yn oed, cystadleuaeth frwd rhwng chwaraewyr mewn sesiynau ymarfer. Bydde Ron yn taflu pêl i ganol y whare, fel asgwrn i bac o gŵn. Wedd neb yno i gadw llygad ar reolau'r gêm, ac fe fydde 'na ollwng gwaed. Fel 'na wedd hi, ond bydde'r cyfan yn cael ei anghofio wedi hynny, bron â bod.

Wedd Andy Moore, mewnwr Richmond, yn agos iawn at Ben Clarke, a dim syndod, oherwydd wedd y ddau yn allweddol i lwyddiant y tîm a sicrhaodd ddyrchafiad i Richmond i'r Brif Adran y tymor cynt. Ond wedd yr Archentwr Gus Pichot, wedd mewn cystadleuaeth am safle'r mewnwr gydag Andy, yn ei chael hi'n anodd i glosio at Ben. Bydde rhywun yn meddwl taw fel hynny falle y bydde hi rhwng Ben a Scott

Quinnell o feddwl bod y ddau'n cystadlu am yr un crys. Ond sylweddolwyd y gellid defnyddio cryfderau'r ddau ohonyn nhw trwy gynnwys y ddau yn y tîm. Yn amal bydde Scott yn arwain y rhuthr o sgrym ymosodol, ond mewn sefyllfa amddiffynnol wedyn falle taw Ben Clarke fydde'n cloi'r sgrym.

O dan hyfforddiant John Kingston a chapteniaeth Ben, wedd Richmond am whare rygbi agored a wedd gyda ni dîm o sêr i neud hynny. Fe drechon ni'r Gwyddelod yn Llunden o 32 i 12 yng ngêm gynta'r tymor, heb ildio'r un cais. Ond bu raid aros am fis i gael ein hail gêm gartre, ac aeth hynny o dan groen Ashley Levett. Dyna fel wedd y gêmau'n digwydd yn ôl strwythur ac amserlen y tymor. Wedd hynny'n sobor o rwystredig iddo, ac i ddyn busnes wedd hynny ddim yn neud synnwyr masnachol. Fe geisiodd Levett ei ore glas i newid lliwiau'r clwb, o'r aur, y du a'r coch oesol i ryw goch a du salw. Ond pan fydde'r lliwiau'n gwrthdaro gyda chrysau'r gwrthwynebwyr, bydde rhaid i ni newid yn ôl i'r hen grysau, ac fe fydde Levett yn benwan eto. Whare plant mewn gwirionedd.

Fe gollon ni bob un o'n gêmau bant hyd at ddiwedd y flwyddyn. Wedd pawb am ein trechu ni, ac fel bydde rhywun yn dishgwyl, wedd digon yn barod i'n gwawdio ni, fel y diwrnod hwnnw ddeuddydd wedi'r Nadolig pan gollon ni i Gaerloyw ar Kingsholm. "What a waste of money" wedd y gri o'r 'Shed'. Wên i wedi clywed gwaeth ar y Strade neu Heol Sardis yn fy nyddie gyda Chastell-nedd. Ni wedd tîm yr arian mawr. Ni, yn fwy na'r un tîm arall, wedd y tîm wedd pawb am ei drechu. Ond wedd Richmond a chlybie Lloegr wedi addasu'n well i'r oes broffesiynol na thimau Cymru. Neu fel hynny wedd hi'n edrych i fi.

Fe enillon ni'r gêm yn erbyn yr Harlequins, ein cymdogion agosa a'n gelynion penna, ac fe gawson ni'r gore ar Gaerlŷr adre ar Faes yr Athletic. Hon, yn lled debyg, wedd y gêm yn y diwedd a gostiodd ei swydd i'w hyfforddwr, Bob Dwyer. Fuodd yna ddim cyhuddiadau o *bag snatching* ond bu raid i'r Awstraliad bacio'i fagiau ei hunan wedi'r gêm honno. Fe brofon ni'r diwrnod hwnnw y gallen ni fel tîm drechu unrhyw un ac fe brofwyd hynny eto pan drechon ni Gaerfaddon a'u rhoi nhw mas o'r Cwpan.

Ac eto, pan gynigiodd Caerlŷr dros £100,000, yn ôl y sôn, am Gus Pichot, wedd y Bwrdd am ei werthu, ond fuodd dim trafodaeth gyda'r dyn ei hunan. Wedd hynna eto yn profi taw dim ond neud arian wedd ar feddwl Levett, ta beth am weddill aelodau'r Bwrdd. Pan ddaeth Gus i ddeall, serch hynny, fe ddwedodd e wrthyn nhw'n ddigon plaen na wedd e'n mynd i unman, ac nad tamed o gig i'w daflu o flân y cŵn wedd e. Wên i'n ei barchu fe am hynny. Wedd 'da fi hyd yn oed fwy o barch ato pan glywes i iddo dalu £350 mas o'i boced ei hunan am fws i fynd â'r tîm i gêm bant wedi i fi adael, ac wedi i Richmond fynd i drafferthion ariannol.

Ond colli'n ffordd wnaethon ni ganol y tymor ac fe fuodd yna dipyn o siarad plaen fel dw i'n cofio wedi i ni golli'n drwm i lawr yr hewl ar y Stoop yn erbyn yr Harlequins. Os wedd un gêm wedd gas gan Richmond ei cholli, honno yn erbyn y cymdogion agosa wedd honno, yn union fel Castell-nedd ac Abertawe, neu Bontypridd a Chaerdydd. Wedd rhai'n teimlo'n euog yn dilyn coten o 41 i 12, ac fe effeithiodd yn drwm ar rai fel Matt Pini, y cefnwr o Awstralia, a ymunodd â Chasnewydd wedi hynny.

Trefnwyd cyfarfod o'r chwaraewyr er mwyn rhoi cyfle i bawb gael dweud ei ddweud. Gofynnwyd i'r blaenwyr ddweud eu barn am whare yr olwyr ac, yn yr un modd, yr olwyr am y blaenwyr. Teimlo wedd y blaenwyr y gallai'r olwyr amrywio'u llinellau rhedeg, a dod â'r cefnwr a'r asgellwyr i mewn yn amlach. Ond pan gafodd Matt Pini ei gyfle, wnaeth e ddim gwastraffu geirie. Wedd ei sylwadau'n bigog ac yn llawer mwy personol. Wedd rhai o'r enwau mawr ymhlith y blaenwyr yn gadael y clwb i lawr, medde fe, gyda'u hagwedd tuag at whare, ac at y sesiynau ymarfer, y modd wên nhw'n gwisgo, a'u hymroddiad yn annerbyniol. Wedd e hefyd yn teimlo ein bod ni'n ymarfer gormod, fel y bydden ni bob dydd wrth gwrs. "Ymarfer er mwyn rhoi o'ch gore ar y cae ar ddydd Sadwrn nid ar nos Iau ddylai hi i fod," meddai. A wedd e'n iawn. Sdim dwywaith amdani, fe wnaeth y 'gollwng gwaed' hwnnw fyd o les, achos un gêm mewn saith gollon ni wedyn hyd at ddiwedd y tymor.

Fel blaenwyr, fe wnaethon ni whare'n fwy ymosodol a gyda mwy o angerdd. Fe wnaethon ni hefyd weithio'n galetach ar ein ffitrwydd, a chymryd mwy o ofal o'r hyn wên ni'n ei fwyta, er y galle hynny fod yn anodd ar brydie, gyda lle bwyta Tsieineaidd heb ei ail yn Richmond. 'Eat as much as you want for £5' medde'r arwydd yn y ffenest. Ac fel y gall rhywun ddychmygu, ac o gofio pwy wedd yn whare i Richmond, wedd dim llawer o broffit i'r perchennog pan fydde'r Cymry'n galw heibio. Gorfod iddo atgoffa Craig Quinnell siwrne: "The sign says 'Eat as much as you want' not 'Eat as much as you can'!"

Wedd cael seicolegydd, Dr Ian Maynard, yn aelod o'r tîm wrth gefen yn enghraifft arall o'r modd y gwnaeth timau Lloegr fynd drwy'r holl broses o droi'n broffesiynol. Wedd e wedi whare yn safle'r maswr i'r Saracens ac yn gyfarwydd â iaith ac awyrgylch y stafell newid. Wedd e'n gwbod beth wedd beth, ac er ei fod e wedi bod ynghlwm wrth sawl ymdrech Olympaidd gyda thimau hwylio a bocsio ymysg eraill, a rheffyn o lythrennau wrth gwt ei enw, fe barodd rhai ohonon ni'r Cymry iddo fe grafu'i ben ar brydie.

Bydde tipyn o dynnu coes rhyngon ni'r chwaraewyr, a neb yn fwy na'r Cymry. Wedd Scott Quinnell wedi gorfod gadael ei gi hoffus ar ôl yn Llanelli pan symudodd e i Richmond, a phan awgrymodd rhywun wrth Ian Maynard fod Scott yn isel ei ysbryd, penderfynwyd bod angen therapi ar yr wythwr i ddod i delerau â'i hiraeth am ei gyfaill annwyl. Ond, wrth gwrs, wedd Scott yn fwy o 'ddoctor' na wedd y seicolegydd yn sylweddoli, ac yn fwy na pharod i whare'r gêm. Teimlo'i oedran wedd y canolwr Allan Bateman ac wedi cael hen ddigon ar chwaraewyr yn ei alw'n *grandad* nes ei fod e'n ystyried rhoi'r gore i whare. Wên inne'r un mor ddwl â'r ddou arall pan awgrymwyd wrth y seicolegydd 'mod i wedi gorfod gwerthu'r da godro a taw hynny wedd yn gyfrifol 'mod i'n teimlo'n benisel. Bydde'r holi'n ddwys ac yn ddwfwn, a falle wedd bai arnon ni am dynnu ar y dyn, ond fe wnaeth e fyrhau'r gaea i ni i gyd. Wedd Craig Quinnell yn gallu bod yn sialens i unrhyw seicolegydd!

Mantra Maynard wedd "Control the controllable. You cannot control the opposition, the referee or the weather. What you can control is your own performance."

Digon teg. Ond wedd un arall o'i fantras yn dod â'r neges dipyn yn nes adre: "It's not just about motivation, that sort of crap. It's no longer fun. It's your job."

Af i ddim i weud bod gêmau Lloegr yn galetach na gêmau yng Nghymru. Dyw chwaraewr ond cyn gryfed â'r chwaraewyr sydd o'i gwmpas e, ond wedd y gêmau'n sicr yn gyflymach, gyda nifer o chwaraewyr rhyngwladol. Wedd hi fel gêm ryngwladol bob penwythnos. Wedd rhywun yn cleisio 'run mor hawdd yn Lloegr ag yng Nghymru, a'r un wedd y stiffrwydd fore trannoeth. Wedd awch ar y whare, fel y bydde rhywun yn dishgwyl, a cholli gêmau'n creu'r peryg y bydde'r tîm yn disgyn i adran is, ac fe fydde hynny, wrth gwrs, yn golygu llai o arian. Wedd Levett eisoes wedi buddsoddi dros £3 miliwn a wedd colli ddim yn ei eirfa fe.

Profiad rhyfedd, serch hynny, wedd mynd adre i Roydon Court ar ôl ymarfer neu wedi gêm, a chau'r drws. Yng Nghilrhue wedd wastad rhywbeth i'w neud, hyd yn oed wedi swper. Wedd pawb yn byw yn ei nyth fach ei hunan yn Walton. Ond wedd e'n fwy anodd ar Veronica, a fydde'n mynd adre i Gymru ar y penwythnose pan fydden ni'n whare bant. Ar ddiwrnod twym, yr arferiad wedd gadael drws y tŷ ar agor, a'r ddau gi, Tordo a Sophie, yng nghefn y car a drws hwnnw ar agor. Fydde hi ddim yn hir cyn y clywen ni bobol drws nesa'n gweiddi arnon ni fod y dryse ar agor, gan awgrymu na wedd hi'n saff i neud hynny.

Teithio o gwmpas wedd y broblem fwya yn Walton, ac

osgoi y 'Chelsea Tractors' ar ddechre a diwedd dydd pan fydde hi'n dymor ysgol. Wedd ysgol Americanaidd gerllaw, a wên i'n pwslo'n amal a wedd rifyrso a *three-point turn* yn rhan o'r prawf gyrru ochor draw i'r Atlantic! Wedd trefnu siwrne i'r siop neu i'r Swyddfa Bost ar yr adeg honno o'r dydd fel trefnu antur lan yr Amazon. Wedd digon o amser sbâr a digon o siope a sinemâu yn gyfleus. Wedd hi'n ddigon rhwydd gwario arian yn Richmond. Ond fel pob ffarmwr, dw i'n hapusach pan fydda i'n cael gwerth fy arian.

Wedd bywyd cymdeithasol da rhyngon ni'r Cymry yn y clwb. Tafarn y Sun yn Richmond fydde'r man cyfarfod gan amla, gan fod Barry, Scott, Craig a finne'n byw yn Walton. A dyna lle cofies i ble wên i wedi cwrdd ag Andy Moore y mewnwr cyn hynny, a arweiniodd at y sgwrs am y penwythnos pan fu'n aros gyda theulu Cilrhue yn grwt.

Dw i'n greadur digon cymdeithasol – fe wna i siarad â phawb – ac fe weles i'r rhan fwya o bobol clwb Richmond yn bobol iawn, ond ches i ddim sioc chwaith fod ambell Sais yn edrych lawr ei drwyn arna i yn ystod y tymor cynta hwnnw. Gyda chymaint o Gymry yn y tîm bydden ni'n denu cefnogwyr Cymry Llunden wedd â'u cartre yn Old Deer Park gerllaw, yn ogystal ag ambell un fydde'n dod o orllewin Cymru ambell dro. Daeth Beth a Mansel Rees, ffrindie da o Benygroes ger Rhydaman, lan ar gyfer y gêm gynta honno yn erbyn y Gwyddelod yn Llunden ac aros gyda ni yn y Richmond Hill Hotel cyn i ni symud i Roydon Court. Wedd hi'n brynhawn twym iawn fel dw i'n cofio a nhwythe'n eistedd yn yr eistedd le agored ar Faes yr Athletic. Erbyn tua deg y nos wedd Mansel yn teimlo'r gwres, ac yn llwyr gredu iddo gael *sunstroke* y prynhawn hwnnw. Mae'n cymryd peth amser hefyd i gyfarwyddo â chwrw dierth! Ond all rhywun ddim rhoi pris na gwerth ar deyrngarwch.

Gwnaeth ambell un, fel hyfforddwr Cymru, Kevin Bowring, a wedd yn byw dipyn yn nes, gadw'n ddierth, a bydde fe wedi gallu neud y siwrne'n hawdd iawn, ond dirywio wnaeth y berthynas rhyngddo fe a John Kingston, wedd wastad yn rhyfeddu na wên ni'r Cymry'n cael mwy o sylw gan dîm hyfforddi Cymru.

Fe fydde Kingston yn mynnu'r gore oddi wrthon ni, a wedd e'n awyddus i ni i gyd gael y cyfle i whare dros ein gwlad. Wedd e'n llym ei gondemniad o Kevin Bowring am na wedd hwnnw'n dod i Richmond i weld y Cymry'n whare ac fe fydde fe'n benwan wedyn os wedd Cymro o Richmond yn cael ei ollwng o'r tîm cenedlaethol neu ddim yn cael ei gynnwys. Wedi dweud hynny, fydde Kingston chwaith ddim yn hir cyn ein hatgoffa ni pwy wedd yn talu ein cyflogau ni os wedd e'n meddwl na wên ni'n tynnu'n pwyse.

Hedfanodd y tymor cynta gyda'r holl gyffro ac fe dreulies i dipyn o amser hamdden yn neud gwelliannau rownd y tŷ. Wên i, fel pob ffarmwr, yn eitha handi gyda mwrthwl a gwaith adeiladu, ar ôl neud tipyn o waith adnewyddu yng Nghilrhue, lle bydde anelu mwrthwl at un o'r walydd cerrig trwchus yn anfon cryndod fel daeargryn i fyny'r fraich hyd at yr ysgwydd. Felly, fues i ddim yn hir cyn cael trefen ar Roydon Court. Ac fe wydden i hefyd, fel ffarmwr, fod bod yn segur yn waith caled.

Aeth y Bencampwriaeth yn nhymor 1997/98 i Newcastle, tîm Rob Andrew. Wên nhw wedi gwario'n helaeth, fel y Saracens a Richmond, ond fe drechon ni nhw gartre er i Scott Quinnell gael ei anfon o'r cae. Wedd nifer o'r farn taw Richmond wedd wedi whare'r rygbi gore. Aethon ni mas i redeg yn syth, i redeg yn galed ac i daclo'n galetach fyth. Hynny ddaeth â'r chwe buddugoliaeth ar ddiwedd y tymor, a'r ore ohonyn nhw dros y Wasps o 51 i 29. Fe ddechreues i 17 o'r 22 gêm yn y Gynghrair a dod bant o'r fainc mewn pedair arall wrth i Richmond orffen y tymor yn bumed yn y tabl. Wedd hynny'n ddigon i sicrhau lle i Richmond ym Mhencampwriaeth Heineken Ewrop yn nhymor 1998/99, ond wrth gwrs ddaeth hynny ddim i fod, gan i glybie Lloegr foicotio'r gystadleuaeth am na wên nhw'n cael beth wên nhw'n ei weld fel siâr deilwng o'r gacen ariannol. Bymtheg mlynedd yn nes mlân, mae'n amlwg na wes llawer wedi newid.

Diwrnod du ym Mhretoria

WÊN I DDIM wedi cael fy newis i whare i Gymru ers gêm yr Eidal yn Ionawr 1996, a gyda syndod yr agores i'r llythyr a gyrhaeddodd 58, Roydon Court y bore hwnnw ym mis Mai 1998 yn gofyn a fydden i ar gael i neud y daith chwe gêm gyda thîm Cymru i Zimbabwe a De Affrica. Y prawf yn erbyn y Springboks fydde'r uchafbwynt, a honno fydde'r ola a'r anodda o'r gêmau, ar y 27ain o Fehefin.

Rhyw lythyr tebyg i hwnnw fydde weithie'n cael ei anghofio yn y bag ysgol am ryw drip neu'i gilydd wedd e, ond bydde'r daith hon yn rhywbeth tipyn yn fwy na thrip ysgol neu ysgol Sul, gan olygu whare yn erbyn Natal, Border a Gauteng Falcons, tîm datblygu'r Springboks yn ychwanegol at y ddwy gêm ryngwladol. Honno yn erbyn Zimbabwe yn lled debyg fydde'r hawsa ohonyn nhw i gyd.

Fe wnaeth galwad ffôn neu ddwy gadarnhau bod nifer o'r chwaraewyr a ymddangosodd ym Mhencampwriaeth y Pum Gwlad y tymor cynt naill ai ddim am deithio, yn methu teithio oherwydd anafiadau, neu am resymau personol eraill. Wedd hi'n edrych yn debyg fod sawl chwaraewr, yn dilyn colledion trwm o 60 i 26 yn erbyn Lloegr yn Twickenham ac un arall o 51 i 0 yn erbyn y Ffrancwyr yn Wembley yn ystyried y bydde haf gartre, beth bynnag fo'r tywydd, yn well na thaith anodd i gyfandir Affrica, gyda'r Springboks o hyd yn bencampwyr byd. Wedd temtasiwn i adael y llythyr yn 'y bag', ond wedd fy awydd i gynrychioli fy ngwlad ddim tamed llai, ac fe fydde teithio i Dde Affrica yn gyfle i ddangos na wên i wedi colli dim o'r awch na chwaith yr awydd.

Tair wythnos gafodd Dennis John a Lynn Howells, y ddau yn hyfforddwyr ar glwb Pontypridd wedi'u penodi dros dro i baratoi ar gyfer y daith. Wedd Kevin Bowring wedi ymddiswyddo fel hyfforddwr cenedlaethol, yn dilyn y colledion trwm yn erbyn Lloegr a Ffrainc ym Mhencampwriaeth y Pum Gwlad. Wedd Dennis a Lynn yn eu tro wedi hyfforddi tîm A Cymru, gyda Dennis yn dychwelyd i Dde Affrica nawr yn brif hyfforddwr yn dilyn siom Cwpan y Byd ym 1995. Cafodd y chwaraewyr hynny a arhosodd gartre, hyd at ddeunaw ohonyn nhw, eu beirniadu'n hallt gan y chwaraewr rheng ôl rhyngwladol Colin Charvis ac fe ddwedodd Rob Howley, capten Cymru ym Mhencampwriaeth y Pum Gwlad o dan Bowring, pa mor hurt wedd ymgymryd â thaith mor anodd. Wedd gan Scott Gibbs, Neil Jenkins a Ieuan Evans anafiadau go iawn, ac fe gafodd Allan Bateman bardwn munud ola i aros adre i gael llawdriniaeth ar ôl torri ei drwyn cyn diwedd y tymor. O'r rhai a deithiodd, wedd Charvis, Mike Griffiths, Garin Jenkins, Barry Williams, Dafydd James, Scott Quinnell, Robert Howley a finne, i gyd â phrofiad o gêmau rhyngwladol ac o deithio. At Scott Quinnell, Barry Williams a finne, Nathan Thomas o Gaerfaddon wedd yr unig chwaraewr arall o glwb y tu fas i Gymru i dderbyn y gwahoddiad.

Fe fydde cyfle i nifer o chwaraewyr ifainc, addawol, ond eto heb ennill cap, i ennill profiad, ond gyda chymaint o chwaraewyr o dan gytundeb ddim ar gael, wedd Undeb Rygbi Cymru ddim wedi meddwl beth ddylai'r chwaraewyr ei dderbyn fel tâl, os o gwbwl, am y bedair wythnos y bydden nhw bant o gatre.

A hithe'n ganol haf, wedd cyfle i fi fynd adre ar ôl tymor yn Richmond. Wedi'r cyfan, wedd hi'n dymor y cynhaeaf. Unwaith yn rhagor, fel gyda Chwpan y Byd ym 1995, bydde angen i fi dalu rhywun i ddod i gyflawni fy nyletswyddau yng Nghilrhue dros y cyfnod y byddwn i bant pe bawn i'n derbyn y cynnig i deithio i Affrica. Falle na wên i wedi whare i Gymru ers dros ddwy flynedd ond wedd rhai pethe heb newid oherwydd fe fuodd yna ddadle unwaith yn rhagor rhwng y chwaraewyr a'r Undeb dros dâl. Swm o £1,500 oedd y tâl i fod, gyda bonws am ennill gêm: £500 am drechu Zimbabwe, tîm datblygu'r Springboks, Borders, Natal a'r Gauteng

Falcons a £1,000 tasen ni'n llwyddo i drechu De Affrica am y tro cynta erioed. Tenau iawn wedd y gobaith o fwrw'r *jackpot* o £5,000 am 'gamp lawn', a ddwedes i fawr ddim. Wedi'r cyfan, wedd gen i gytundeb hael gyda Richmond, ac os wedd gobaith o gael fy hunan 'nôl yn y garfan ryngwladol yna, mewn gwirionedd, fe fydden i wedi neud y daith yn ddi-dâl. Parhaodd y trafodaethau hyd at yr eiliad ola, gyda Terry Cobner a rheolwr y tîm cenedlaethol, Trevor James, yn y pen draw yn dwyn perswâd ar y chwaraewyr, bron hyd at ein hwpo ni lan grisiau'r bws tu fas i westy'r Copthorne ar gyrion Caerdydd, gydag addewid y bydde'r Undeb yn edrych eto ar y telerau.

Wnaeth y dadlau dros arian ddim amharu ar y paratoadau o gwbwl. Wnaeth hynny chwaith ddim tynnu oddi ar ymdrechion Dennis a Lynn, a wedd ymdrech y garfan yn ddim llai cyn y gêm yn erbyn Zimbabwe. Wedd pum mlynedd wedi pasio ers y tro cynta i fi ymweld â'r wlad ond wedd hi'n amlwg na wedd yr amodau byw ddim tamed gwell, i'r fath raddau fel y bu raid i'r awdurdodau 'berswadio' pobol wedd wedi neud eu cartre yn stafell newid y stadiwm i symud mas.

Trechwyd Zimbabwe yn Harare yn ôl y dishgwyl, diolch i dri chais Byron Hayward, a enillodd ei gap cynta o'r fainc, ond collwyd Scott Quinnell i anaf yn y fuddugoliaeth o 49 i 11. Yn ogystal â Hayward, enillodd pump chwaraewr arall eu cap cynta. Fuodd yna fawr o ddathlu, serch hynny, gyda ffacs a ddaeth o swyddfa Undeb Rygbi Cymru yn cadarnhau na fydde gwelliant i'r cynnig gwreiddiol o dâl am deithio, yn derbyn mwy o sylw. Ac erbyn hynny, wedd cymal ynghudd yn y cytundeb yn cadarnhau taw dim ond ar ôl i chwaraewr whare tair gêm y bydde fe'n deilwng i hawlio'r £1,500 llawn. Gan fod y chwaraewyr rhyngwladol ar gytundeb yn cael eu talu ta beth, wedd hi'n edrych i bawb fel eu bod nhw'n cael mwy am aros adre na wên ni'n ei dderbyn am fynd ar daith – taith na wedd neb ond yr Undeb yn dymuno ei chael.

Collwyd y gêmau yn erbyn tîm datblygu'r Boks a thalaith y Borders, ac yn sydyn wedd ciw hir yn aros am wasanaeth y *physio*. Er y boen ar wyneb ambell un, wedd gwên o ryddhad ar wyneb ambell un arall a welai ei hunan ar awyren yn anelu tuag adre ymhen rhai orie. Aeth y capten, Rob Howley, adre, yn dilyn anaf yn y golled i Natal, ac erbyn i ni gyrraedd y gêm brawf yn erbyn y Boks yn Pretoria wên ni wedi colli gêmau yn erbyn tîm datblygu'r Springboks, taleithiau Border a Natal, ac un arall yn erbyn y Gauteng Falcons. Bu'n rhaid chwilio am *kit* ar hast i Stephen Jones y maswr a David Llewellyn, mewnwr Glynebwy, a ddaeth mas yn lle Rob Howley. Wedd hi mor dlawd â hynny arnon ni.

Dim ond dau mas o chwech o eilyddion atebodd yr alwad yn ystod yr wythnos ola, gyda Llewellyn yn camu i'r cae am ei gap cynta yn lle Paul John, gyda munud yn unig ar ôl ar y cloc. O leia fe gafodd Stephen hanner awr yn ei gêm ryngwladol gynta. Wedd Kingsley Jones, blaenasgellwr Glynebwy, wedi bod yn ymarfer gyda'r garfan cyn ymadael am Affrica, ond am na lwyddodd e i gael ei gynnwys yn y garfan wnaeth deithio, dyma fe'n mynd mas i ymuno â'i dad yn Seland Newydd. Ond wedi i Dean Thomas, blaenasgellwr Abertawe, dderbyn cerdyn coch ganol wythnos yn erbyn Gauteng, fe alwyd Kingsley draw o Seland Newydd nid yn unig i baratoi ar gyfer y gêm brawf ond i arwain y tîm yn dilyn yr anaf i Rob. Dyna'r fath o daith wedd hi.

Mae'n anodd credu bod dros bymtheg mlynedd wedi pasio ers i fi ennill yr ola o fy 34 cap dros Gymru yn y gêm honno ym Mhretoria, ond anghofia i byth mo'r diwrnod, achos yn un peth wedd e mor wahanol i'r profiad o ennill y cap cynta. Wyddwn i ddim ar y pryd, wrth gwrs, taw dyna'r tro ola y byddwn i'n gwisgo'r crys coch, na chwaith taw'r 27ain o Fehefin, 1998 fydde'r diwrnod tywylla yn hanes y gêm yng Nghymru, sef y diwrnod y cafodd Cymru y gosfa fwya yn ei hanes ar gae rygbi.

Sneb yn camu i'r llwyfan cenedlaethol heb ei fod e'n barod i roi o'i ore, ac er tegwch i Dennis, beth mwy alle fe ofyn nag i ni wisgo'r crys gyda balchder? Ond nid Stadiwm Loftus Versfeld ym Mhretoria, cartre'r Blue Bulls, wedd y lle i fod y prynhawn hwnnw ar ddiwedd Mehefin 1998, hyd yn oed i'r Cymro mwya pybyr, gyda'r dorf yn galw am waed wrth weld eu tîm yn croesi am bymtheg cais. Wên i wedi cael profiad o weld ymladd teirw go iawn o'r eisteddle yn Sbaen ddegawd ynghynt ond ym Mhretoria fe ges i flas o ruthr y tarw yn y cylch. Fe gollwyd y gêm o 96 i 13 a thase Naka Drotské, yr eilydd o fachwr, ddim wedi taro'r bêl mlân ym munud ola'r gêm fe fydde'r dorf wedi cael eu dymuniad o weld y Boks yn croesi'r 100 pwynt. Fel dwedodd Kingsley Jones wedyn, doedd yr hanner cynta ddim yn ffôl, er i ni ildio pedwar cais, ond wrth i'r Springboks godi'r tempo, gyda'u pŵer a'u cyflymdra, a nifer o Gymry'n cael eu profiad cynta o whare ar y fath uchder uwchlaw'r môr lle mae'r aer yn llosgi yn yr ysgyfaint, wedd yr ail hanner yn debycach i Rorke's Drift.

Daeth Nick Mallett, hyfforddwr De Affrica, i'r stafell newid wedi'r gêm a chyhoeddi taw ni wedd y tîm rhyngwladol sala iddo ei weld erioed. Fe ddangosodd e'r fath ddirmyg tuag aton ni drwy yrru ei eilyddion i gyd i'r cae yn gynnar yn yr ail hanner. Oni bai am hynny, falle bydde'r dorf wedi cael eu dymuniad o weld y Boks yn croesi'r 100 pwynt. Beth allen ni ei neud ond cymryd y 'moddion', waeth pa mor atgas wedd e? Wedd Dennis John yn ddigon o ddyn, wedi'r golled fwya yn hanes rygbi Cymru, i fynnu cario mlân yn y swydd oherwydd wedd talentau ifanc wedi amlygu eu hunen ar y daith. Ond sdim amheuaeth yn fy meddwl i nawr taw taith ddatblygu ddylse honno fod wedi bod, ac yn rhuthr gwyllt Undeb Rygbi Cymru am arian i'r coffrau, rygbi Cymru wnaeth dalu'r pris ar y diwrnod du hwnnw ym Mhretoria. Ond fel y dwedodd Dennis John wedyn, fe gafodd chwaraewyr megis Stephen Jones, Geraint Lewis, Ian Gough a Chris Wyatt flas cynnar o ofynion rygbi rhyngwladol a'r pwyse wedd yn dod gyda hynny. Ac fe aethon nhw yn eu blaenau i anrhydeddu'r crys ar ddiwrnode llawer brafiach na hwnnw ym Mhretoria, a neb yn fwy na'r maswr Stephen Jones, y cefais i'r fraint o whare gydag e yng nghrys coch Llanelli a'r Scarlets mewn gêmau bythgofiadwy yn Ewrop wedi hynny.

Yn ddiarwybod i Dennis, tra wedd e a ninne'n hedfan adre, wedd Cyfarwyddwr Rygbi Cymru, Terry Cobner, Cadeirydd Undeb Rygbi Cymru, Glanmor Griffiths, ynghyd â Denis Gethin, Ysgrifennydd yr Undeb bryd hynny, yn anelu am Awstralia a Seland Newydd i gynnal cyfweliadau gydag ymgeiswyr posib i lanw swydd wag yr hyfforddwr cenedlaethol. Ac, yn ôl y sôn, wedd eu llyged nhw ar ryw sgwlyn o Auckland.

Palmentydd Llunden ddim yn aur i gyd

Taswn inne wedi cael cynnig £250,000 y flwyddyn am y pum mlynedd nesa fe fydden i wedi neidio i mewn i'r Fiat Punto, gyrru mas trwy iet y clos a lan y feidir mewn cwmwl o lwch yn fy hast i arwyddo'r cytundeb. Dyna, mae'n debyg, wedd gwerth y cytundeb a gynigiwyd i Graham Henry gan Undeb Rygbi Cymru. Dim rhyfedd iddo alw cynhadledd i'r wasg ar hast yn Auckland a chyhoeddi: "I'm off to Wales and I'm going tonight" gan godi dau fys ar Undeb Rygbi Seland Newydd ar yr un pryd. Wedd awdurdodau rygbi Seland Newydd ddim yn fodlon gweld eu hyfforddwyr disgleiria yn dianc am borfeydd brasach, ddim tamed yn fwy na wedd Undeb Rygbi Cymru am weld eu chwaraewyr disgleiria yn whare tu fas i Gymru. Yn wahanol i fi, fodd bynnag, wedd dim rhaid i Graham Henry drefnu sêl ffarm. A thra wedd y cyn-ysgolfeistr yn troi ei gefen ar rygbi yn Seland Newydd ac yn cynefino â'i sefyllfa newydd, wên inne, yn dilyn y goten ym Mhretoria, 'nôl yn Walton.

Dw i ddim am wadu na wedd dagre yn y stafell newid ar gae Loftus Versfeld, a dw i'n siŵr i'r profiad effeithio ar sawl un wedi iddyn nhw ddychwelyd adre. Ond ches i fawr o amser i feddwl am y peth achos wên i 'nôl yn ymarfer gyda Richmond ac yn paratoi ar gyfer taith lan i'r Alban. Wedd y tîm wedi bod wrthi ers wythnose yn ymarfer yn galed ar gyfer y tymor newydd o dan yr hyfforddwr ffitrwydd, Tim Exeter. Ond oherwydd anafiadau, wedd y brodyr Quinnell ac Allan Bateman, a gafodd lawdriniaeth wedi iddo dorri ei drwyn yn ystod y tymor cynt, ddim yn rhan o'r paratoadau. Buodd dadle mawr rhwng Richmond a thîm rheoli Cymru, wedd yn awyddus i Allan deithio gyda'r garfan i Dde Affrica.

Ond Richmond a John Kingston enillodd y ddadl honno, a wedd 'Batman' yn gallu anadlu dipyn yn haws erbyn i'r tîm hedfan i'r Alban ar gyfer dwy gêm baratoi yn erbyn y timau rhanbarthol newydd yng Nghaeredin a Glasgow.

Wnaeth y daith i Dde Affrica ddim gadael craith ond wên i'n ffodus 'mod i'n ddigon pell o Gymru ac allan o olwg y cyhoedd a'r hogi cyllyll. Ac er bod yna fis cyn gêm gynta'r tymor newydd yn Lloegr, wedd arian a chyflog eto ar agenda Ashley Levett, perchennog clwb Richmond. Wedd Levett heb gael ei ffordd gan y cynllunwyr a'r gwleidyddion lleol ac oherwydd pwyse gan drigolion Richmond bu'n rhaid iddo anghofio'i syniadau am ddatblygu Maes yr Athletic, fel wedd e wedi gobeithio. Rhyw drefen ddigon rhyfedd wedd hi, wrth i ni rannu'n hadnoddau gyda chlwb London Scottish, a bydden ni'n amal yn dod ar draws eu chwaraewyr nhw wrth ymarfer. Fydden ni byth yn cymdeithasu, a dw i ddim yn cofio bod 'na fawr o siarad rhyngddon ni chwaith. Ond fe fydden ni'n rhannu'r un peiriant sgrymio. A ras fydde hi, fel plant ysgol mewn ciw cinio, i gyrraedd hwnnw o flân yr Albanwyr yn Llunden mewn sesiynau ymarfer.

Pan brynodd Levett siâr go helaeth yng nghlwb Richmond ym 1995, wedd gydag e gynlluniau mawr. Yn ganolog i'r rheiny wedd datblygu'r cae, y clwb a'r cyfleusterau i chwaraewyr a chefnogwyr fel ei gilydd. Yn naturiol ddigon, fel dyn busnes, wedd e am elwa o'i fuddsoddiad. Wnaeth e boeni dim bryd hynny bod y cae yn perthyn i'r Goron, na chwaith ei fod yn cael ei rannu gyda chlwb London Scottish, na bod sawl rhwystr yn ffordd y sawl a fynnai ddatblygu'r safle.

Ond pan wnaeth un drws gau, agorodd un arall, ac mewn dim o dro wedd Ashley Levett wedi dod i ddealltwriaeth gyda chlwb pêl-droed Reading i rannu adnoddau stadiwm newydd y Madjeski. O symud i'r Madjeski, fe fydde gobaith am fwy o dorf, ac fe fydde hynny'n golygu mwy o arian i'r clwb. 'Premiership Rugby in the Thames Valley' wedd y slogan ac, am y tro, wedd breuddwyd Levett o goncro Ewrop o fewn pum mlynedd i'w fuddsoddiad gwreiddiol ym 1995 yn dal yn fyw. Ond er ei filiynau, a thra wedd y tîm lan yn yr Alban yn hogi eu harfau yn ystod wythnos gynta mis Awst, wedd Levett yn amlwg yn cyfri'r ceinioge. Fe gyrhaeddodd Tony Hallett, Prif Weithredwr Richmond, ddinas Glasgow gyda'i wynt yn ei ddwrn â'r newydd fod clybie Lloegr wedi methu yn eu hymgais i gael trefen newydd ar rygbi yn Ewrop a'u bod nhw am foicotio Pencampwriaeth Heineken Ewrop yn ystod y tymor newydd. Daeth rhyw 'awel dro' yn nhin y cyhoeddiad hwnnw, sef bod Levett am dorri 'nôl ar y *win bonus* i ni'r chwaraewyr. Wedd e'n barod, serch hynny, i osod her a fydde'n sicrhau y bydde'r arian yn dod 'nôl i ni tasen ni'n llwyddo i ennill y Bencampwriaeth neu Gwpan Tetley. Gyda chlybie Lloegr yn tynnu mas o gystadleuaeth Ewrop fe fydde llai o gêmau mawr i ddenu cefnogwyr ac incwm teledu. Fe fydde hynny'n golygu llai o arian, a falle taw hynny wedd y tu ôl i'r ymgais i dorri'n ôl ar ein cyfloge ni. Wedd dyn yn synhwyro bod pethe ddim fel y dylsen nhw fod.

Fe drechon ni Glasgow Caledonians 32–24 ac Edinburgh Reivers 43–17, gyda'r Ffrancwr, Laurent Cabannes, a arwyddwyd o'r Harlequins yn ystod yr haf, yn profi ei werth fel dolen gyswllt rhwng blaenwyr ac olwyr. A phan gyrhaeddodd Newcastle, pencampwyr y tymor cynt, stadiwm Madjeski ar y 5ed o Fedi, 1998 ar gyfer gêm gynta'r tymor ar ein cae newydd, wên ni eto ar ben ein gêm ac fe roeson ni 40 pwynt ar y sgorfwrdd yn eu herbyn nhw. Eto, wedi'r gêm honno, wedd digon o hyder gan Ashley Levett yn ei dîm – neu falle taw mwy o arian na synnwyr wedd i gyfri am hynny – i osod bet o £20,000 ar *odds* o 14/1 ar Richmond i ennill Prif Bencampwriaeth Allied Dunbar yn nhymor 1998/99.

Unwaith dw i'n meddwl y gweles i Ashley Levett, a 'mod i'n gwbod taw fe wedd e ta beth. Wythnos wedi i ni drechu Newcastle wedd hi, gyda Chaerloyw'n ymweld â'r Madjeski. Wedd y perchennog ddim yn yr hwylie gore ar ôl i ni golli'r gêm o 22 i 25 – gêm arall y dylsen ni fod wedi'i hennill. Dyna'r tymor pan gyflwynwyd y cerdyn gwyn ar siâp triongl yn Lloegr, ac a ddaeth yn gerdyn melyn wedi hynny, am drosedd wedd yn haeddu cyfnod yn y gell gosb. Wedd Richmond yn cael problem dod i delerau â'r drefen newydd, ac fe fydde rhywun, fel y brodyr Quinnell neu Barry Williams, yn y gell rownd-a-bowt, a sdim dwywaith i hynny gostio'r gêm i ni yn erbyn Caerloyw. Fydde Levett ddim yn ymyrryd fel rheol mewn materion yn ymwneud â'r whare, ond y diwrnod hwnnw, wedi i Scott a Barry dreulio cyfnod bant o'r cae, fe ddaeth e i'r stafell newid fel taran wedi'r gêm a'i wyneb yn goch dân.

"We lost the game because of two players losing their discipline," medde fe, gan ychwanegu y bydde system o ddirwyon yn cael ei chyflwyno o'r diwrnod hwnnw. Am gerdyn gwyn fe fydde dirwy o gyflog pythefnos, cyflog pedair wythnos os bydde chwaraewr yn troseddu'r eildro, gyda'r gosb eitha am gael eich anfon bant o'r cae yn golygu colli chwech wythnos o gyflog. Wrth gwrs, fe ddwedodd y bois "No way!" ac o ran sbort dyma Scott Quinnell yn gweiddi, "But I've got a family to feed." Aeth Levett a'r hyfforddwr John Kingston mas o'r stafell a slamo'r drws y tu ôl iddyn nhw. Fe gafodd y chwaraewyr gyfarfod. Doedd e ddim yn gyfarfod hir achos wedd pawb o'r un farn. "Allwn ni ddim derbyn hyn" wedd y farn unfrydol honno. Mae'n anodd cadw rheolaeth ar bethe pan fo rhywun yn cael ei bryfocio, a thase'r sôn am ddirwy yn cyrraedd y wasg, fel y bydde'n siŵr o neud, fe fydde pawb yn gwbod. A be fydde'n digwydd yn y gêm nesa ond pob math o flagardio a thynnu blewyn o drwyn a, ie, wrth gwrs, mwy o gardiau gwyn.

Wedd Levett yn gweld bet yr wythnos cyn hynny yn dianc o'i afael, ac ar ôl i'r lliw ddod 'nôl i'w wyneb e dyma fe'n dychwelyd eto i gadarnhau taw fel 'na wedd pethe i fod. Fe drodd ar ei sawdl eto yn union fel wên i wedi gweld Tordo – y ci, nid y Ffrancwr – yn troi ar ei sawdl wedi i fi daflu ei hoff bêl iddo i'w chwrso, a chau'r drws am yr eildro ar ei ôl, gan ei adael yn hongian ar ei *hinges* bron. Wedd Levett siŵr o fod yn dishgwyl rhyw ymateb ganddon ni eto. Bu tawelwch mawr, a gwrando, wrth i bawb edrych yn syn ar ei gilydd, cyn i ni i gyd dorri mas i wherthin. A dyna fu diwedd y stori.

Wên i'n deall safbwynt Levett i raddau – wedd e wedi buddsoddi miliynau yn y clwb dros gyfnod o dair blynedd, a thase Richmond yn disgyn i'r ail adran eto, fe fydde'r oblygiadau ariannol yn echrydus. All yr un busnes gario mlân na byw ar lai o arian nag sy'n dod mewn. A sdim amheuaeth, wedd Levett yn gweld ei fuddsoddiad yn llithro rhwng ei fysedd fel tywod y môr. Aeth bywyd yn ei flân yn Richmond, a wedd rhai chwaraewyr, yr un rhai, yn dal i gael eu hanfon o'r cae.

Os wedd cecru yn Lloegr, wedd pethe ddim gwell yng Nghymru, gyda'r Undeb a chlybie Abertawe a Chaerdydd, – y ddau'n gwrthod clymu i gytundeb teyrngarwch tymor hir – wrth yddfe'i gilydd. O ganlyniad, fe benderfynodd y ddau glwb whare cyfres o gêmau cyfeillgar yn erbyn timau Prif Adran Cynghrair Allied Dunbar yn Lloegr. Dw i'n cofio'r gêm yn erbyn Abertawe yn iawn oherwydd fe wnes i anafu fy ysgwydd yn ystod yr hanner cynta. Gyda'r ysgwydd yn dal i achosi trafferth o bryd i'w gilydd, hyd nes i fi gael triniaeth yn ddiweddar, dros bymtheg mlynedd wedi'r gêm, dw i'n dal i gael fy atgoffa taw diwrnod caled yn yr offis wedd hi wrth wynebu Garin Jenkins gyda chyn-brop Castell-nedd, Darren Morris, hefyd wedi ymuno â'r Gwynion, ac yn ei neud hi'n anoddach.

Er gwaetha'r siarad bras ar y naill ochor a'r llall i Glawdd Offa, a sôn am gystadleuaeth Eingl-Gymreig fydde unwaith eto'n gafael yn nychymyg y cefnogwyr, y gwir amdani yw taw rhyw gêmau di-ddim wên nhw. Ymhen dim o dro fe fydde clybie Lloegr yn dewis yr hyn wedd yn ail dîm mewn gwirionedd i dderbyn her y Cymry, gan orffwys eu dewis cynta o chwaraewyr a chanolbwyntio'u holl egni ar gêmau cystadleuol Cynghrair Allied Dunbar wedi'r Nadolig.

Wrth edrych yn ôl, wedd y bwlch mewn safon rhwng clybie Lloegr a'r ddau glwb o Gymru yn fawr ac fe gollodd y gêmau eu hapel i glybie Lloegr yn glou iawn. At hynny, wedd Reading yn rhy bell i nifer, ac eithriad wedd y torfeydd o 10,000 wedd eu hangen i gadw Richmond rhag suddo.

Gobaith mawr y ganrif

FALLE NA WELWYD cyn-hyfforddwr Cymru, Kevin Bowring, yn amal ar Faes yr Athletic yn nhymor 1997/98 ond fuodd John Kingston ddim yn hir yn cysylltu gyda Graham Henry i'w hysbysu bod wyth o'r chwaraewyr wedd yn gymwys i whare i Gymru yn ennill eu bara menyn yn Richmond, yn whare rygbi o safon uchel o Sadwrn i Sadwrn, ac ar ben eu gêm. Wedd Henry yn amlwg am gael gweld pawb ac fe wahoddwyd carfan Cymry Richmond i ymuno â'r chwaraewyr wedd yn whare i glybie yng Nghymru mewn gwesty ar gyrion Caerdydd i gwrdd â'r hyfforddwr newydd. Wedd rhyw hanner dwsin o brops fel dw i'n cofio, gan gynnwys Dai Young a finne. A wedd hi'n amlwg, mor gynnar â hynny, fod Henry yn nabod ambell un yn well na'i gilydd. "All right, Dai?" – a dyma ddod ata i gydag acen na alle fod yn perthyn i neb ond Kiwi: "Umm? Hooka?" Dyma ddechreuad da, meddylies i.

Ac fe wnaeth yr hyfforddwr newydd ei hunan yn fwy poblogaidd trwy ddod lan i Richmond wedi hynny. Wedd gan Graham Henry un llygad, siŵr o fod, ar baratoadau tîm Cymru i wynebu De Affrica yn Wembley ganol Tachwedd y flwyddyn honno, bum mis yn unig wedi'r goten fwya erioed ym Mhretoria. Chwilio wedd e, heb os, am flaenwyr cryf, trwm, fel y bydde fe'n gyfarwydd â nhw mas yn Seland Newydd, ac a fydde'n alluog i gario'r bêl a'r gêm at y Springboks. Fe ddalies i fy anadl, a chwyddo 'mrest gymaint fedrwn i, ond doedd dim dwywaith amdani taw dod i gael cip ar y brodyr Quinnell wedd e – y ddau wedi colli eu lle yn y tîm cenedlaethol o dan Kevin Bowring.

Wedd Bowring wedi mynd, a dyma waed newydd a syniadau newydd, neu falle ddim mor newydd chwaith. Teimlo wedd Bowring na wedd y gystadleuaeth yng Nghymru yn ddigon cryf a bod angen strwythur fydde'n sicrhau gêmau mwy cystadleuol os wedd Cymru am gael unrhyw siawns o fod yn cystadlu yng Nghwpan y Byd yng Nghymru ym 1999. Yn fyr, wedd Bowring am weld newidiadau, a wedd gyda fe gynllun datblygu mewn golwg. Ond gwrthod syniadau Bowring wnaeth yr Undeb, gan ddweud wrtho am ganolbwyntio ar yr hyn wedd e'n cael ei dalu am neud, sef hyfforddi, ac wrth iddo sylwi na wedd gydag e le i droi, ac ynte'n gorfod cymryd y bai am fethiannau'r tîm cenedlaethol, fe roddodd e'r gore iddi. Wedd ei blant e'n cael eu gwawdio yn yr ysgol am fethiannau tîm Cymru, a ddyle hynny ddim digwydd i'r un plentyn. Fe gafodd Bowring ei siomi hefyd am na chafodd ei syniadau gefnogaeth y Cyfarwyddwr Rygbi, Terry Cobner. "I felt as if I had lost some of my Welshness," medde fe wedyn.

O blaid Cobner, fe wnaeth ei ore glas i newid y drefen ar ôl y daith siomedig i Awstralia, ac i geisio cael clybie Cymru i fabwysiadu'r gêm lydan, agored wedd Bowring a'i hyfforddwr cynorthwyol, Allan Lewis, yn dymuno ei gweld. Ond talcen caled wedd ceisio argyhoeddi hyfforddwyr wedd yn fwy awyddus i sicrhau dau bwynt am ennill gêm gynghrair na denu canmoliaeth am redeg y bêl. Y gwir amdani wedd bod y bwlch rhwng gêmau clwb a rhai rhyngwladol yn rhy fawr, ac fe ddefnyddiodd Cobner fel esiampl gêm Cymru yn erbyn un o dimau rhanbarthol Awstralia, Capital Territory, a gollwyd o 69 i 30. Tra wên ni'r Cymry mewn 'camp' am un penwythnos yn unig cyn gadael am Awstralia, wedd eu chwaraewyr nhw wedi bod gyda'i gilydd dros dri penwythnos, ac am wythnos gyfan wedi hynny, heb sôn am daith baratoi dair wythnos i Japan. Ar ben hynny, pan drechon nhw ni, wên nhw newydd ddod trwy gyfres y Super 12 gan drechu'r ddau dîm a gyrhaeddodd y rownd derfynol. Ond ateb Undeb Rygbi Cymru, unwaith yn rhagor, wedd mynd ati i chwilio am un dyn a alle ddatrys yr holl broblemau.

Aeth Undeb Rygbi Cymru i chwilio am yr hyfforddwr gore yn y byd, a dyma fe 'y gore yn y byd' yn sydyn ar garreg ein drws ni yn Llunden. Ond beth wedd dwy awr lan yr hewl i fachan wedd yn arfer teithio mewn awyren ar hyd ac ar draws Seland Newydd i gêmau gydag Auckland? Wedd Graham Henry yn derbyn cyflog o £250,000, a mwy mewn blwyddyn na fydde ei ragflaenydd Kevin Bowring yn debygol o ennill mewn pump. At hynny, fe gydsyniodd Undeb Rygbi Cymru â syniadau Graham Henry, sef bron yn union yr hyn a argymhellwyd ac y gofynnwyd amdano gan Bowring.

Wrth edrych yn ôl, wedd y dasg a wynebai Kevin Bowring pan dderbyniodd e swydd hyfforddwr y tîm cenedlaethol yn un anodd. Wedd gydag e brofiad o hyfforddi timau ieuenctid a Chymru A yn rhan-amser, tra wedd e'n dal i ddarlithio a hyfforddi yn Clifton. Ond wedd e erioed wedi hyfforddi na rheoli clwb yn llawn-amser, ta beth am drafod dynion. A gyda Terry Cobner hefyd yn gyn-athro, wedd awyrgylch dosbarth ysgol o gwmpas y garfan. Ac os wên ni'r chwaraewyr weithie'n cicio'n erbyn y tresi – wel, os ydych chi'n cael eich trin fel plant, beth mwy sydd i'w ddishgwyl? Ond os na wên i'n gweld lygad yn llygad â Bowring bob tro, dw i'n cytuno â rhywbeth ddwedodd e wrth roi'r gore i'w swydd: "The trouble with professional rugby is that there is no release point. Players become brain dead."

Ac ma hynny'n neud i fi feddwl 'nôl at fy nyddie i yn rheng flân Cymru gyda Ricky a Garin. Dyna ble wên ni – dyn tân, glöwr, a ffarmwr – a'r tri ohonon ni wedi cael profiadau bywyd cyn i ni wisgo'r crys coch a wên ni'n gallu meddwl dros ein hunen. Alle'r un ohonon ni fforddio bod yn *brain dead* yn ein gwaith bob dydd achos wedd pobol eraill yn dibynnu ar ein cyfraniad ni fel aelodau o dîm yn yr orsaf dân, i lawr y pwll neu ar y ffarm. Ta beth wedd fy meddyliau i am Bowring, falle 'mod i wedi'i feirniadu ar gam. Falle wedd mwy gyda Bowring a fi'n gyffredin wedi'r cyfan. Ond fuodd 'na ddim cyfle i drafod hynny, achos wên i wastad yn gwrthdaro yn erbyn yr Undeb dros gytundeb, ac yn y cefndir wedd Bowring adeg y trafodaethau hynny. Ac fel y dwedes i eisoes, wên i'n ame weithie pwy wedd yn dewis y tîm cenedlaethol.

Croesawyd presenoldeb ei olynydd, Graham Henry, yn

Richmond cyn dechre'r tymor newydd ac fe ddes inne wyneb yn wyneb â Terry Cobner unwaith eto. "Ah, John, the farmer," medde fe'n gellweirus. Alla i ddim dweud p'run ai pris peint o laeth ar garreg y drws, dom ar yr hewl neu'r ffaith fod angen rhywun i gymryd fy lle i yng Nghilrhue pan fydde Cymru'n galw, a hynny'n codi ei ben bob tro y bydde trafod cytundeb, wedd y rheswm y tu ôl i'r cyfarchiad, ond ateb digon swta gafodd e'r diwrnod hwnnw ta beth: "No, I'm John the professional rugby player now."

Pan ddaeth Graham Henry draw i Richmond wedd y brodyr Quinnell, Scott a Craig, Allan Bateman a Barry Williams eisoes yn y garfan genedlaethol, a wên inne wedi cynrychioli Cymru yn y prawf diweddara yn Ne Affrica. Yn ystod y cyfarfod hwnnw fe wnaeth Henry hi'n gwbwl glir y bydde fe'n dymuno i'r Cymry yn Richmond ddychwelyd i whare ein rygbi yng Nghymru, ac i ni ddewis clwb yn ofalus. Fel wedd e'n ei gweld hi, fydde dim ond lle i bedwar neu bump clwb ar y mwya os wedd rygbi Cymru i gynnal ei hunan a chystadlu ar y llwyfan ucha, a'r llwyfan ucha i glybie, heb os bryd hynny, wedd Cwpan Heineken Ewrop. Felly wedd gobaith i fi eto, ond wedd hi'n amlwg taw wedi dod i weld y brodyr Quinnell yn whare wedd e. Ac os taw cael eu beirniadu am eu diffyg ffitrwydd wên nhw yng nghyfnod Bowring, sdim dadle iddyn nhw fod yn allweddol ym mherfformiad tîm Cymru yn erbyn De Affrica yn Wembley ym 1998. Dyma'r union fath o flaenwyr wedd Graham Henry'n gobeithio alle weddnewid perfformiadau'r tîm cenedlaethol. A bu bron iddo lwyddo ar ei gynnig cynta wrth y llyw yn erbyn De Affrica, Pencampwyr y Byd.

Dim ond Mark Taylor, Dafydd James a'r capten Colin Charvis wedd yn weddill o'r tîm gafodd y gosfa fwya erioed ym Mhretoria bum mis ynghynt, a nawr wedd gan Gymru hyfforddwr newydd, gyda syniadau newydd, a rhywun wedd am roi'r gorffennol y tu ôl iddo. Yn anffodus, ches i mo'r cyfle i roi hunllef y noson honno ym Mhretoria y tu ôl i fi. Chris Anthony o Abertawe gafodd ei ddewis ar y pen tyn gan y dyn ddaeth i gael i adnabod fel y Gwaredwr Mawr – 'The Great Redeemer'.

Wedd y Springboks wedi trechu Seland Newydd ac Awstralia ddwywaith, a Lloegr hefyd, ers iddyn nhw roi coten i ni ym Mhretoria. Gyda thair munud o'r gêm i fynd wedd Cymru'n arwain o 20 i 17 cyn i Franco Smith ddod â'r gêm yn gyfartal. Fe aeth De Affrica mlân i ennill o 28 i 20 yn yr wyth munud o amser a ychwanegwyd gan y dyfarnwr, ac fe fuodd eu hyfforddwr, Nick Mallett, a fuodd mor gignoeth ei gondemniad o'r tîm a gollodd ym Mhretoria fel y tîm rhyngwladol gwaetha iddo'i weld erioed, yn ddigon boneddigaidd i ganmol yr ymdrech y tro hwn.

Erbyn i Scott Quinnell ddychwelyd i'r tîm cenedlaethol ym mis Tachwedd 1998, wedd e hefyd, ar ôl pump gêm yn unig yn y tymor newydd yn Richmond, a gyda help Undeb Rygbi Cymru, wedi dychwelyd at glwb rygbi Llanelli. Fe ddaeth e o glwb tri ar ddeg Wigan ar gost o £250,000 a dyma fe nawr, hanner ffordd trwy ei gytundeb pum mlynedd, yn cael ei werthu i Lanelli am £130,000. Fe welodd clwb Richmond ei golli. Ond pam wedd clwb wedd mor uchelgeisiol ar ddechre'r tymor yn caniatáu i un o'u sêr amlyca adael? Yn syml, wedd angen arian y ffi drosglwyddo, oherwydd wedd Levett yn awyddus i ostwng y gyllideb ar gyfer talu chwaraewyr o £2 filiwn i £1.3 miliwn. Wedd Scott eisoes wedi arbed £200,000 i'r clwb trwy ddychwelyd i Lanelli, a wên ni i gyd fel chwaraewyr yn ein tro yng nghanol trafodaeth ynghylch ein cytundeb.

Fe ges i gynnig estyniad o dair i bedair blynedd, a wedd addewid am *testimonial*. Wedd hyn yn swnio'n dda, ond yn y print mân, a heb fod mor fân â hynny chwaith – a dweud y gwir, wedd e'n sefyll mas – wên nhw'n cynnig llai o gyflog, a hyn wedi blwyddyn yn unig o 'nghytundeb tair blynedd. Wedd Levett erbyn hyn yn teimlo 'mod i'n costio gormod i'r clwb. Fy ymateb i wedd, "Gan bwyll nawr, bois. Ro'ch chi'n ddigon hapus llynedd i dalu pris y farchnad – peidiwch cwyno nawr." Nid mart Aberteifi wedd hwn, ble wedd hi'n ymddangos ei bod hi'n haws neud dêl a ble wedd poerad ar gledr llaw a siglo dwylo yn ddigon i daro bargen, ac yn bwysicach na hynny, i *gadw* bargen.

Ond y sylw nesa fuodd bron â fy llorio i. P'run a wedd golwg welw arna i, neu 'mod i'n edrych fel bod hiraeth arna i, dw i ddim yn gwbod.

"You might like to go home. We know you miss home."

"No, not really," meddwn inne. "I've never been better."

Dw i ddim yn meddwl i fi sylweddoli bod pethe mor ddrwg yn ariannol o fewn y clwb. Wên i ddim yn cael cymaint o gêmau tîm cynta achos wedd gweinyddiaeth tîm cenedlaethol Lloegr am weld Darren Crompton, a symudodd i Richmond o Gaerfaddon, yn cael mwy o gêmau. Fwy nag unwaith, wedd Jack Rowell, hyfforddwr Lloegr, wedi mynegi pryder am yr holl chwaraewyr o dramor, a wedd hynny'n cynnwys y Cymry, wedd yn whare eu rygbi yn Lloegr, a pha mor anodd fydde paratoi a dewis carfan i gynrychioli Lloegr yng Nghwpan y Byd a fydde'n digwydd yng Nghymru ym 1999.

Wedd siŵr o fod dwy ran o dair o dîm rhyngwladol Iwerddon a hanner tîm yr Alban, heb sôn am Gymry, a alle fod yn cynrychioli eu gwlad yn whare ym mhrif gynghrair Lloegr. Ar unrhyw benwythnos yng nghynghrair yr Allied Dunbar wedd hyd at hanner y chwaraewyr yn yr hyn a alwai Rowell yn "estroniaid". Yn nhymor 1998/99 wedd 25 o Gymry, a'r rheiny'n chwaraewyr rhyngwladol llawn, yn whare ym mhrif gynghreiriau Lloegr, ac yn Richmond fe alle fod cyn lleied â phedwar Sais yn whare i'r tîm cynta ar unrhyw benwythnos.

Dros gyfnod y Nadolig 1998 fe ges i gyfle tra wên i yng Nghilrhue i chwalu meddylie, a thrwy neud ambell ymholiad fe ddes i ddeall gan Mansel a Beth Rees, fy ffrindie o Benygroes, fod clwb Llanelli yn chwilio am brop pen tyn. Fe wyddwn y bydde croeso i fi ar Barc y Strade.

Gwrthod cytundeb newydd Richmond wnes i pan es i 'nôl i Faes yr Athletic, ac fe wyddwn y bydde rhaid symud y drafodaeth yn ei blân yn go sydyn os wên i am ddod i delerau â chlwb rygbi Llanelli. Yn un peth, wedd y ffenest drosglwyddo yn cau ymhen rhai wythnosau, ar ddiwedd

Ionawr 1999. Wedd Craig Quinnell ac Allan Bateman wedi derbyn cynnig tebyg i finne gan Richmond, a doedd yr un o'r ddau yn hapus â'r sefyllfa. Wedd Craig mewn gwaeth sefyllfa na'r un ohonon ni oherwydd wedd e wedi trefnu gyda'r clwb fod rhan o'i gyflog e'n cael ei dalu i mewn i gynllun pensiwn. Wedd hi'n amlwg taw'r Cymry wedd yn cael eu targedu. A dyma ddweud wrth John Kingston falle y dylwn i ystyried mynd wedi'r cyfan. Ond erbyn hyn wedd y stori wedi newid eto, a Kingston yn dweud na wedd e am i fi adael.

Fe ddaeth cynnig derbyniol o Lanelli ond, erbyn hynny, wedd Richmond am i fi dalu'r ffi drosglwyddo. Dw i'n credu iddyn nhw dalu £60,000 i glwb Castell-nedd amdana i, a wên nhw'n gweld hyn fel ffordd o gael eu harian yn ôl. Wedd hi'n amlwg eu bod nhw'n crafu am bob ceiniog. A wedd Llanelli ddim yn barod i dalu'r ffi drosglwyddo chwaith. Aeth hyn mlân am yn agos i bythefnos a wedd y ffenest drosglwyddo yn niwlo drosti, os nad ar fin cau'n glep ar fy mysedd i. Fe ddes i â'r asiant rygbi Mike Burton, wedd yn gyfarwydd â sefyllfaoedd o'r fath, i'r trafodaethau, ond wedd Richmond yn dal i whare whic-wew. Fe golles i 'nhymer yn y diwedd, a dyw hynny ddim yn digwydd yn amal. Fe ddwedes i wrth John Kingston dros y ffôn os na fydden i'n cael ateb call, ac os na wên i'n cael fy ffordd yn glir i symud i Lanelli, y byddwn i'n siarad ag Ashley Levett ei hunan. O fewn chwarter awr wedd Kingston 'nôl ar y ffôn ac yn barod i fy rhyddhau ar yr amod mod i ar y fainc ar gyfer y gêm yn erbyn Caerlŷr yn chwarteri Cwpan Tetley a thase Richmond yn llwyddo i gyrraedd y rowndiau terfynol. A dyna fuodd. Fe arwyddais i glwb rygbi Llanelli ar y 30ain o Ionawr, 1999, bedair awr ar hugain cyn i'r ffenest drosglwyddo gau. Ymhen pedair awr ar hugain arall fe fyddwn i'n dathlu fy mhen-blwydd yn 30 oed. Ond wedd gen i ddigon i'w gynnig i'r cyflogwr newydd.

Fe wnes i fwynhau fy nghyfnod yn Richmond ac fe fydden i wedi bod yn ddigon hapus ymestyn fy ngyrfa yn Lloegr. Ond wedd cyfle i ddychwelyd adre, ac erbyn hyn wedd dwylo'r ffarmwr wedi meddalu cryn dipyn.

Strade'n galw

WEDD TUDALENNAU ÔL y *Western Mail* ers sawl wythnos wedi bod yn sôn y bydden i'n dychwelyd 'adre' gyda help £500,000 a dderbyniodd clwb Llanelli am ddangos teyrngarwch i'r Undeb y tymor cynt, pan aeth clybie Abertawe a Chaerdydd eu ffordd eu hunen. Wên i wedi datblygu fel prop, a wedd neb yn cael y gore arna i ac wedi whare yng nghynghrair Allied Dunbar bob penwythnos yn erbyn propie wedd yn gwbod beth wedd beth. Falle taw dychwelyd i Gymru wedd y peth gore wedi'r cyfan. Ac o neud hynny, fydde dim rhaid i hyfforddwr Cymru groesi'r Bont i ddod i chwilio amdana i.

Yng Nghymru, yn anffodus, wedd blynydde cynnar proffesiynoldeb yn gyfystyr ag ennill cyflog yn hytrach na newid mewn agwedd meddwl.

"There is a need for administrators and clubs to get together and throw away the key until they have organised a new structure," wedd sylw cynnar Graham Henry wrth gyfeirio at yr annibendod welodd e o fewn y gêm yng Nghymru. "Over here, everyone thinks that if they play rugby, they are professionals," meddai.

Fe wyddwn i, o siarad â chwaraewyr fel Scott Quinnell ac Allan Bateman pan wên nhw yn Richmond, y ddau â phrofiad o rygbi tri ar ddeg, y bydde'r symiau chwe ffigwr a gynigiwyd i chwaraewyr rygbi'r undeb yng Nghymru ddwywaith cymaint wedd chwaraewyr rygbi'r gynghrair yn ei dderbyn. Y bygythiad o adael Cymru yn hytrach nag unrhyw gymhelliad ariannol am lwyddo wedd yn codi'r symiau, a hynny ar adeg pan na wedd gan y clybie noddwyr amlwg. Eu gobaith nhw wedd y deuai achubiaeth o gyfeiriad yr Undeb ac o'r darlledu. Fe welodd Graham Henry yn go glou ar ôl cyrraedd Cymru fod angen rhwygo'r cytundebau gwahaniaethol a thalu'r un arian i bawb am whare dros eu gwlad. Ac fel hynny dylse hi fod wedi bod o'r dechre'n deg.

Fe drechodd Richmond glwb Caerlŷr yn rownd wyth ola Cwpan Tetley Lloegr o flân torf o 7,000 yn unig yn stadiwm Madjeski, ond ddaeth Ashley Levett ddim yn agos, yn ôl y sôn. O fewn mis wedd e wedi colli diddordeb yn llwyr, ac fe aeth y clwb i'r wal gyda dyledion o £700,000. Fuodd hi ddim yn hir cyn i'r tynnu coes ddechre ar Barc y Strade. Wên i wedi gadael Castell-nedd yng nghanol trafferthion ariannol, a nawr dyma fi wedi troi 'nghefen ar Richmond cyn i'r rheiny fynd i 'Dre-din'. Wedd hi ddim yn argoeli'n dda i'r clwb o Lanelli wedd y ddadl gyda 'deryn drycin' a hwnnw wedi bod yn dderyn 'du' ar y Gnoll, nawr yn eu plith! Hiwmor iach wedd y tu ôl i'r cyfan, ond wedd e'n arwydd ar yr un pryd i fi 'mod i wedi cael fy nerbyn.

Rhyw deimlad digon rhyfedd, serch hynny, wedd gadael Richmond ganol tymor yng nghanol eu trafferthion, ond teimlad yr un mor rhyfedd wedd cerdded i stafell newid y tîm cartre ar Barc y Strade am y tro cynta, yn union fel ma plentyn yn teimlo wrth newid ysgol. Ond wên i'n dychwelyd at glwb gydag uchelgais, a wên i'n rhannu'r uchelgais honno, sef codi Cwpan Heineken Ewrop. Tasen i wedi derbyn y gwahoddiad i ymuno â Brive pan ddaeth e, fe fydden i wedi gwireddu'r uchelgais honno ym 1997 pan drechon nhw Gaerlŷr yng Nghaerdydd.

Wedd y Scarlets wedi bod yn cnocio ar y drws flynydde cyn hynny pan wnes i ymuno â chlwb Castell-nedd o glwb Crymych, ond gyda 'nghysylltiadau agos i â Ron Waldron ac erbyn hynny gyda Kevin Phillips a Brian Williams, yn nyddiau amatur y gêm, wedd ymuno â chlwb Llanelli ddim yn debygol o ddigwydd. Ond wên i'n poeni – a wedd y *Western Mail* wedi cyrraedd Llangolman? Gallwn i dderbyn galwad ffôn o'r cyfeiriad hwnnw unrhyw funud, achos wedd gan Brian Williams ddim golwg o gwbwl ar y clwb, na'r dre na'i phobol, wedi i sgowt o'r Strade ddod 'nôl â'r newydd o Sir Benfro fod prop Arberth yn rhy ysgafn i ddal ei ben yn y rheng flân.

Un bachan wedd yn falch o 'ngweld i wedd Llywydd y Scarlets, Ray Gravell. Fe alla i glywed heddi ei sgidie *brogue* yn sgipio ar hyd y llawr *terazzo* wedd yn arwain at y stafelloedd newid. Wên i wastad yn gwbod bod Ray ar ei ffordd achos wedd e i'w glywed o bell yn cyfarch hwn a'r llall ymhell cyn iddo lanw'r drws a dod mewn fel storom Awst i ganol y stafell newid. Mi fydde pob blewyn o'i farf cringoch yn dweud ei stori, a'r hiraeth yn ei lyged yn ddigon i'n hatgoffa ni ein bod ni 'Yma o Hyd'. "Jooohn! John bach!" neu, wedi iddo ddwlu ar gywydd Ceri Wyn, "John Cilrhue" wedd hi, ac fe fydde fe'n dyfynnu, "Myn diawl, mae'n gromlech mewn dyn, a'i war fel Foel Cwm Cerwyn" ac am eiliad yn dotio ar y gymhariaeth cyn towlu ei freichiau amdana i.

Fe fydde fe'n cyfarch pawb yn y stafell newid ac yn chwilio am yr hyfforddwr a'i bartner penna, Gareth Jenkins, yna cofleidio hwnnw gyda 'lwc dda' am y gêm, cyn troi ar ei sawdl yr un mor sydyn. Bydde fe'n chwifio ei freichiau yn yr awyr, a'r got frethyn Donegal a'r sgarff goch, fel tase gan y rheiny eu bywyd eu hunen, yn ei ddilyn yr un mor ddisymwth drwy'r un drws, yn union fel y gweles i'r Pibydd Brith mewn llyfr, yn swyno'r llygod yn nhre ddychmygol Llanfair y Llin.

Yno hefyd, wrth gwrs, wedd y bachwr Robin McBryde. Yn ystod gornestau ffyrnig *Y Cymro Cryfa* wên ni wrth yddfe'n gilydd, ond ysgwydd wrth ysgwydd fydde hi o hyn mlân. Fe fuon ni ar daith gyda'n gilydd gyda Chymru i Ganada ac Ynysoedd Môr y De 'nôl ym mlwyddyn brysur 1994 hefyd. Ma Robin yn Gymro i'r carn, ac yn Geidwad y Cleddyf yng Ngorsedd Beirdd Ynys Prydain. Ond fe alle ei Gymreictod fod wedi arwain at greisis rhyngwladol ar ddiwrnod y gêm yn erbyn Canada yn Toronto.

Dim ond cyrraedd 'nôl i'r gwesty mewn pryd wnaeth Ricky Evans, Garin Jenkins, Robin a finne cyn y paratoadau munud ola yn arwain at y gêm. Ma amser yn hedfan ar daith, a ble wedd y pedwar ohonon ni wedi bod ond mewn siop trin gwallt. Robin o Fôn gafodd y syniad falle dylen ni'n pedwar ddangos ein Cymreictod mewn ffordd hyd yn oed yn fwy ymarferol na gwisgo'r crys yn unig a dyma benderfynu siafio tafod y ddraig i gefn ein pennau. Dw i ddim yn gwbod, falle taw gweld tatŵ 'Made in England' ar din aelod arall o'r garfan, Tony Copsey, ac ynte erbyn hynny, fel Rupert Henry St. John Barker Moon, yn Gymry mabwysiedig, wedd cymhelliad Robin. Dw i'n gwbod bod Robin yn ei chael hi'n anodd deall shwt y bydde unrhyw chwaraewr am whare i wlad nas ganwyd e ynddi. Fuodd gen i ddim problem gyda'r ddau'n whare i Gymru ar ôl iddyn nhw ddangos eu teyrngarwch, ond dw i'n meddwl bod Robin yn gweld pethe chydig bach yn wahanol, er cymaint o ffrindie wên ni i gyd.

Diawlineb wedd y tu ôl i'r cyfan, ac ma wastad lot o dynnu coes ar daith rygbi. Ond dyna'r unig dro i fi weld Garin yn cymryd cam yn ôl. Wedd siafio tafod y ddraig i'w wallt gam yn rhy bell iddo fe, a wnaeth e ddim. Fe gafwyd edrychiadau syn pan gyrhaeddon ni 'nôl i'r gwesty, a hyd yn oed fwy gan deuluoedd Ricky a finne pan welson nhw'r gêm ar y teledu. Garin wedd y dewis cynta o fachwr a wnaeth Robin ddim ymddangos yn y gêm, a wedd Ricky a finne'n edrych hyd yn oed yn fwy hurt, yn enwedig gan fod y ddau ohonon ni fel arfer yn tapio'n clustiau ar gyfer pob gêm.

Wnaeth y stori honno ddim cyrraedd y *Western Mail*, ond yn y papur hwnnw y gwelais i sylw gan Brif Weithredwr Llanelli, Stuart Gallacher, ar ôl i Scott a finne ymuno â'r clwb, fod chwaraewyr Cymru yn sylweddoli erbyn hyn os wên nhw am unrhyw obaith o whare yng Nghwpan y Byd y flwyddyn honno, bydde'n rhaid eu bod nhw'n whare eu rygbi yng Nghymru. Dyna hefyd wedd fy ngobaith inne. Gyda 34 cap, a nawr 'mod i'n nes gatre, wên i'n byw mewn gobaith y bydde Graham Henry yn gweld angen prop pen tyn arbenigol. Wedi'r cyfan, wên i ond yn 30 oed, neu falle 28, yn dibynnu ar ba bapur newydd byddech chi'n ei ddarllen.

Yn wir, fe godwyd fy ngobeithion gyda galwad i ymuno â charfan Cymru i deithio i Baris yng ngwanwyn 1999 i wynebu'r Ffrancwyr. Hon wedd gêm gynta'r prop Peter Rogers, a'r Cymro na wedd yn Gymro wedi'r cyfan, ond Kiwi, Brett

Sinkinson. Yn y rheng flân gyda Rogers wedd Garin Jenkins, a alwyd yn ôl i'r tîm yn dilyn colledion yn erbyn Iwerddon a'r Alban. Ar y pen tyn wedd Ben Evans o Abertawe, a finne ar y fainc oherwydd fod Dai Young wedi'i anafu. Wedd Cymru heb ennill ym Mharis er 1975, ond diolch i gôl gosb hwyr gan Neil Jenkins a methiant hwyrach gan Thomas Castaignède fe gariodd Cymru'r dydd o 34 i 33 i anfon y cefnogwyr mas i'r nos ar ben eu digon. Gydag eilyddio tactegol yn dderbyniol erbyn hyn, aeth Andrew Lewis mlân yn lle Peter Rogers ond ar y fainc y gweles i'r gêm i gyd. Darren Morris eisteddodd ar y fainc mewn gêm gyfeillgar yn erbyn yr Eidalwyr bythefnos yn ddiweddarach ac fe fuodd raid i fi ffonio Trevor James, rheolwr y tîm cenedlaethol, i ofyn beth wedd yn digwydd gan na wên i wedi clywed yr un gair gan neb wedi'r penwythnos ym Mharis. "Hasn't anyone told you? You're not in the squad." Ddwedodd neb ddim byd, dim cymaint â diolch yn fawr. Pan deithiodd Cymru i Wembley a threchu'r Saeson mewn gêm a gofir yn benodol am gais Scott Gibbs, wên i ddim yn y garfan eto. Alle Graham Henry, y Gwaredwr Mawr neud dim o'i le.

Ond gorfod i'r Gwaredwr Mawr hyd yn oed gyfadde na wedd e wedi llwyr ystyried cryfder Garin Jenkins. Fe welodd ei werth e wedi hynny wrth i Gymru ennill cyfres yn yr Ariannin, y cynta o wledydd Prydain ac Iwerddon i gyflawni'r gamp. Ma hynny'n codi'r cwestiwn – ai Garin wedd y gwahaniaeth a'r rheswm pam wedd y rheng flân honno wedi llwyddo? Wnaeth Peter Rogers na Ben Evans fawr ddim i achos clwb Caerdydd wedi hynny.

Wedd oes y prop mawr wedi cyrraedd a wedd yr hyfforddwr ddim am newid tîm llwyddiannus. Wedd Peter Rogers ac Andrew Lewis, tase raid, yn medru dal dau ben y sgrym ac yn medru tynnu crys y bachwr amdanyn nhw hefyd. Dyna wedd athroniaeth Graham Henry, a falle wên i'n rhy hen i ddysgu triciau newydd. Ond fe brofwyd dro ar ôl tro wedi hynny nad ewch chi ymhell heb brop pen tyn arbenigol. Erbyn heddi ma'r prop pen tyn yn werth ei bwyse mewn aur ac yn fwy gwerthfawr nawr am fod y sylw 'nôl ar y sgrym unwaith 'to.

Ma'r prop pen tyn yn gorfod dal pwyse'r gwrthwynebwyr ar y ddwy ysgwydd wrth iddyn nhw geisio ansefydlogi'r sgrym, a dal y bachwr untroed sydd wedi gorfod dysgu, neu ailddysgu, y grefft o fachu.

Ches i fawr o amser o fewn cyfundrefn newydd Graham Henry, ond wedd hi'n ddigon amlwg fod yma feddyliwr rygbi dwfwn. Bydde fe'n dadansoddi'n fanwl, a'r hyn dw i'n ei gofio o'r stafell newid yw fod y cryse wedi'u gosod mewn rhes o un i bymtheg a chryse'r eilyddion yn yr un modd. Wedd hynny'n golygu na fydde'n rhaid iddo edrych o'i gwmpas pan fydde gyda fe rywbeth i'w ddweud wrth chwaraewr penodol. Meddylfryd trefnus athro ysgol, siŵr o fod.

Fe gyflwynodd Graham Henry y system 'pod' i'r gêm – bydde chwaraewyr yn barau, neu'n drioedd neu fwy, yn gwbod ble wedd angen iddyn nhw fod wedi cyfres o gymalau o whare. Ennill y bêl a chroesi'r llinell fantais cyn gynted â wedd yn bosib fydde'r bwriad ac yna, mewn ardaloedd penodol o'r cae, whare'r gêm yn ôl cynllun wedi'i benderfynu mlân llaw.

Arbed egni wedd yn rhannol gyfrifol am y cynllun, yn hytrach na bod chwaraewyr yn rhuthro hwnt ac yma 'nôl a mlân. Trefen eto. Fe brofodd yn system effeithiol pan gafodd Henry bawb ar yr un donfedd ag e. Fe fydden i wedi hoffi dod i'w nabod e'n well ond, i fi'n bersonol bryd hynny, wên i'n cysylltu 'pod' â phys, ac yn llygad fy meddwl wedd gyda fi'r olygfa honno o chwaraewyr yn rhedeg ac yn sgipio un ar ôl y llall i mewn i'r cwdyn fel y pys yn hysbyseb cwmni Birds Eye!

Ond fel y gŵyr pawb, arweiniodd Henry y tîm cenedlaethol at ddeg buddugoliaeth yn ddi-dor i mewn i Gwpan y Byd 1999, a daeth yna ddim cyfle i fi wisgo'r crys coch yn y stadiwm newydd. Ma 'na stori dw i'n hoff ohoni, fel y ma Henry ei hunan yn ei dweud hi yn ei lyfr *Final Word*, amdano fe a'i wraig Raewyn yn ymweld â'r Eglwys Gadeiriol yn Nhyddewi. Wedd hyn ar ôl i Gymru golli gêmau yn erbyn De Affrica, yr Alban ac Iwerddon, ond ennill ym Mharis, ac o fewn golwg y gêm yn erbyn y Saeson yn Wembley. Yn dawel bach, mae'n debyg i'r Gwaredwr Mawr ofyn am help Dewi Sant i ennill y gêm. Gydag ond munudau i fynd cyn y chwiban ola yn Wembley ddyddie'n ddiweddarach, a Chymru ar ei hôl hi o chwe phwynt, dyma Henry, medde fe, yn troi ei olygon tua'r nef ac yn dweud, "Wel, Dewi, os wyt ti am ein helpu ni, nawr amdani." O fewn hanner munud fe ddaeth cic gosb i Gymru, a daeth y bêl mas i Scott Gibbs. Fe wyddon ni i gyd beth ddigwyddodd wedyn.

Dim ond hanner y stori yw honno, oherwydd mae'n debyg i garfan Cymru, yn y dyddie cyn y gêm yn erbyn Awstralia yn rownd wyth ola Cwpan y Byd 1999, drefnu *helicopter* i hedfan Henry 'nôl i Dyddewi i gynnig gair o weddi arall i'n nawddsant. "I was hoping for a miracle, which didn't eventuate," medde fe. Doedd y Gwaredwr Mawr ddim yn hollalluog, ac fe ddalies inne i gredu y deuai cyfle i finne rywdro eto wisgo'r crys. Falle dylwn inne fod wedi neud pererindod i Dyddewi oherwydd ddaeth 'na ddim cyfle arall!

Enillodd Llanelli Bencampwriaeth y Gynghrair ar garlam a Thlws Her Undeb Rygbi Cymru, ond gydag Abertawe a Chaerdydd wedi torri'n rhydd o'r Undeb i whare rygbi o safon 'uwch' yn erbyn clybie Lloegr, buddugoliaethau gwag wên nhw ar sawl ystyr. Gorfodwyd y ddau glwb i ddod i Gwpan SWALEC Cymru mor gynnar â'r ail rownd a wedd cyfle i Lanelli ennill coron driphlyg o gystadlaethau yn nhymor 1998/99. Trechwyd Caerdydd ar Gae'r Bragdy yn y rownd gynderfynol o 39 i 10, y fuddugoliaeth fwya i Lanelli dros Gaerdydd yn y Cwpan mewn deg gêm. Disgrifiwyd y perfformiad gan Gareth Davies, y cyn-faswr rhyngwladol a Phrif Weithredwr clwb Caerdydd, fel y perfformiad gwaetha gan dîm yn cynrychioli'r clwb a welodd e erioed – diffyg disgyblaeth, sgiliau siomedig a'r perfformiad drwyddo draw yn gwbwl amhroffesiynol. Wedd ei hyfforddwr, Terry Holmes, ddim wedi gwerthfawrogi'r fath chwerwder at y clwb, medde fe, a wedd Gareth Jenkins o'r farn na wedd whare o wythnos i wythnos yn erbyn ail dimau Lloegr wedi helpu achos Caerdydd.

Ond rhaid bod y neges honno wedi cyrraedd Sain Helen,

achos fe gawson ninne'r goten fwya yn hanes y Cwpan gan Abertawe yn y rownd derfynol ar gae pêl-droed Parc Ninian, Caerdydd. Daeth 14,500 i wylio'r gêm dan heulwen braf tra wedd y gwaith adeiladu'n mynd yn ei flân yn Stadiwm y Mileniwm. Fe deimlais i fy ysgwydd chwith yn tynnu eto cyn y gêm dim ond wrth feddwl am sgrymio yn erbyn Darren a Garin, a gorfu i Gareth Jenkins lyncu ei eirie wedi'r gêm. Scott Gibbs wedd capten Abertawe y diwrnod hwnnw a wedd e, yn naturiol, o'r farn fod eu gêmau nhw wedi bod yn llawer mwy ystyrlon nag unrhyw gêm yng Nghynghrair Cymru. Arweiniodd hynny at y pennawd 'Dynion yn erbyn bechgyn' yn y papure yn ystod y dyddie wedi hynny. Ond fe wyddwn i ond yn rhy dda na wedd Abertawe na Chaerdydd wedi wynebu clybie Lloegr ar eu cryfa yn ystod y tymor. Wedi tymor cythryblus fe es inne adre i Gilrhue i ganolbwyntio ar waith y ffarm ac i galedu chydig ar y dwylo erbyn y tymor nesa.

'Nôl i'r Frenni Fawr

YMHEN LLAI NA thair wythnos ar ôl cytuno i ymuno â chlwb
Llanelli, wên i wedi symud 'nôl i Gilrhue ac i olwg y Frenni
Fawr. Os wedd y dwylo wedi meddalu yn ystod y deunaw
mis y treulies i yn Llunden, fe fuodd y *wellingtons* yn pinsho
am rai wythnose hefyd ar ôl dychwelyd ganol gaea. A gyda'r
gwanwyn cynnar fe ddaeth hi'n amser i feddwl am y patrwm
ffarmo ar gyfer y dyfodol. Rhentu'r ddaear mas yn dir pori yn
ei dymor a phrynu a magu lloi wedd y drefen tra wên i bant
yn Richmond, gyda fy mrawd Edward yn dal y pen tryma ac
yn edrych ar ôl y ffarm. Ffarm laeth yn benna fuodd Cilrhue
ar hyd y blynydde ac fe ddaliwyd gafael ar y cwota llaeth ar ôl
gwerthu'r fuches odro oherwydd wedd hynny yn ychwanegu
at werth daear amaethyddol yn y dyddie hynny.

Dw i'n edrych yn ôl nawr ar y penderfyniad hwnnw i werthu'r
fuches odro, gan wbod taw dyna wedd y penderfyniad iawn
i fi. Falle i fi fod yn hunanol, ond fyddwn i ddim am edrych
yn ôl ymhen rhai blynydde a theimlo 'mod i wedi colli'r cyfle.
Ac er i fi gael pob cefnogaeth gan y teulu, dw i'n cyfadde
na fuodd y berthynas rhwng Edward a finne yn rhwydd bob
amser. Fe fuodd cyfnodau pan na fydden ni'n edrych ar ein
gilydd heb sôn am siarad â'n gilydd, weithie am ddiwrnode,
weithie am wythnose. Fe fydde'r berthynas rhyngon ni'n
achosi i ni'n dau fod ar ein gwaetha, ond ddaeth hi erioed yn
fater o godi dwrn. Fydden i ddim wedi gweld bai ar Edward
tase fe wedi teimlo fel neud, oherwydd wên i'n rhoi 'ngyrfa
rygbi o flân popeth arall, ac o flân pawb arall hefyd weithie.
Fe wnaeth Edward adael y ffarm am gyfnod i ennill cyflog tu
fas i ffarmo, ac efallai taw dyna'r peth gore ddigwyddodd i'r
ddau ohonon ni.

Dw i'n gallu gwerthfawrogi'r sefyllfa yn well ar ôl darllen

bod brodyr yn cael eu cymharu yn fwy na brawd a chwaer. O ddydd eu geni, ma fel tase pwy sy'n torri dant gynta, pwy sy'n cripian, cerdded a siarad gynta yn cael ei chwyddo yn beth mawr. Ac ma'r gymhariaeth yn parhau trwy ddyddie ysgol ac i'r man gwaith, ac wedyn pwy sydd â'r tŷ mwya ac yn ennill y mwya o arian, ac yn gyrru'r car gore yw hi. A heb os, ma un brawd yn dod â phartner i mewn i'r berthynas yn achosi tyndra.

Erbyn hyn, fodd bynnag, r'yn ni'n llwyr werthfawrogi cryfderau a gwendidau'n gilydd, ac yn cyd-dynnu'n dda wrth rannu'r dyletswyddau. Ac ma'r ddau ohonon ni'n cytuno hefyd taw cael plant ein chwaer Liz a'i gŵr Darwel, pedwar ohonyn nhw, Daniel, Gwion, Jac ac Isaac, o gwmpas y lle yn gyson, sydd wedi meddalu'n calonne ni'n dau.

Ar ôl dod 'nôl o Richmond wên i'n barod i ailgydio yng ngwaith y ffarm a whare rygbi i glwb Llanelli ar yr un pryd. Fe fydde godro nos a bore wedi bod yn opsiwn gan fod y parlwr godro segur yn ateb y gofynion, a hwnnw fel newydd, wedi'i adeiladu, ddim ond rhyw bedair blynedd cyn hynny, ym 1995. Wên ni'n dal yn berchen ar gwota llaeth, er bod hwnnw wedi disgyn yn ei werth o tua 50c y litr i ryw 34c y litr mewn deunaw mis. Yn y 1990au cynnar ac wrth i gynhyrchiant llaeth ostwng i gwrdd â'r cwota cenedlaethol, fe gododd pris cwota ar un adeg i 80c y litr. Ond ma rhywbeth wastad yn gweithio'n erbyn y ffarmwr, hyd yn oed pan fydd e'n meddwl ei fod e'n gweld ei ffordd yn glir i neud elw o'r busnes. Pan wedd gwrtaith, bwydydd anifeiliaid a thanwydd diesel yn rhad, wedd y cwota yn ddrud, a phan ddaeth y cwota i lawr i bris rhesymol fe gododd pris gwrtaith, bwydydd a thanwydd. Wrth gwrs, ma popeth yn ddibynnol ar bris olew yn y pen draw, ac yn fwy felly yng nghefen gwlad gorllewin Cymru, sydd mor bell o'r marchnadoedd mawrion.

Buodd yna syniad i sefydlu *flying herd* gan fod pris gwartheg ar y pryd yn ddigon rhad. System yw honno sy'n rhyddhau ffarmwr o gostau magu heffrod i ddod i mewn i'r fuches, costau megis adeiladau, bwydo a neud yn siŵr bod yr heffrod yn gyflo. Ond, ar y llaw arall, mae'n agored i ddod ag afiechydon a haint i mewn i'r ffarm, sy'n gallu digwydd wrth brynu anifeiliaid yn y mart neu o ffermydd eraill. Ac erbyn hynny fe allwn i weld Liz, fy chwaer yn dod adre o'r coleg, oherwydd gwartheg llaeth a godro wedd ei helfen benna hithe hefyd.

Wedd dim brys i neud penderfyniad ond wrth i bris llaeth ddisgyn, a heb sicrwydd Bwrdd Marchnata, gwerthu'r cwota wnaethon ni. Yn y cefndir bryd hynny hefyd wedd yr holl bryderon ynghylch TB mewn gwartheg, a gan fod moch daear yn drwch yn yr ardal, wedd gofyn ystyried y cam nesa yn fanwl. Wedd ffermwyr yn rhentu'r tir yng Nghilrhue i bori gwartheg a gan ein bod ninne hefyd yn prynu lloi i'w pesgi a'u gwerthu'n dew, wedd rhaid bod yn ofalus i gadw'r anifeiliaid ar wahân. Wedd golchi'r adeiladau yn rheolaidd ddim yn bodloni gofynion asiantaeth amaethyddol y Llywodraeth a bu'n rhaid ailaddysgu ein hunen yn y gwaith o ddiheintio. Rhaid hefyd wedd neud yn siŵr na fydde'r gwartheg wedd yn cyrraedd y ffarm o wahanol gyfeiriadau yn anadlu yr un awyr; rhaid wedd eu cadw ar wahân. Fuon ni ddim yn hir cyn dod i'r penderfyniad taw lleihau'r risg gymaint â bo modd fydde ore, a thaw prynu stoc ar gyfer eu tewhau a'u gwerthu yn y mart wedd y cynllun gore. Ond wnaeth hynny ddim talu ffordd oherwydd y diffyg cysondeb o ran safon anifeiliaid fydde'n cyrraedd y ffarm.

Erbyn hyn, ma'r patrwm wedi newid eto a ninne'n prynu lloi Friesian gwryw a lloi Henffordd yn eu hamser, i'w bwydo a'u gwerthu pan fyddan nhw'n cyrraedd pwyse arbennig. Fe ddaeth y cyfle hwnnw drwy fy adnabyddiaeth i o ffermwr llaeth lleol, Kim Petty. Bydd sawl un yn codi ei aeliau o feddwl 'mod i'n magu lloi gwryw Friesian falle, ond geneteg Seland Newydd sydd yn y lloi sy'n golygu mwy o gig ar yr asgwrn na'r Friesian Prydeinig. Ar yr un adeg, fe all rhyw 500–600 fod ar y ffarm i'w bwydo, gyda'r anifeiliaid yn cyrraedd y pwyse delfrydol ar gyfer eu gwerthu naill ai yn y gwanwyn neu'r hydref.

Ond ma TB mewn gwartheg mas o reolaeth yn llwyr yn ardal gogledd Sir Benfro a gorllewin Sir Gâr. Fe feddylion ni y bydde ateb i'r broblem cyn i'r Llywodraeth yng Nghaerdydd benderfynu peidio â difa moch daear, fel sydd yn digwydd mewn rhannau o Loegr. D'yn ni ddim wedi dianc rhag y clwy na'i effeithie yng Nghilrhue chwaith, gyda rhywle'n agos i ddau gant o anifeiliaid ar hyd y blynydde diweddar wedi cael eu hanfon i'r lladd-dy oherwydd fod un anifail neu fwy wedi adweithio i bathogen TB. Ac yn ganolog i'r ddadl ma'r mochyn daear.

Ma Edward a finne wedi neud popeth o fewn ein gallu i gydymffurfio â chyfarwyddiadau'r Llywodraeth i'r llythyren. Byddwn yn neud ein gore glas i gadw moch daear draw o'r adeilad ble y gall fod yna rawn neu fwydydd anifeiliaid yn cael ei storio oherwydd os gall y mochyn gael ei ben trwy dwll neu wagle, fe gaiff ei gorff trwyddo hefyd, a bydd i mewn yn yr adeilad. Sawl gwaith fe welson ni olion mochyn daear mewn bagie hadau a blawd, a digon i awgrymu bod ei fwyd arferol yn mynd yn brinnach ac yn brinnach.

Yn dilyn y drefen o frechu sy'n cael ei ffafrio gan Lywodraeth Cymru, fe wyddon ni bellach fod dros gant a hanner o foch daear yn y tiroedd o'n cwmpas ni fan hyn yng Nghilrhue. Dyw brechu ddim yn mynd i wella'r moch daear sy'n cario'r haint, a phwy sy'n gwbod pa rai yw'r rheiny? Ac os bydd y moch daear yma i gyd yn goroesi, a bridio, a chynyddu mewn niferoedd eto, ble maen nhw i gyd yn mynd i gael bwyd? Eisoes, ma cloddiau wedi'u rhwygo a'u darnio wrth iddyn nhw chwilio am eu bwyd. Sdim un aderyn bellach yn nythu ym môn perth, na'r un draenog ar gyfyl y lle ers sawl blwyddyn. Ma'r gwrthwynebwyr, yn gyfleus iawn, yn anwybyddu'r dadleuon hynny.

Dros y blynydde fe glywes i sylwebwyr rygbi'n sôn am drychineb a thrasiedi mewn perthynas â bwrw pêl mlân dros y llinell gais, neu golli gêm yn y funud ola. Trychineb a thrasiedi i fi yw gweld cenedlaethau o wartheg godro o'r fro yma'n cael eu cludo bant i'w lladd oherwydd fod buwch wedi adweithio i'r prawf TB. A dyw iawndal yn ddim mwy nag arian yswiriant i rywun sydd wedi colli ei holl eiddo personol a sentimental drwy ddŵr neu dân.

Y gwir amdani yw bod caniatáu i nifer fechan o foch daear oroesi fel y digwyddodd yn dilyn penderfyniad y Llywodraeth Lafur ym 1997 i roi stop ar gwlio wedi arwain at ddifa gwartheg godro ar raddfa llawer ehangach. Bydde dynion yn arfer galw yng Nghilrhue â'u bryd ar gloddio am y mochyn daear gyda chŵn. Crwt wên i bryd hynny, a wên i ddim yn gweld yr arferiad yn sbort, ond yn greulon.

Yn anffodus, ma'r mochyn daear bellach yn cael ei weld fel symbol o'r gwrthdaro rhwng y wlad a'r dre. Fel ffarmwr sy'n hoffi cerdded y tir, dw i am weld gwartheg iach yn cyd-fyw â moch daear iach, a phan ddaw'r diwrnod hwnnw fe fydd bywyd gwyllt yn gyffredinol ar ei ennill. Sdim un olygfa fwy truenus na gweld mochyn daear yn trigo o effeithiau TB. Siawns na welwn ni'r darlun hwnnw bellach, mwy nag y gwelwn ni fuwch odro yn llawn llaeth, ar flaenddalen calendr *Countryfile*.

Ma hynny eto yn fy atgoffa i o ba mor ffodus dw i wedi bod i allu newid y patrwm o ffarmo yn gyfan gwbwl dros nos. A phan ddes i gatre o Lanelli yn 2008 fe ges i gyfle, eto gan Kim Petty, i weithio'n rhan-amser i'w gwmni, sef KiwiKit, sy'n golygu 'mod i'n gweithio iddo fe ddau neu dri diwrnod yr wythnos fel y bo'r galw. Bydda i'n teithio o gwmpas ffermydd a marchnadoedd anifeiliaid de-orllewin Cymru yn gwerthu nwyddau amaethyddol. Ma fy ymweliadau cyson â ffermydd hefyd yn fy neud i'n fwy ymwybodol byth o hyd a lled problem TB mewn gwartheg. Dw i hefyd yn ffodus i allu dianc at 'waith' arall sydd yn fwynhad yn ogystal â thalu cyflog, fel nad oes rhaid dilyn cynffon y fuwch nos a dydd.

Fel hynny wedd hi yn fy nhymor llawn cynta ar Barc y Strade, ddaeth â'i benllanw yn Stadiwm y Mileniwm o flân torf o 50,000 gyda buddugoliaeth yn erbyn yr hen elynion, Abertawe, yng Nghwpan Her yr Undeb.

Gyda heddwch o fath wedi'i adfer rhwng yr Undeb a chlybie

Abertawe a Chaerdydd, fe drechon ni'r Gwynion o 22 i 12, diolch i gais hwyr i'r clo Craig Gillies a ymunodd â'r clwb yn ystod haf 1999 wedi i glwb Richmond orfod cau ei ddrysau. Wedd bois y papure dydd Sul, gyda *deadline* mewn golwg siŵr o fod, wedi cofnodi'r ffaith taw hon fydde'r gêm derfynol gynta heb i gais gael ei sgorio, pan barodd Gillies iddyn nhw gymryd pensel goch at y paragraff hwnnw ddwy funud cyn y chwiban ola. Cic lawr y cae gan y prop Phil Booth; yr asgellwr Mark Jones yn achosi panig yn amddiffyn Abertawe a dim ond cwympo dros y lein fu raid i Gillies.

Ac i danlinellu'r drwgdeimlad rhwng y ddau dîm, fe welodd Paul Moriarty'r cerdyn melyn am fy llorio i am neud dim mwy na 'llongyfarch' Chris Anthony, prop Abertawe, am ei ran e yn y smonach ddaeth â chais i Gillies.

Rhyw gêm fel'na wedd hi. Fe dalwyd y pwyth i Scott Gibbs am ei eiriau haerllug 'dynion yn erbyn bechgyn' y tymor cynt, a wedd e'n dawel wedi'r gêm. Ond wedd tensiwn y deng munud ola yn ormod i'r hyfforddwr, Gareth Jenkins, a dreuliodd y cyfnod hwnnw yn y tŷ bach. Welodd e mo gais Gillies fwy nag y gweles inne ddwrn Moriarty mewn pryd! Ond fe wyddwn 'mod i wedi llwyddo i neud yr hyn na lwyddais i'w neud gyda Chastell-nedd hyd yn oed yn y dyddie da, sef codi Cwpan Her Undeb Rygbi Cymru am y tro cynta. Allwn i ond gobeithio a dyheu am fwy o ddyddie tebyg i hwn.

Tocyn i Ewrop

Dros gyfnod o saith tymor fe chwaraeais i 257 gêm i Lanelli a'r Scarlets, ond y gêmau mawr ma rhywun yn eu cofio. Ac fe fuodd yna ddigonedd o'r rheiny yng nghystadleuaeth Cwpan Heineken Ewrop. Wedd angen codi i'r achlysur bob tro yn erbyn chwaraewyr gore Lloegr, Ffrainc, yr Alban ac Iwerddon – heb anghofio'r Eidal a ddaeth yn aelod llawn o Bencampwriaeth y Chwe Gwlad yn y flwyddyn 2000.

Wedd neb yn well na hyfforddwr Llanelli pan ddeuai hi i'r gêmau mawr. Wedi'r cyfan, wedd Gareth Jenkins yno gyda Delme a Phil, a Ray a Roy, a'r gweddill yn y gêm fwya yn hanes y clwb, a does ond angen sibrwd "9–3" wrth unrhyw un sy'n byw i'r gorllewin o Bont Casllwchwr i'w hatgoffa o'r fuddugoliaeth nodedig honno dros y Crysau Duon 'nôl ym 1972. Ac, wrth gwrs, wedd Gareth wedi dysgu tipyn wrth draed y meistr, Carwyn James.

Bydde Gareth wastad yn paratoi'n drylwyr ar gyfer gêmau mawr; wedd yna gynllun a hwnnw wedi'i seilio ar ddadansoddiad manwl o dactegau'r gwrthwynebwyr. Wnaeth e ddim gweithio bob tro, ond alle Gareth neud dim mwy na neud yn siŵr ein bod ni wedi'n harfogi gyda'r tŵls priodol ar gyfer y dasg. Ac wrth gwrs ble bynnag bydde Gareth, fydde Ray Gravell ddim ymhell ac, yn fwy amal na pheidio, ar ben draw'r ffôn symudol. Hyd yn oed yng nghanol y trafodaethau mwya dwys dros dactegau o gwmpas lein neu sgrym ar y cae ymarfer, fe fydde'r ffôn yn canu ym mhoced Gareth: "Boys, boys, stop there for a second – it's the President." Ac fe fydden ni'n cymryd hoe, yn union fel tase'r neges frys wedi dod o'r Tŷ Gwyn yn Washington. Bydde'r neges o Frynhyfryd, Mynydd-y-garreg yn cael yr un sylw â thase hi wedi dod o barlwr ffrynt y person mwya pwerus yn y byd, wrth i Gareth geisio tawelu meddwl a lleddfu pryderon y llais ar ben arall y ffôn drwy ddweud bod popeth yn iawn.

Ar ddiwrnod y gêm wedyn fe ddeuai perchennog y llais i mewn ar hast i'r stafell newid, gartre neu bant, i ddymuno'n dda cyn y gêm, neu i gydymdeimlo wedi'r gêm, "Bois, bois, bois baaach!" ac fe fydde'r geirie'n pallu wrth i ddeigryn ddod i'r llyged, beth bynnag fydde'r canlyniad. A chyn y gêmau mawr fe fydde Ray'n fwy nerfus na ni'r chwaraewyr yn amal iawn.

Fel hynny wedd hi yn fy nhymor llawn cynta i ar Barc y Strade a ninne wedi ennill pump o'r chwe gêm grŵp yn Ewrop, gan gynnwys buddugoliaeth bant yn Bourgoin, y tîm cynta o Gymru i ennill ar dir Ffrainc yn hanes y gystadleuaeth, a hynny o 36 i 30. Wedd y Stade Pierre Rajon yn llawn i'r ymylon gyda'r Ffrancwyr fel arfer yn galw am waed. Yn rheng flân y tîm cartre wedd Jean-François 'Jeff' Tordo, ac er i ni gael y gore arnyn nhw, fe gadwes i 'mysedd yn ddigon pell o geg y bachwr. Yr hyn dw i'n ei gofio fwya am y gêm honno, yn fwy na'r fuddugoliaeth o bump cais i dri, yw na wedd Scott Quinnell yn teimlo'n rhy sbesial. Wedd e wedi bod yn achwyn drwy'r wythnos am ei draed poenus. Wedd amheuaeth a alle fe ddechre'r gêm ai peidio, ac fe wnaeth e hwdu sawl gwaith cyn mynd mas i'r cae. Ond fe ddaeth e mas gyda ni, gan roi o'i ore fel y bydde fe bob amser, a dw i'n ame dim nad fe wedd seren y gêm.

Ond os taw Scott wedd piau hi yn Bourgoin, sdim amheuaeth taw'r blaenasgellwr Ian Boobyer wedd yn haeddu'r anrhydedd honno yn dilyn y gêm ola yn y gêmau grŵp yn erbyn y Wasps ar Barc y Strade. Ennill y gêm yn unig wedd ei angen ar dîm Lawrence Dallaglio ond wedd angen buddugoliaeth o ddeg pwynt arnon ni i sicrhau gêm gartre yn y chwarteri. Fe fuodd Boobyer yn niwsans go iawn i gyn-gapten Lloegr drwy'r wyth deg munud, ac os na wedd Lawrence yn gwbod beth wedd *wasp* yn Gymraeg cyn y nosweth honno ar y Strade, fe ddaeth e i wbod yn go glou oherwydd fe fuodd Boobyer fel picwnen dan ei drwyn e ac yn ei wyneb e drwy gydol y gêm. Ar un adeg fe blediodd Dallaglio ar y dyfarnwr, Didier Mené, a hwnnw wedi galw'r ddau i'r naill ochor: "Get this guy out of my face." Wedi hynny, wedd y gêm wedi'i hennill. Wedd Scott Quinnell yn mynd trwy ei gyfnod *blonde* bryd hynny, ac wedd e eto'n amlwg iawn yn y gêm tase ond am ei wallt goleuach na gole, gyda help potel o *peroxide*, ond fe gafodd ei gêm arferol ac fe garion ni'r dydd o 25 i 15.

Wedd Ian Boobyer yn hen law ar bryfocio, fel y gwyddwn i o brofiad wrth rannu stafell gyda fe yn Hwngari mewn *camp* i baratoi at y tymor newydd. Fe fues i'n tynnu arno fe am ei fod e'n mynnu cadw gole'r *bathroom* mlân drwy'r nos, ond cyn diwedd yr wythnos, a finne wedi dod o hyd i gornel tawel i ymlacio a darllen un o nofelau gafaelgar Wilbur Smith, wedd Boobyer wedi talu'r pwyth yn ôl i fi. Yn sydyn, sylweddoles i fod tudalennau ola'r nofel ar goll, a wedd dim angen edrych yn rhy bell am y lleidr.

Fe drechon ni Gaerdydd yn y chwarteri ar Barc y Strade ac fe aethon ni â deg mil o gefnogwyr gyda ni i Stadiwm Madjeski yn Reading ble wedd Northampton yn ein haros ni yn rownd gynderfynol Cwpan Ewrop, y gynta yn ein hanes. Hon yw'r gêm gaiff ei chofio am gic gosb ryfeddol Paul Grayson o dros 50 metr, dair munud i mewn i amser y dyfarnwr ddaeth â buddugoliaeth i'w dîm o 31 i 28. Wedd hi'n ddiwrnod twym ofnadwy, ac fe fuon ni chwaraewyr â'n penne mewn bwcedi dŵr oer ar yr egwyl yn union fel lloi cratsh. Croesodd Allan Bateman a Ben Cohen am gais yr un i'r Saeson mewn ymateb i un gan Dafydd James, ac fe giciodd Stephen Jones saith gôl gosb. Ond wedi i Ian Boobyer gicio'r bêl mas o ddwylo'r eilydd o fewnwr Dom Malone, fe gamodd Grayson lan am ei gynnig cynta fe at y pyst ers iddo ddod i'r cae ac mewn tawelwch llethol allwn i neud dim ond gwylio'r bêl yn hwylio trwy'r awyr cyn disgyn dros y bar. Wedd hi fel tase amser wedi sefyll yn llonydd cyn i floeddio cefnogwyr Northampton ddod â ni at ein synhwyrau. Fe sigles i law ag Allan Bateman, a wedd wedi ymuno â chlwb Franklin's Gardens o Richmond erbyn hynny, ond fethodd e â dweud gair. Aeth Northampton mlân i drechu Munster o 9 i 8 yn y rownd derfynol y tymor hwnnw.

Allwn i ddim â bod yn rhy siomedig. Wedi'r cyfan, wên i wedi whare ym mhob un o gêmau Ewrop yn fy nhymor cynta ar Barc y Strade ac wrth drechu Ulster yn Ravenhill a gartre, wedd Llanelli wedi trechu Pencampwyr Ewrop y tymor cynt. Ond wedi colli gartre a bant i Gaerloyw yn Kingsholm y tymor wedyn, buodd raid i ni aros am dymor arall i wireddu ein breuddwyd o goncro Ewrop. A phan ddechreuon ni'n hymgyrch yn nhymor 2001/02 wedd y dasg ddim tamed haws gyda phencampwyr y tymor cynt, Caerlŷr, yn ein haros ni ar Heol Welford. Pedair gôl gosb i Tim Stimpson yn erbyn tair i Stephen Jones wedd hi yn y diwedd ond fe fydde'r pwynt bonws mewn colled o 12 i 9 yn ddigon i'n cario ni i'r chwarteri, er i ni golli'n drwm mas yn Perpignan.

Yn ein haros ni yn rownd gynderfynol Cwpan Heineken 2001/02 bydde Caerlŷr, pencampwyr y tymor cynt ac fe fydden ni'n eu cyfarfod nhw am y trydydd tro yn y gystadleuaeth, wedi i ni eu trechu nhw ar Barc y Strade yng ngêm ola'r gêmau grŵp o 24 i 12. Bu bron i ni â chael y gore arnyn nhw ar Heol Welford yn gynharach yn y tymor pan gollon ni o 12 i 9 ond wedd y fuddugoliaeth o flân ein cefnogwyr ni gyda'r gore i ni yn Ewrop.

Yn wahanol i nawr, pan mae carfan yn cynhesu am hanner awr ar y cae cyn gêm, fe aethon ni draw i'r cae ymarfer y tu ôl i ochor Pwll o'r Strade cyn y gêm honno yn erbyn Caerlŷr, ac fe alla i glywed y floedd wnaeth ein croesawu ni mas o'r twnnel hyd y dydd heddi. Os na chododd honno ofon ar y Teigrod, wedd gweld Martyn Madden yn codi'r bêl rydd, yn derbyn y bàs fer ac yn ffrwydro lan y cae, yn saff o fod wedi achosi iddyn nhw ailfeddwl eu tactegau. Rhoi pwyse arnyn nhw mewn sgrym a lein a chymryd y gêm atyn nhw i fyny trwy ganol y cae wedd ein tactegau ni, a ble wedd Madden yn arwain bydde Scott Quinnell a'r Americanwr Dave Hodges yn dilyn.

Cafwyd araith egnïol gan Gareth cyn i ni fynd mas i'r cae a daeth y Llywydd yn ôl ei arfer i'r stafell newid i ddymuno'n dda. Wedd Gareth yn gysurus ei feddwl tasen ni ar ei hôl hi o 15 pwynt i mewn i wynt cryf ar ddiwedd yr hanner cynta y bydde hi o fewn ein gallu ni i ennill y gêm. Fe ddaethon ni i mewn ar yr egwyl yn arwain o dri phwynt cyn ennill o ddeuddeg, 24–12. Wyth gôl gosb i Stephen Jones yn erbyn pedair gan Andy Goode. "Shwt na allwch chi berfformio o flân torf fel 'na?" wedd sylw seren y gêm, Scott Quinnell. "What we had to get right today was our minds, our hearts and our souls. These occasions aren't won with rugby ability. They're won in the spirit and with passion," wedd pregeth Gareth. Eiliodd y Llywydd hynny, cyn mynd mas o'r stafell newid yn ei ddagre.

Wedd hi'n dipyn o frwydyr am grys y prop pen tyn rhyngddo i a Martyn Madden – cymeriad lliwgar o ardal dociau Caerdydd. Wedd 'run ohonon ni'n rhy falch pan wedd rhaid eistedd ar y fainc, ac fe fydde'r ddau ohonon ni'n tynnu yn erbyn ein gilydd. Ond wedi i ni ddod i ddeall ein gilydd, ac ynte'n sefydlu ei hunan ar y pen rhydd, ar ysgwydd chwith Robin McBryde, wedd hi'n "showtime", â defnyddio hoff air Madden. Wedd e'n dipyn o chwaraewr, â sgilie trafod da. Bydde fe'n gallu symud hefyd am fachan dros 19 stôn wedd yn ymladd i reoli'i bwyse. Fe ddaeth e'n dipyn o ffefryn gan y cefnogwyr yn dilyn ei gais yn erbyn Glynebwy a ddaeth â Chwpan Cymru 'nôl i'r Strade o Ashton Gate ym Mryste ym 1998, a phan fydde fe'n ei hwylie, fel y bydde fe'n amal, bydde rhes o ddannedd gwynion fel defaid wedi eu cneifio y tu ôl i'w wên lydan a'i wherthiniad iach. Pan wedd Robin wedyn yn teimlo fel taro 'Lawr ar lan y môr', fe ddeuai rhyw lais main o'r cornel yn clapian acen Tiger Bay i ofyn "Ym mhle?"!

Fe drechon ni Gaerfaddon yn rownd yr wyth ola bant o gartre ar ddydd Sul, y 27ain o Ionawr, 2002, wedi i'r gêm gael ei gohirio ar y dydd Sadwrn. Trwy haelioni'r Cadeirydd, Huw Evans, a dalodd am y bysys, fe ddaeth y cefnogwyr yn eu holau drannoeth i'n hebrwng ni ar y ffordd i rownd gynderfynol

Cwpan Heineken am yr eildro, gyda buddugoliaeth o 27 i 10. Ni'r blaenwyr osododd y sail i'r fuddugoliaeth yn y mwd a'r glaw, ac fe barodd cicio Stephen Jones i'r sgoriwr gadw'n gynnes gyda wyth gôl gosb a gôl adlam.

Fe fydde ysbryd ac angerdd yn cael y gore o Gareth weithie wrth ein hannerch ni'r chwaraewyr, fel y noson honno mas yn Ravenhill, Belffast, pan ddaeth rhyw gymeriad o'r enw Colonel Mustard i mewn i'w araith. Dw i'n meddwl taw drysu rhwng ymdrech arwrol ofer General Custer ym mrwydyr y Little Bighorn a'r darn melyn sy'n cynrychioli Colonel Mustard mewn gêm Cluedo wnaeth Gareth. Fe gawson ni'r neges, serch hynny, a rhai ohonon ni'n wherthin rhwng ein dannedd, neu drwy gnoi dwrn. Os ydych chi'n gyfarwydd â Cluedo, fe daflwyd sinc y gegin a phob arf arall at y Gwyddelod, wrth i ni ymweld â phob twll a chornel o'r cae i drechu talaith Ulster yn y glaw y noson honno. Ond, yn wahanol i General Custer, wên ni i gyd yn dal ar ein traed ar y chwiban ola.

A dyna ni 'nôl yn Lloegr eto ym mis Ebrill ar gyfer gêm gynderfynol Cwpan Heineken arall, i wynebu Caerlŷr ar y City Ground yn Nottingham, cartre tîm pêl-droed Nottingham Forest, ond gydag un llygad ar ffeinal yn Stadiwm y Mileniwm. Pa fwy o ysbrydoliaeth wedd ei angen? Martyn Madden, Robin McBryde a finne wedd eto yn y rheng flân yn erbyn yr hen gyfeillion, Darren Garforth, Dorian West a Graham Rowntree. Wên ni'n eu nabod nhw'n dda ac fe fuon ni wrth yddfe'n gilydd o'r chwiban gynta. Am unwaith falle na wedd ein sgrymio ni gyda'r cryfa, ac fe ildion ni ambell gic gosb. Mewn gêm fwriadol dynn, ond hyll i'r cefnogwyr, mewn gwynt a glaw sbeitlyd, fe enillon ni'r bêl ar y llawr dros ugain o weithiau yn yr hanner cynta ac fe anelodd Stephen Jones gic ar ôl cic at yr ystlys i roi mantais i ni o 9 i 3 cyn troi. Gydag ond munud o'r gêm ar ôl, wên ni'n dal ar y blân o 12 i 10 a wedd hi'n edrych fel petai tactegau Gareth am fod yn llwyddiannus eto. Hyd yn oed pan gosbwyd Martyn Madden gan y dyfarnwr, David McHugh o Iwerddon, am ddymchwel sgrym bron ar linell ddeng metr Caerlŷr, wedd neb yn poeni gormod pan gamodd Tim Stimpson i fyny i gymryd y gic. Ond tra wedd Simon Easterby yn protestio wrth McHugh a hwnnw â'i gefn wedi troi, dw i'n ame dim na fanteisiodd Stimpson ar y cyfle i hawlio pum metr arall, ond wedd angen hwp oddi ar y trawst a help polyn tal i'r gic gyrraedd y marc. A fel 'na orffennodd ein hymgyrch ni yn Ewrop am dymor arall, gyda cholled o 13 i 12. Dw i'n cofio siarad â Grav ar ôl y diwrnod hwnnw, a'r ddau ohonon ni'n credu na ddylai'r gic gosb fod wedi cael ei rhoi, a Grav, wedd yn nabod David McHugh yn dda, yn dweud iddo gynnig, "I didn't think it was a penalty" i'r dyfarnwr o Wyddel. Ymateb McHugh wedd "I didn't think he'd kick it!"

Disgrifiodd Gareth Jenkins y profiad fel un mwya emosiynol ei fywyd, ac mor greulon â gôl adlam munud ola Elton Moncrieff a dasgodd oddi ar ysgwydd Phil Booth yng Nghaerloyw y tymor cynt pan gollon ni o un pwynt a ninne o fewn golwg gêmau'r wyth ola. Aeth Caerlŷr yn eu blaene i drechu Munster o 15 i 9 yn y rownd derfynol yn Stadiwm y Mileniwm yng Nghaerdydd. Ac i brofi pa mor gyfnewidiol yw rygbi, bythefnos yn ddiweddarach ar Barc yr Arfau yn amser y dyfarnwr, fe ddaeth cic o 48 metr i Stephen Jones â buddugoliaeth o 28 i 25 a phencampwriaeth Cynghrair Cymru a'r Alban i Barc y Strade. Ond fe wydde pob un ohonon ni yn y garfna ein bod ni wedi gadael i'r wobr fawr lithro rhwng ein bysedd.

Wên ni'n garfan glòs iawn y tymor hwnnw. Alla i ddim egluro'r agosatrwydd yn well na phan chwaraeon ni Abertawe mewn gêm gynghrair bant ar y dydd Sadwrn cynta wedi trychineb 9/11. Fe daflon ni ein breichiau o gwmpas y ddau Americanwr yn y garfan, Dave 'Dai' Hodges a'r clo Luke Gross, a nhwythe wedi sefydlu eu hunen ar Barc y Strade.

Y tymor canlynol, fe edrychon ni tu hwnt i'r gêm yn erbyn Perpignan yn rownd yr wyth ola, a thalu'r pris pan gollon ni gartre o 26 i 19 ym mis Ebrill 2003. Erbyn hynny wedd tystiolaeth fideo yn dderbyniol, a dyfarnwyd cais cosb i'r Catalaniaid yn y funud gynta, yn dilyn tacl gynnar gan Simon

Easterby. Wedi deg munud wên ni i lawr i bedwar dyn ar ddeg ar ôl i'r blaenasgellwr Dafydd Jones ddamsgin ar Ffrancwr ar lawr o dan drwyn y dyfarnwr, Tony Spreadbury. Fel hynny y daeth Perpignan, diolch i 16 pwynt Manny Edmonds y maswr, yn ddim ond y pumed tîm yn hanes y gystadleuaeth i ennill gêm bant o gartre.

Yr un wedd y stori yn nhymor 2003/04, sef tymor cynta'r rhanbarthau newydd pan gyrhaeddodd y Scarlets, sef clwb Llanelli mewn popeth ond enw, chwarteri'r gystadleuaeth am y trydydd tymor o'r bron, wrth ennill pump gêm allan o chwech yn y grŵp. Fe dalon ni'r pwyth yn ôl i Northampton yn y rowndiau rhagbrofol yn y glaw ar Franklin's Gardens gyda Iestyn Thomas, Robin McBryde a finne'n rhoi pob math o drafferthion i'w rheng flân nhw, a'u bachwr Steve Thompson yn benodol. Wedd e wedi ennill Cwpan y Byd gyda Lloegr yn Awstralia yr hydref cyn hynny, ond fe'i gwasgwyd e mas o sgrym ar ôl sgrym fel corcyn o botel bop. Serch hynny, eiliad o athrylith gan y cefnwr Barry Davies sicrhaodd y fuddugoliaeth o 18 i 9. Fe hoeliodd ei holl sylw ar gic gan Paul Grayson, cefnwr Northampton, gan lithro ar ei din ar lawr cyn sgubo'r bêl rydd i fyny a thasgu dros y llinell gais o hanner can llath.

Ein gwobr am ennill pump gêm mas o chwech yn y gêmau grŵp wedd gêm gartre yn erbyn Biarritz yn yr wyth ola. Fe ddaeth Biarritz mas i'r cae ar Barc y Strade mewn lliwiau coch, gwyn a gwyrdd – lliwiau traddodiadol Gwlad y Basg – ond os wedd un neu ddau ohonon ni'n cael ein hatgoffa o liwiau Mr Urdd, nid teganau meddal o chwaraewyr wedd yn ein haros ni nos Wener, y 9fed o Ebrill, 2004. Am yr awr gynta, nhw wedd y tîm gore, yn cael eu harwain gan y rheng ôl rhyngwladol Thomas Lièvremont. Ond os taw fe wedd y capten, y *corporal* heb os wedd y rheng ôl rhyngwladol Serge Betsen. Wedd dim ateb gyda ni i sgarmesi symudol y Basgiaid a phan ochorgamodd yr asgellwr Philippe Bidabé heibio i fi fel cleren yng nghanol y cae ar ddechre'r ail hanner gyda Nicolas Brusque yn torri 'nôl i mewn ar ongl ar lwybr clir i'r lein, wedd dim ffordd 'nôl. Fe gollon ni'r gêm o 27 i 10 ac er i'r Scarlets ennill pencampwriaeth gynta'r Cynghrair Celtaidd trwy drechu Ulster o 23 i 16 ar Barc y Strade, wedd rhaid i fi dderbyn taw dyna wedd ein gobaith ola ni o godi Cwpan Ewrop.

Hansen a'r gadair olwyn

FALLE 'MOD I'N 35 oed yn gweld fy ngobeithion o godi Cwpan
Ewrop yn diflannu fel gwlith y bore, ond wên i mewn lle da.
Wedd trefen ar y ffarm, wên i'n ddewis cynta ar y pen tyn i'r
Scarlets, yn cael digon o rygbi ac ar ben fy ngêm. A wedd e'n
galondid clywed ambell un yn dweud 'mod i'n dal yn ddigon
da i whare dros Gymru.

Wên i ddim wedi whare i Gymru ers y diwrnod tywyll
hwnnw mas ym Mhretoria 'nôl yn haf 1998, chwe blynedd
cyn hynny. All rhywun ond dychmygu'r wên wedd ar fy wep
i pan glywes i'r cyn-faswr rhyngwladol Jonathan Davies yn
sôn ar raglen *Scrum V* y BBC ym mis Mawrth 2004 y dyle
Cymru edrych unwaith eto i gyfeiriad John Davies os am
ddatrys y broblem ar y pen tyn, ble wedd y tîm cenedlaethol
wedi cael trafferthion yn y golled gartre yn erbyn Ffrainc ym
Mhencampwriaeth y Chwe Gwlad.

Erbyn hynny wedd hyfforddwr Cymru, Steve Hansen, wedi
cyhoeddi ei fod e am roi'r gore i'w swydd ac am ddychwelyd
i'w famwlad yn Seland Newydd fel hyfforddwr cynorthwyol
i Graham Henry, wedd erbyn hynny'n hyfforddi'r Crysau
Duon.

Wel, dyna dro pedol, feddylies i. Y dyn wnaeth adael ei
wlad dros nos am Gymru, ac er na châi hyfforddwr a fydde'n
derbyn swydd dramor ei ystyried yn hyfforddwr ar Seland
Newydd, yn sydyn wedd e'n hyfforddwr ar y Crysau Duon.
Wedd e eisoes yn casglu dynion o'i gwmpas wedd e'n teimlo
galle ddod â Chwpan Rygbi'r Byd yn ôl i Seland Newydd am
y tro cynta er 1987. A ble erbyn hynny wedd David Moffett,
y gŵr wnaeth fygwth Graham Henry pan wedd e'n Brif
Weithredwr ar Undeb Rygbi Seland Newydd? Wel, yn sedd Prif
Weithredwr Undeb Rygbi Cymru ac yn barod i enwi olynydd

i Steve Hansen fel hyfforddwr newydd ar y tîm cenedlaethol. Falle fod gobaith i fi eto i ychwanegu at fy nghapie, feddylies i – am o leia hanner eiliad!

Hyfforddwr y Scarlets, Gareth Jenkins, wedd y ffefryn i gymryd y swydd yn dilyn ymddiswyddiad Steve Hansen. Fe wedd ffefryn y bobol, ac er i ni siomi ein hunen yn Ewrop, Gareth wedd yr hyfforddwr mwya llwyddiannus yng Nghymru yn ystod y blynydde diweddar ac yn ystod tymor cynta'r rhanbarthau.

Pan gyrhaeddes i Barc y Strade i ymarfer ar yr 11eg o Fawrth, 2004 wedd camerâu *Scrum V* yno'n barod, yn aros i neud cyfweliad â Gareth wedi i'r Undeb gadarnhau ei benodiad. Bore dydd Iau wedd hi, ac yn y *Western Mail* y bore hwnnw wedd sylw gan Steve Hansen yn dweud y bydde fe'n siomedig pe bai'r hyfforddwr newydd yn dad-wneud yr holl waith datblygu a wnaed yn ystod ei dymor e fel hyfforddwr. Defnyddiodd e'r feirniadaeth ar sgrymio Cymru i danlinellu ei ddadl pam, "an old-stager like Llanelli Scarlets prop John Davies should not be plucked from the wilderness". Sôn wedd e bod y gêm wedi cyflymu dipyn ers i fi glymu lasys fy sgidie dros fy ngwlad ddwetha, ac awgrymu ar yr un pryd falle 'mod i'n rhy stiff i neud hynny! Wedd e'n ddigon gonest i gydnabod y gallwn i gloi'r sgrym ond, ac wedd hwnnw'n 'ond' mawr, "You are going to have to get a wheelchair to wheel him from scrum to scrum." Ac yn ôl yr awgrym, rhaid bod Hansen hefyd yn llwyr gredu taw Gareth fydde'n cael ei benodi.

Tra wedd y criw ffilmio'n aros am y cyhoeddiad, fe feddyliodd y cynhyrchydd y bydde fe'n syniad da i ddod o hyd i gadair olwyn, fy rhoi i ynddi a gadael i'r chwaraewyr eraill fy ngwthio i obutu'r lle. Cafwyd hyd i gadair yn llwch i gyd yng nghefen storfa ar Barc y Strade, a phan ddarlledwyd yr eitem y Sul canlynol, dyna ble wên i'n derbyn ac yn rhoi pàs, cyn derbyn y bêl eto, a chael fy arllwys dros y llinell am gais. Cafwyd lot o hwyl, a wedd neb yn wherthin mwy na Gareth Jenkins.

Bu'n rhaid aros tan ar ôl cinio am y cyhoeddiad ond

wedd dim sôn am Gareth na'i enw. Daeth y cyhoeddiad taw Mike Ruddock fydde hyfforddwr newydd y tîm cenedlaethol. Perswadiwyd Ruddock ar y funud ola, yn llythrennol, i ganiatáu i'w enw gael ei ystyried ar gyfer y swydd. Mae'n debyg na wedd Moffett a Chadeirydd yr Undeb, David Pickering, ynghyd â Steve Lewis, Rheolwr Cyffredinol yr Undeb, y Cyfarwyddwr Rygbi Terry Cobner, a David Rees, aelod o Fwrdd yr Undeb, wedi'u llwyr argyhoeddi gan gyflwyniadau Gareth na Mark Evans, prif weithredwr clwb yr Harlequins, sef yr unig ymgeisydd arall am y swydd.

Wedd Gareth yn naturiol yn siomedig, ond ddwedodd e 'run gair mas o'i le, dim ond llongyfarch Mike ar ei benodiad. Ond fel y dwedodd rhywun wrtha i wedyn, "Fyddet ti ddim yn dishgwyl bois Gwent i benodi rhywun o orllewin Cymru, fyddet ti?"

Ma ergydion fel 'na'n anodd i'w derbyn. Ma gen i gof i fi gael cyfnod anesmwyth ar y fainc 'nôl yn 2001 gyda Martyn Madden yn cael mwy na'i siâr o gêmau yn fy marn i bryd hynny. Fe gollon ni i Gaerdydd yng Nghwpan Cymru o record o sgôr, 65 i 16 ar Barc y Strade. Wedd hynny'n ddigon i argyhoeddi clwb Arberth o'r adrannau is, gan na wên i'n ddewis cynta bellach ar Barc y Strade, a falle y carwn i ystyried ymuno â nhw y tymor wedyn. Welwn i ddim bai arnyn nhw am ofyn, ond fe fwrodd y 'dim yn ddewis cynta' fi yn fy nhalcen. Fe wrthodes i'r cynnig mor boléit ag y gallwn i, ac addo i fi fy hunan y byddwn i'n ymladd i ennill y crys 'nôl y tymor wedyn. Ac fel hynny y buodd hi.

Dal ati yn Ewrop

WEDD UCHELGAIS FAWR ar Barc y Strade gyda chwaraewyr yn whare i'w potensial, os nad uwchlaw hwnnw ar brydiau, oherwydd torri'r siwt yn ôl y brethyn wedd hi. Bydde angen gwariant mawr os wedd y Scarlets am fod yn gystadleuol yn Ewrop. Cafodd Stephen Jones ei ddenu i whare yn Ffrainc. Alle'r Scarlets ddim cystadlu â'r hyn wedd yn cael ei gynnig gan glwb ariannog Montferrand, gyda chefnogaeth cwmni teiars Michelin. Heb os, yn Ffrainc wedd, ac mae, yr arian mawr o hyd ac fe brofon ni hynny pan alwodd Toulouse ar eu hymweliad cynta â'r Strade yng Nghwpan Heineken yn gynnar yn nhymor 2004/05. Fe gollon ni o 9 i 6, gyda dwy ymgais at gôl gosb yn taro'r polyn tal. Fe ddaethon nhw'n llawn busnes a bwriad, fel wedd eu tîm y nosweth honno'n ei awgrymu. Yr olwyr wedd Clément Poitrenaud yn y cefn; y Cymro Gareth Thomas a Cédric Heymans ar yr esgyll; yng nghanol y cae wedd Yannick Jauzion a Florian Fritz tu fas i'r haneri Freddie Michalak a Jean-Baptiste Élissalde. Fy ngwrthwynebydd i wedd Jean-Baptiste Poux gyda Yannick Bru ac Omar Hasan; yn gapten, Fabien Pelous gyda'r Gwyddel Trevor Brennan yn yr ail reng, ac yn y rheng ôl wedd Jean Bouilhou, Christian Labit a'r cawr Isitolo Maka. Chwaraewyr rhyngwladol a thalp helaeth o brofiad gan bob un ohonyn nhw. Fe wnaethon ni'n rhyfeddol i gadw'r sgôr i dri phwynt. Wedd y gêm bant hyd yn oed yn fwy rhyfeddol gyda deuddeg cais yn cael eu sgorio mewn buddugoliaeth i'r Ffrancwyr o 53 i 36, ond fe alla i ddweud i fi gael cais yn y Stade Ernest-Wallon, un o bedwar y tîm.

Dw i'n meddwl taw fi wedd yr unig brop pen tyn cydnabyddedig ar lyfre'r clwb ar ddechre'r tymor, gyda Iestyn Thomas a Phil John yn abal i ddal y ddau ben. Ond a finne'n tynnu mlân mewn oedran, ar bapur ta beth, wedd angen mwy o ddyfnder yn y safle hwnnw wrth ystyried y tymor hir. Cyn y Nadolig cyhoeddwyd bod cyn-brop y Crysau Duon, Dave Hewitt, yn ymuno o Canterbury ar dreial o ddeufis ac am ddau dymor llawn wedi iddo gwblhau tymor y Super 12 yn Seland Newydd. Dim ond dwy flynedd yn iau na fi wedd Hewitt a phawb, wên i'n meddwl, yn gwbod taw ar y pen rhydd yr enillodd e'i ddau gap ar hugain i'r Crysau Duon. Ond doedd y bobol ddaeth ag e o ben draw'r byd i'r Strade ddim yn sylweddoli hynny, gallwn i feddwl. A dyma fe nawr yn cael ei dalu arian da am neud diwrnod o waith ar y pen tyn.

Cyn ei gêm gynta lan yng Ngororau'r Alban dw i'n cofio fe'n sôn pa mor bwysig wedd traddodiad a hanes y clwb iddo, a pha mor bwysig wedd whare am y crys. Yn ei gêm nesa yn y safle hwnnw yn erbyn y Gweilch fe gafodd ei chwalu gan Duncan Jones. Wnaeth e ddim gorffen yr un o'r ddwy gêm, ac wedi'i drydedd gêm o'r bron yn safle'r prop pen tyn yn erbyn Dreigiau Casnewydd cafwyd datganiad gan Stuart Gallacher, prif weithredwr y Scarlets, wrth ffarwelio â fe: "We wish Dave every success in the future."

Wedd dim dyfodol i brop dros 30 oed yng ngharfanau Graham Henry na Steve Hansen, ac fe dreiddiodd y mantra hwnnw drwodd i'r rhanbarthau. Ac ar ôl i Roger Lewis gael ei benodi'n Brif Weithredwr ar Undeb Rygbi Cymru yn 2006 yn dilyn ymddiswyddiad sydyn David Moffett, y gŵr ddaeth â'r rhanbarthau i fodolaeth yn groes i'r graen, y tîm cenedlaethol ddaeth yn brif ystyriaeth. Ond wedd y bwlch rhwng y gêm rannol broffesiynol a'r llwyfan rhyngwladol yn rhy fawr a wedd meithrin talentau ifanc yn cymryd amser i wlad sy'n mynnu llwyddiant dros nos. Wedd hi ddim yn syndod wedyn bod y rhanbarthau'n gorfod troi at chwaraewyr o dramor ac o hemisffer y de yn benodol, ac ambell i *old stager* fel fi, i ddefnyddio term Steve Hansen. Wedi dweud hynny, fe fuodd y Kiwi o ganolwr creadigol, Regan King, fel Dave Hodges y rheng ôl o Galiffornia a'r Tongad Salesi Finau, yn gaffaeliad mawr i ymdrech Llanelli a'r Scarlets. Fuodd dim chwaraewr caletach na bachan ffeinach na Sal. Wedd e'r un hyd â fi a'r un lled bron, ond wedd e chydig bach yn gyflymach.

Ond *old stager* neu beidio, wên i ar ben fy ngêm eto yng Nghwpan Ewrop yn nhymor 2005/06. Er na lwyddon ni i gyrraedd rowndiau'r wyth ola, fe chwaraeais i bob munud o bob gêm heblaw am ddwy funud ola'r gêm mas yn Toulouse. Fe'm dyfarnwyd yn Seren y Gêm ddwywaith, yn y gêmau cartre yn erbyn Caeredin a'r Wasps. Dw i ddim yn un sydd wedi cymryd llawer o sylw o'r hyn gaiff ei ddweud yn y papure, ond wedd adroddiad Simon Thomas yn y *Western Mail* drannoeth y fuddugoliaeth dros yr Albanwyr yn werth ei ddarllen:

> Who cares how old he is when he plays like this and if Wales find themselves facing any kind of tight head crisis over the coming weeks, I just hope they've got his number down on the farm.
>
> Man of the Match Davies virtually carried the otherwise under-performing Scarlets pack on his own for most of the game, ploughing huge furrows through the Edinburgh ranks with his trademark tractor-like drives and defying a succession of knocks that would have felled many a younger man.
>
> It was fitting that All Blacks coach, Steve Hansen should have been there to see it in person, because this was further proof that our John still doesn't need a wheelchair to get around the paddock.

Wyddwn i ddim fod Hansen yno ond fe wherthines i'n dawel bach dros y Corn Flakes fore trannoeth. Wên i wedi paratoi'n dda ar gyfer y tymor newydd o dan y cyn-gapten a'r hyfforddwr ffitrwydd Wayne Proctor ac yn dal i gofio am y dyddie cynnar hynny ar y Gnoll pan fydde Ron Waldron a'i gyfundrefn hyfforddi bron â'n lladd ni i gyd. Rhyfeddu bryd hynny fyddwn i at ffitrwydd Brian a Kevin, a'r ddau dipyn yn hŷn na fi. Erbyn hyn wên i'n ffeindio fy hunan yn yr un sefyllfa â nhw, gyda bechgyn llawer iau na fi'n ei chael hi'n anodd dala lan. Beth bynnag wedd 'Proc' yn ei daflu ata i, wedd dim ildio i fod o flân y chwaraewyr ifainc. At hynny, wên i wedi gallu addasu o'r sgrymio ar y llawr bron yn fy nyddie cynnar i'r sgrymio sgwâr, pwerus yn y gêm fodern. Ond beth bynnag wedd gan y *Western Mail* i'w ddweud, sneb yn ei dweud hi'n well na rhywun fel Jason Leonard, cyn-brop y Wasps, Lloegr a'r Llewod, wedd wedi bod â'i ben mewn sawl sgrym:

> JD has been the best tighthead in Wales for a decade or more. Wales pensioned him off far too early, which has been their loss because he is a credit to the game.

There's far too much politics at work in Welsh rugby, but I'd still put money on him in the red jersey.

A wedd Nick Cain yn y *Times* yn hael ei edmygedd hefyd:

> He has a legitimate claim to being the most durable player the elite game has ever produced.

Ond fe ddaeth tymor newydd 2006/07 â hyfforddwr newydd i Barc y Strade, a falle ddim mor newydd chwaith oherwydd wedd Phil Davies wedi bod yno o'r blân fel chwaraewr. Nawr wedd e'n dychwelyd o Leeds i arwain y tîm hyfforddi wedi i Gareth Jenkins ddod yn hyfforddwr ar Gymru yn dilyn ymddiswyddiad Mike Ruddock a chyfnod o asesu'r sefyllfa gan Undeb Rygbi Cymru.

Fe newidiodd Phil rhyw bethe, fel y bydde rhywun yn dishgwyl. Un peth dw i'n ei gofio'n iawn yw y bydde gofyn i bwy bynnag wedd am gynrychioli'r Scarlets ennill yr hawl i gael newid yn stafell y tîm cartre yn ystod ei dymor e ar y Strade. Yn stafell newid yr ymwelwyr y bydden ni'n newid ar nosweithiau ymarfer. Dim ond os byddech chi'n ddigon da i gael eich dewis i whare i'r tîm cynta y caech chi gamu i stafell newid y tîm cartre – anrhydedd wedd yn rhaid ei hennill. Ac ar y cae ymarfer wedd ennill yr anrhydedd honno.

Ar ymylon y garfan wên i erbyn hyn ond wedd y maswr

rhyngwladol Stephen Jones yn ei ôl o Montferrand ac yn ei chanol hi wrth i'r Scarlets drechu'r Gwyddelod yn Llunden yn Stadiwm Madjeski – cartre Richmond, fy hen glwb. Kiwi o dalaith Otago, Craig Dunlea, ddechreuodd, gyda Deacon Manu o Taranaki, eto yn Seland Newydd, ond Ffijïad o dras, yn dod oddi ar y fainc i ddathlu buddugoliaeth o 32 i 25. Dunlea ddaeth bant o'r fainc yn lle Manu pan drechodd y Scarlets Toulouse, pencampwyr Ewrop deirgwaith erbyn hynny, ar y Strade o 20 i 19. Ac yna'r fuddugoliaeth syfrdanol honno mas yn Toulouse cyn y Nadolig o 41 i 34 wedi i'r tîm fod ar ei hôl hi 31–10 ar un adeg. Y cefnwr rhyngwladol Clément Poitrenaud roddodd bendefigion y gystadleuaeth ar ben y ffordd a chroesi llinell y Scarlets bedair gwaith cyn cael ei eilyddio yn gynnar yn yr ail hanner.

Gan na ches i fy newis i deithio, ar y teledu gatre yng Nghilrhue weles i'r gêm, ac allwn i ond bloeddio fy nghefnogaeth o bell, sgyrnygu 'nannedd a dyrnu'r awyr a'r bwrdd am yn ail wrth i Barry Davies groesi rhwng dau gais yr asgellwr Darren Daniel. A phan drosodd Stephen Jones gais hwyr Nathan Thomas, fe allech chi weld y corynnod yn cwrso tua'r corneli tywyll am eu bywyde wrth glywed sŵn y bloeddio a'r dathlu yng nghegin Cilrhue.

A wedd hawl gen i freuddwydio bod codi Cwpan Ewrop yn bosib wedi'r cyfan? Os hynny, wedd gen i fis i brofi fy hunan a bod 'nôl yn y garfan. Ac fel hynny y buodd hi. Fe ges i'n newis yn y garfan i wynebu Ulster ar Ravenhill ganol Ionawr ac o ddod mlân o'r fainc fe fydden i'n ennill fy hanner canfed cap mewn gêmau Ewropeaidd. Y bore cyn y gêm daeth galwad ffôn o Langolman i ddymuno'n dda: "Pob lwc i ti – ond sana i am ddymuno'n dda i'r ff***** 'na ar y Strade." Sdim angen ychwanegu taw Brian Williams wedd perchen y llais ar ben draw'r lein.

Yn y gwynt a'r glaw, a gyda digon yn sbâr, fe drechon ni Ulster o 35 i 11 ac fe ges inne chwarter awr ar y cae i nodi carreg filltir arall yn fy ngyrfa. Wedd y Scarlets drwodd i rownd wyth ola'r gystadleuaeth eto, heb orfod poeni am y gêm ola yn y rowndiau cynnar, ond fe drechon ni'r Gwyddelod yn Llunden o 20 i 16 i ddringo'n ddiguro i frig y grŵp.

Dychmygwch wedyn fy nheimlade, bythefnos yn ddiweddarach, pan dderbynies i alwad ffôn yn gynnar iawn y bore hwnnw ym mis Chwefror gan Kevin i ddweud bod Brian wedi marw o drawiad ar y galon yn 46 oed. Er 'mod i wedi paratoi fy hunan ar gyfer dydd yr angladd yng Nghapel Blaenconin yr wythnos wedyn, wedd dim wedi fy mharatoi ar gyfer y llais ddaeth gyda'r llaw ar yr ysgwydd. "Shw wyt ti, John?" Anthony, brawd Brian, a ymfudodd i Awstralia ugain mlynedd ynghynt, oedd biau'r llais. Wên i heb ei weld ers pan wedd e'n hyfforddwr brwdfrydig ar glwb ifanc Crymych. Wnaeth hynny fy llorio i.

Fe roddodd colli Brei bob peth mewn perspectif a neud i fi sylweddoli pa mor lwcus wên i wedi bod. Mewn deunaw tymor ar y brig cholles i ddim mwy na mis oherwydd anaf. Wên i, na neb arall, wedd mewn dathliadau yng nghlwb Castell-nedd rai dyddie cyn hynny, ac yn llawn bywyd, wedi breuddwydio y bydden ni'n glust i'r fath newyddion.

Ac fe fydda i'n meddwl weithie nawr, a fy ngyrfa whare rygbi wedi dod i ben, beth tase'r sgowt hwnnw a aeth i lawr i Arberth slawer dydd wedi mynd 'nôl at Alan Lewis, hyfforddwr Llanelli ar y pryd, a dweud bod Brei yn wahanol i brops eraill, ond yn "yffarn" o chwaraewr? A fydde Kevin, Brian, Rowland, Varney a finne wedi troi i'r dde yng Nghaerfyrddin yn hytrach na mynd yn syth i lawr yr M4? Ddown ni byth i wbod. Ond fe ddaeth cyfle i fi ymuno â'r Scarlets flynydde'n ddiweddarach – a wên i'n gwerthfawrogi'r cyfle pan ddaeth e.

Wedd un cyfle arall i gael fy enw yn y llyfre hanes, o drechu Munster gatre yn rownd yr wyth ola. Bum munud o ddiwedd y gêm fe ddes i mlân i rannu yn y dathliadau wrth i'r Scarlets drechu Munster, pencampwyr y tymor cynt, o 24 i 15. Yn 38 oed, y chwaraewr hyna yng nghystadleuaeth Ewrop yn nhymor 2006/07, wên i o fewn awr a hanner i ffeinal cystadleuaeth rygbi fwya yn hemisffer y gogledd. Pe bydden ni'n trechu Caerlŷr, fe fydde'r Scarlets wedi cael y gore ar y tri chlwb mwya llwyddiannus yn hanes y gystadleuaeth, yn ogystal â phedwar o gyn-enillwyr wedd wedi ennill, rhyngddyn nhw, saith mas o un ar ddeg ffeinal. Ond wedd hi ddim i fod.

Daeth unrhyw feddylie wedd gyda fi o whare am dymor arall i'r Scarlets i ben gyda'r golled honno yn rownd gynderfynol Cwpan Ewrop yn nhymor 2006/07 yng Nghaerlŷr. Colli unwaith eto mewn rownd gynderfynol arall, ar gae pêl-droed arall – ac yn Lloegr!

Ma hwnnw'n ddiwrnod fydd yn para'n hir yn y cof. Yn un peth, ar y fainc wên i'r diwrnod hwnnw ymhlith yr eilyddion, a Deacon Manu yn dechre ar y pen tyn. O 'nghwmpas i ym mhob man wedd cryse cochion, sgarffie a chapie o bob math. Wedd miloedd, hyd at 11,000 yn ôl y sôn, wedi neud y siwrne o orllewin Cymru, a phob rhan o Gymru a thu hwnt o ran hynny, draw i Gaerlŷr, yn union fel y gwnaethon nhw i Stadiwm Madjeski ac i Nottingham pan gollon ni'r rowndiau cynderfynol hynny yn 2000 a 2002. Ond wedd y diwrnod hwn yng Nghaerlŷr yn wahanol. Wedd un ar goll, ac eto wedd e o 'nghwmpas i ym mhob man. Ble bynnag wên i'n edrych, wên i'n gweld wyneb Ray Gravell ar fasgiau ac ar hetiau ac arnyn nhw negeseuon – pawb am ddymuno'n dda i Lywydd y Scarlets wedd yn Ysbyty Glangwili ar ôl colli rhan o'i goes i glefyd y siwgwr.

Rai diwrnode cyn y gêm wên i wedi bod yn gweld Grav yn yr ysbyty. Wedd e am ddymuno'n dda i'r tîm ar gyfer y gêm ac yn eu tro wedd pob un o'r chwaraewyr am ennill y gêm er mwyn Grav yn gymaint ag er ein mwyn ni'n hunen. A thase cydymdeimlad yn ennill gêm fydde 'na ond un tîm alle ennill y Sadwrn hwnnw yn Stadiwm Walkers – y Scarlets.

Wên i'n siomedig i beidio â dechre'r gêm oherwydd wên i'n teimlo 'mod i wedi whare'n ddigon da yn y gêmau wnaeth arwain at y gêm fawr. Anfonwyd Deacon Manu i'r gell gosb bum munud i mewn i'r ail hanner ac fe godes inne oddi ar y fainc a thynnu 'nhracwisg oddi amdana i er mwyn cynhesu ac ystwytho ar feic ar ymyl y cae. Rhaid bod y cefnogwyr wedi meddwl 'mod i am ddod i'r cae ynghynt na phryd, oherwydd fe gododd y fath floedd na chlywes i mo'i thebyg cyn hynny, neu dyna shwt wedd hi'n swnio i fi, ta beth. Ond ddaeth 'na'r un sgrym yn y deng munud wedd Manu bant o'r cae ac fe ges i gyfarwyddyd i fynd 'nôl ar y beic cynhesu. Fuodd dim eilyddio ar y pen tyn ac fe ges i waith anodd cuddio fy siom.

Ond erbyn gêm ola'r tymor a fy ngêm ola inne i'r Scarlets gartre yn erbyn Connacht wên i wedi dod i delerau â'r golled. Fe ges i groeso gwresog gan y dorf nas anghofia i fyth ar Barc y Strade wrth i fi gerdded mas i'r cae ar ben fy hunan gyda fy nai, Gwion, yn fy nghôl. Sylweddoli wedyn na wedd Ken Owens, y bachwr wên i'n ei ddal dan fy nghesail chwith wrth fynd lawr i'r sgrym gynta y diwrnod hwnnw, prin yn gallu cerdded pan gymeres i 'ngham cynta mas i ferw'r Gnoll, a taw ond pedair oed wedd e pan enilles i 'nghap cynta! Wedi dros 600 o gêmau dosbarth cynta mewn 18 tymor a 34 cap rhyngwladol, rhaid derbyn taw dyma fydde diwedd y daith. Fe ges i ffarwél fyddarol unwaith eto gan gefnogwyr selog Parc y Strade wrth i fi adael y cae y noson honno, i ddechre ar gyfnod arall yn fy ngyrfa, er na wyddwn i beth wedd yn fy aros i chwaith.

Y cylch yn gyflawn

HANNER Y STORI wedd mynd adre i Gilrhue i ffarmo wedi'r diwrnod hwnnw yng Nghaerlŷr oherwydd, yn ddisymwth, dyma wahoddiad yn dod gan Phil Davies i fod yn brif hyfforddwr ar dîm rhannol broffesiynol Llanelli ar Barc y Strade. Dwy flynedd o gytundeb wedd y cynnig a chan 'mod i wedi helpu gyda'r hyfforddi yng nghlwb Crymych o dro i dro ar hyd y blynydde, wên i'n fwy na hapus i dderbyn. Ond os derbyn yr her newydd, a chael fy nhalu am neud hynny, yna fe fydde yna ddishgwyl canlyniade. Po fwya wên i'n meddwl am y peth, mwya i gyd wên i'n cael fy nghyffroi gan y posibiliade. Wedi'r cyfan, wedd chwaraewyr ifainc dawnus yr olwg yn y garfan rannol broffesiynol, yn cynnwys y bachwr Ken Owens, y ddau reng ôl Josh Turnbull a Rob McCusker, y ddau glo Dominic Day a Lou Reed, gyda Daniel Evans, Rhys Priestland a Jonathan Davies y tu ôl i'r sgrym.

Fe sylweddoles i'n go glou, fodd bynnag, na wedd hi'n mynd i fod yn hawdd wrth i'r chwaraewyr ifainc dderbyn galwadau mynych i ymuno â rhyw garfan baratoi neu'i gilydd. Daeth hynny hyd yn oed yn fwy anodd wedi'r Nadolig yn ystod y tymor rhyngwladol. Gan fod clwb Llanelli yn un o'r clybie sy'n bwydo'r Scarlets, wedd hi'n naturiol taw i'r fan honno y bydde Phil Davies a'i gyd-hyfforddwyr yn edrych gynta am eilyddion. Wedd hi'n anodd sicrhau tîm sefydlog, heb sôn am fod yn dîm cystadleuol. Ond wedd Phil yn ddigon hyderus, serch hynny, wedi gêm yn erbyn Abertawe ddiwedd y tymor, i siarad am y tymor newydd a finne yr un mor barod i wrando.

Ymhen dim, wedd hi'n amlwg bod newidiadau ar droed. Daeth y cyn-brop Anthony Buchanan yn ôl fel Cyfarwyddwr Rygbi ac fe ges i wahoddiad i geisio am swydd hyfforddwr y blaenwyr yn unig, ac ar hanner y cyflog. Rhaid na wedd neb yn sylweddoli bod gen i gytundeb dwy flynedd wedi'i drefnu gyda Phil Davies. Yn anffodus i fi, ar lafar yn unig wedd y cytundeb hwnnw, a phan aeth Anthony a Stuart Gallacher ar ofyn Phil i edrych trwy ei nodiadau, wedd dim gydag ynte chwaith yn ysgrifenedig. Wên i'n rhyfeddu, oherwydd mae e'n cael ei gydnabod fel rhywun sy'n cadw nodiadau manwl fel arfer. Nid am y tro cynta, falle na phoeres i'n ddigon pendant ar fy llaw i selio'r fargen ddeuddeg mis ynghynt! Pan ofynnes i Phil beth wedd yn digwydd, fe sylweddoles i fod pethe eraill ar ei feddylie fe hefyd, oherwydd o fewn dim wedd ynte'n ffarwelio ar ôl clywed drwy'r wasg bod y P45 yn y post, a chyn iddo gael "We wish him well for the future" gan Stuart Gallacher. Wên i'n benderfynol bod gyda fi gytundeb ond wên i hefyd yn gweld o ba gyfeiriad wedd y gwynt yn chwythu a wnes i ddim cymryd y mater ymhellach. Dyna un sgrym wên i ddim yn mynd i ennill, achos wedd y bêl ddim yn syth. Wedi bron i wyth tymor ac wedi i fi gynrychioli'r clwb mewn dros 250 gêm, fe adawodd y profiad hwnnw flas cas.

Fe ges wahoddiad i agoriad swyddogol Parc y Scarlets, ond gan 'mod i erbyn hynny yn whare i Glwb Rygbi Crymych a bod gêm gyda nhw'r diwrnod hwnnw, wedd fy nheyrngarwch cynta i i'r clwb lleol. Dw i wedi bod i Barc y Scarlets wedi hynny fwy nag unwaith, a chael croeso mawr gan y bobol sydd bwysica i fi, sef y cefnogwyr. Ac fe af i eto.

Daeth cynnig wedi hynny i fi fynd 'nôl i Gastell-nedd. Wedd Rowland Phillips yn hyfforddwr ar y Gnoll erbyn hynny ac yn daer iawn i fi ymuno ag e. Wedd e ddim yn mynnu 'mod i'n mynd i ymarfer bob dydd chwaith. Ond wedi meddwl o ddifri ac yn hir, bydde mynd yn ôl yno wedi bod yn anodd achos amhosib fydde ail-greu'r dyddie da.

Ugain mlynedd wedi i fi ymuno â Chrysau Duon Castell-nedd dyma droi unwaith eto at y clwb lle dechreues i 'ngyrfa, sef clwb rygbi Crymych. Mewn cyfrol safonol o *Who's Who* o chwaraewyr rygbi 'nôl ar ddechrau'r 1990au, un o'r cwestiynau gosod i bob chwaraewr, gan gynnwys mawrion y gêm bryd hynny, megis y Sais Will Carling, y Ffrancwr Abdelatif Benazzi a'r Awstraliad David Campese, wedd "Family links with rugby?" Tra wedd y chwaraewyr hyn, ac eraill, yn medru cyfeirio at dad, neu frawd, neu wncwl wedd wedi whare i rai o glybie mwyaf amlwg y gêm ar draws y byd, fy ateb diniwed i wedd "I have a cousin who plays for Crymych!"

Wedd gan olygydd y gyfrol, Alex Spink, ddim syniad ble wedd Crymych ma'n rhaid, oherwydd pan gyhoeddwyd y gyfrol, nid Crymych a welwyd mewn print, ond 'Cwmgwrach'. Galle Crymych fod y tu hwnt i'r lleuad i newyddiadurwr y *Daily Mirror*, er wedd digon o fois wedd yn troi i mewn i dafarn y London House, cartre'r clwb ar y pryd, yn darllen ei golofnau. Gyda chyhoeddi cyfrol y flwyddyn ganlynol, wedd y camgymeriad wedi'i gywiro, ac os na wedd y clwb wrth ymyl y ffordd fawr rhwng Aberteifi a Dinbych-y-pysgod yng ngolwg mynyddoedd y Preselau yn golygu dim i Alex Spink, wedd e'n bopeth i fi. A wên i'n falch fod gen i gefnder, Glyndwr, yn whare i'r clwb.

Fe gollwyd Glyndwr Richards yn drychinebus o sydyn mewn damwain yn ei waith yn 2012. Wedd e'n un o'r bobol hynny, fel sydd mewn nifer o glybie rygbi ar hyd y wlad, fydde'n rhoi popeth, yn gorff ac enaid, i'r clwb lleol. Wedd Glyndwr, a fu'n chwaraewr yn nhymor cynta'r clwb ym 1984, hefyd wedi bod yn gapten, yn hyfforddwr ac yn stiward yn ei dro, ynghyd â chyflawni pob math o gymwynasau eraill er lles y clwb. Wedd e'n gymeriad llawn bywyd, llawn egni, llawn hiwmor a drygioni. Mae'n braf meddwl, a finne wedi rhoi'r gore iddi, taw Rhys, mab Glyndwr, sydd wedi cymryd fy nghrys i ar y pen tyn i'r clwb. Ac os daw golygydd *Who's Who* ar ei ôl e ryw ddydd, sgwn i beth fydd ei ateb e?

Ond trwy ddamwain, yn llythrennol, yr es i 'nôl i Glwb Rygbi Crymych i whare. Yn fy hast un bore ym mis Gorffennaf 2008, a gwbod bod Dai Jones a chriw'r rhaglen deledu *Cefn Gwlad* am gyrraedd unrhyw funud i orffen ffilmio, fe ddamsgines i ar fforch ddom wedd wedi disgyn ar lawr y clos a'i phige lan. Aeth un o'r pige'n syth drwy fy nhroed i ac allan

yr ochor arall, heb gyffwrdd â'r un asgwrn trwy drugaredd.
Fues i erioed balchach fod fy mrawd wrth law y bore hwnnw
ar ben draw ei ffôn symudol. Buodd rhaid i fi ymddiried yn
llwyr ynddo fe wrth iddo gymryd peiriant malu dur â llaw i
fy rhyddhau o'r fforch ond wedd y pigyn haearn yn dal yn fy
nhroed yac wedi mynd drwy fy *wellington*. Fel hynny yr es i'r
ysbyty am y tro cynta erioed fel claf, ac yn Ysbyty Glangwili y
bues i am bedwar diwrnod ar wastad fy nghefen.

Wedd hwnnw'n ddiwrnod anodd hefyd oherwydd wên i
wedi cytuno i gludo arch, a thrwy hynny dalu'r gymwynas olaf
i Eddie Hallett – gwladwr, a hen ffrind i fi o bentre Cosheston
ger tre Penfro. At hynny, wên i hefyd wedi colli fforch dda, a
phâr o *wellingtons* wedd â sawl blwyddyn o draul ar ôl ynddyn
nhw! Bydde Eddie yn wherthin ac yn gwerthfawrogi'r ffaith
'mod i'n clymu'r ddau ddigwyddiad o fewn un paragraff o fy
atgofion, oherwydd dyna'r math o berthynas gellweirus wedd
gyda ni.

Fe gawson ni wahoddiad – Eddie, ei frawd Darrell, wedd
wedi hwyluso'r ffordd i fi ymuno â chlwb Richmond, a finne
– i fwynhau lletygarwch un o gefnogwyr Castell-nedd adeg y
gêm ryngwladol rhwng Cymru a Ffiji yng Nghaerdydd – y gêm
a fethais i oherwydd anaf 'nôl ym 1995. Yn ystod y prynhawn
fe welwn i Eddie mewn sgwrs ddwys gyda rhywun na allai
fod yn neb ond Ffijïad, a chael taw fe wedd Llywodraethwr
Banc Ffiji. Gofynnodd Eddie iddo'n ddigon diniwed – am
wn i – pam roedd cledrau dwylo'r gŵr bonheddig yn wyn a
gweddill ei gorff yn dipyn tywyllach? Llywodraethwr banc
neu beidio dyma fe'n egluro: "When we were stood up against
the wall to be sprayed, they missed our hands and feet." Pan
ddaw hi i chwaraeon, ma 'na hiliaeth, ond o fewn rygbi ma
'na ddynoliaeth hefyd. A wedd dim modd gwahanu'r ddau
pan ddaeth hi'n amser troi am adre!

Ar ôl i fi fennu gyda'r Scarlets a Llanelli daeth gwahoddiad
i fi ymuno â chlwb Hendy-gwyn ar Daf, clwb wedd, ac sydd,
yn whare ei rygbi yn Adran 1 y Cynghreiriau Cenedlaethol.
Bryd hynny wedd Clwb Rygbi Crymych yn cystadlu yn Adran

3 y Gorllewin, ac wrth geisio cryfhau a dod 'nôl ar 'y nhraed yn dilyn y ddamwain fe es i ymarfer gyda nhw. Gan fod angen prop arnyn nhw wedyn y Sadwrn cynta hwnnw o'r tymor, fe gytunes i ddal y pen tyn i'r clwb, bant yn Aberystwyth.

Wên i'n gweld bechgyn a dynion ifanc o 'nghwmpas i wedd yn awyddus i whare a gan na allwn i ymrwymo i ymarfer deirgwaith yr wythnos a whare ar y penwythnos, dyma benderfynu aros gyda chlwb Crymych. Dw i ddim wedi difaru am un funud, oherwydd yn 2014 bydd Clwb Rygbi Crymych yn dathlu ei ben-blwydd yn 30 oed. Ers i fi ddod 'nôl, a thrwy ymdrech llawer mwy o bobol na fi, ma'r tîm wedi dringo i Brif Adran y Gorllewin o fewn y Cynghreiriau Cenedlaethol. A finne'n 42 oed, ces fy newis yn Chwaraewr y Flwyddyn, ynghyd â dewis y cefnogwyr o Chwaraewr y Flwyddyn, yn nhymor 2010/11 pan aeth y clwb drwy'r tymor yn ddiguro. Wên i'n browd iawn o hynny, ond yr anrhydedd fwya wedd cael fy neud yn gapten y tymor diwetha, yn nhymor 2012/13.

Ma cael eich dewis yn gapten neu'n arweinydd ar unrhyw gorff yn dod â chyfrifoldebau, ac er i glwb Crymych ennill dyrchafiad i Brif Adran y Cynghreiriau Cenedlaethol, cael a chael wedd hi. Wedd y cyfan yn dibynnu ar y canlyniad bant ym Maesteg yng ngêm ola'r tymor ar Fai'r 11eg, 2013. Dim ond ennill wedd raid i Grymych ac fe fydden ni'n ennill dyrchafiad i'r Brif Adran. Wedd chwaraewr y flwyddyn, y canolwr dylanwadol Elgan Vittle ac ambell chwaraewr arall ddim ar gael i whare, a wedd pawb yn nerfus gan wbod bod dyrchafiad yn dibynnu'n llwyr ar y canlyniad. Wedd y gêm hon wedi cael ei haildrefnu deirgwaith oherwydd y tywydd, a wedd fawr ynddi, ond diolch i gôl adlam Dyfan Dafydd, at honno, gan Carwyn Jones a chais Gavin Thomas gafodd ei drosi gan Rhys Davies, fe aethon ni ar y blân o 14 i 11 yn hwyr yn y gêm ac o fewn golwg i'r Brif Adran. Yna, fe fethes inne dacl ac fe ddyfarnwyd cic gosb i Faesteg, ond yn lle mynd at y pyst am dri phwynt a fydde wedi sicrhau gêm gyfartal, dyma nhw'n penderfynu cicio am safle gyda'r bwriad o fynd am gais i ennill y gêm. Bydde gêm gyfartal wedi golygu y bydde Crymych yn gorfod aros yn yr ail adran am dymor arall. Wedd hi mor dynn â hynny arnon ni.

Galle hi wedi bod yn dynnach fyth, oherwydd fel sy'n digwydd weithie pan fydd aelod o'r clwb lleol yn rhedeg y lein, dyw ei olwg e ddim cystal ag y bydde angen iddo fod i ddilyn gyrfa fel llawfeddyg. Er i'r bêl lanio yn ardal y gôl dros y llinell gwsg, rhoi ei fflag lan am lein i'r tîm cartre ar dir y whare wnaeth y *touch judge*. Aeth cefnogwyr Crymych yn wyllt. Gydag eiliadau'n unig i fynd fe enillon nhw'r bêl yn y lein, a sefydlu sgarmes symudol. Ond cyn i honno gael ei thraed oddi tani, fe lwyddes i gael un llaw ar y bêl, ac yna dwy. Fel y ces i'r bêl gynta honno yn fy llaw yn siop Jos ac Elsie slawer dydd, wedd neb yn mynd i gael ei dwyn hi oddi arna i, neu fel y dwedes i wrtha i fy hunan yn yr eiliad honno, "Wes 'na'r un yffarn yn mynd i ga'l hon oddi arna i!" Fe wthiodd bois Crymych y sgarmes anniben i'r llawr wrth draed y *touch judge* ac fe rolies inne dros yr ystlys. Fe chwythodd y dyfarnwr ei chwiban i ddod â'r gêm i ben, ac fel ma'r adrenalin yn llifo weithie, ma rhywun yn gadael i emosiwn y foment gael y gore arno. Dyma fi'n codi ar fy nhraed, gyda'r bêl o hyd dan fy nghesail, edrych i fyw llyged y bachan wedd yn rhedeg y lein a dweud wrtho, "Now put your f****** flag up!" Wedd Clwb Rygbi Crymych wedi ennill dyrchafiad am yr ail dymor o'r bron, ac fe allwn ni edrych mlân at ein tymor cynta yn y Brif Adran, ddeunaw mlynedd wedi i ni gael ein derbyn yn aelodau llawn o Undeb Rygbi Cymru.

Wedd y gêm hefyd yn goron ar dymor Lyn Williams ar ôl deng mlynedd o hyffordd'r clwb. Wedd y tymor blaenorol ddim gyda'r gore i glwb Crymych. Fe fuodd nifer o anafiadau yn gynnar yn y tymor, a wên i'n teimlo falle ein bod ni wedi colli golwg ar y gwerthoedd wedd yn ein gosod ni ar wahân i glybie eraill, wrth i'n hysbryd fel tîm fod ychydig bach yn isel. Fe fuon ni'n ffodus, diolch i sawl buddugoliaeth cyn diwedd tymor 2011/12, i aros lan yn yr Ail Adran gan na wedd yr un tîm i fynd lawr i'r Drydedd Adran y tymor hwnnw. Dw i'n gwbod i Lyn ystyried rhoi'r gore iddi bryd hynny, a dyma fi'n dweud wrtho, "Wel, os wyt ti'n mynd, dw inne'n mynd hefyd." Wên i'n dechre poeni o fewn rhai wythnose i ddechre'r tymor newydd, a hithe'n amser i bawb ddod at ei gilydd i ymarfer, 'mod i ddim wedi clywed ganddo, ond diolch i'r drefen fe newidiodd ei feddwl. Cytunodd y ddau ohonon ni bod gyda ni dasg heb ei gorffen.

Fe dderbynies inne gyfrifoldeb y gapteniaeth ac fe aethon ni ati o ddifri gyda'r bwriad o geisio cael clwb Crymych i fyny i Adran Gynta'r Gynghrair Genedlaethol. Wedd y seiliau wedi'u gosod ar ddiwedd y tymor cynt, ac fe dynnodd pawb at ei gilydd o fewn y clwb, ar y cae ac, yr un mor bwysig, oddi ar y cae i greu'r amodau a fydde'n rhoi pob whare teg i'r tîm i fynd amdani. Wedd y prynhawn hwnnw ym Maesteg yn goron ar waith pawb o fewn clwb Crymych.

A dyw hi ond yn deg fod holl aelodau'r garfan y diwrnod hwnnw yn cael eu henwi: Dyfan Dafydd; Gavin Thomas, Carwyn Phillips, Carwyn Jones, Sion Rowlands; Gareth Davies, Rhys Davies; Josh Clarke, Trystan Griffiths, Llyr Evans, Andrew Phillips; Aled Harries, Tom Powell, Richard Sharpe Williams a finne, John Cilrhue. Daeth Rhodri Davies, Nick Bevan, Gruffudd Howells a Rhys Richards bant o'r fainc i whare eu rhan hwythe, heb anghofio gweddill y garfan a'r rhai wedd yn absennol oherwydd anafiadau: Elgan Vittle, Carwyn Rees, Rhys 'Biki' Davies, Emyr Harries, Jason Nicholls, Adam Phillips, Guto Griffiths, Iwan James, Simon James, Carwyn Lawrence, Sam Phillips, Huw Rees, Rob Davies, Dan Griffiths, Cennydd James, Jacob Bean, Ben Evans, Martin Jones, Martin Edwards, Amir Walji, Gareth Lloyd a Tomi Jones. Diolch, bois!

Wrth neud y siwrne gatre'r noswaith honno daeth geirie Nigel Wray, perchennog clwb rygbi'r Saracens, yn ôl i'r cof. Wên i'n cymryd mwy o sylw o'r hyn wedd 'da fe i'w ddweud wedi iddo ddod lawr i Gilrhue i geisio fy nghael i ymuno â'r clwb 'nôl ym 1996. Sôn wedd fel wedd y Saracens wedi denu, gydag arian mawr, rhai o fawrion y gêm i'r clwb pan aeth y gêm yn broffesiynol, pobol fel Michael Lynagh, Philippe Sella, Thomas Castaignède a Francois Pienaar. Medde fe:

"What we did not realise was the quality of individuals we had: they were not just good rugby players, but very good people. We did not realise then, nor for some time, how important it is to have good people and create good people."

Ma pobol dda wedi rhoi o'u hamser a'u hegni am ddim i sicrhau bod Clwb Rygbi Crymych wedi llwyddo. R'yn ni hefyd, gobeithio, wedi, ac yn, creu pobol dda. Ma'r clwb yn sefyll ar ei draed ei hunan. Yn wahanol i Richmond a sawl clwb arall, aiff Crymych ddim i'r wal. Sneb yn cael ei dalu am whare, na neb yn tynnu arian mas o'r clwb. O'r dechre'n deg, ma'r clwb wedi whare ei gêmau cartre ar gae o eiddo teulu'r Thomasiaid, perchnogion tafarn y London House sydd bellach wedi cau. Dyw hanes Clwb Rygbi Crymych ddim yn gyflawn heb nodi cyfraniad y teulu. Y London House wedd cartre'r clwb yn y dyddie cynnar. Yno wedd y dafarnwraig Dilys Thomas, yn teyrnasu ac fe fydde nifer ohonon ni, ar nosweth ymarfer, yn troi i mewn i'r London am ddiod ysgafn neu falle rywbeth cryfach. Bydde cyfle am sgwrs ac i fwrw golwg 'nôl ar y penwythnos, nid dim ond ar y gêm ond ar hynt a helynt hwn a'r llall rhwng y chwiban ola ac oriau mân fore dydd Sul na fydde'n weddus i'w gofnodi rhwng clorie llyfr. Ma ffônau symudol wedi rhoi taw ar y nosweithie hynny bellach, yn anffodus.

Fe ddaeth Dilys i ddeall bod angen mwy na *squash* ar stumogau gwag, ac ymhen dim deuai gwynt hyfryd pastai o'r gegin gefn tu hwnt i'r stafell pŵl. Ac yn amal fe fydde llais yn codi o rywle:

"Dilys, ma gwynt rhywbeth yn llosgi 'ma!"

Wrth hastu i arbed un trychineb, fe fydde un arall yn digwydd yn y bar wrth i jwg o dan dap y gasgen orlenwi ac arllwys ei chynnwys i'r llawr.

Wedd Dilys yn uchel ei pharch gan bawb ac os wedd hi'n teimlo bod ambell un wedi cael diferyn yn ormod, wedd dim pwynt dadle. Fydde bygwth croesi'r hewl i'r Crymych Arms ddim yn newid y ddedfryd chwaith: "Cer 'te, ond smo ti'n mynd i ga'l diferyn arall man hyn, cofia!"

Cyn y gêm ddydd Sadwrn wedyn fe fydde Dilys yn dod â rhyw orchudd i mewn o'r garej gefn i arbed carpedi'r dafarn, ac ar ôl i bawb fynd am adre wedi cael eu digoni, fe fydde siwrne i'r cyfeiriad arall a rhoi'r gorchudd yn ôl yn ei le cyn bore Sul, a than y gêm nesa.

Wedd dim gwahaniaeth pa awr y bydde hi'n mynd i'r gwely, fe fydde Dilys lawr am chwech o'r gloch fore trannoeth ac yn barod am ddiwrnod arall o waith y tu ôl i'r bar. Ym 1992 cafodd y cae ei enwi'n swyddogol yn Parc Lloyd Thomas, ar ôl mab hyna Dilys a'i diweddar ŵr Jack, a fu farw'n drychinebus o sydyn. Gyda chymorth Undeb Rygbi Cymru fe godwyd stafelloedd newid newydd ar yr un pryd.

Wedd e'n ddiwrnod trist pan gaeodd y London House, cartre'r clwb am yn agos i ugain mlynedd, wedi i iechyd Dilys dorri. Fe fu'r clwb heb gartre sefydlog am beth amser ond gyda chymorth parod Undeb Rygbi Cymru a'r Cadeirydd bryd hynny, Glanmor Griffiths, llwyddwyd i brynu hen adeilad y Gymdeithas Amaethyddol leol dri drws o'r London House yng nghanol y pentre. Yn 2003 agorwyd drysau'r cartre newydd yn swyddogol ac fe agorwyd pennod newydd yn hanes y clwb.

Clwb ifanc uchelgeisiol wedd Crymych pan ymunes i â'r tîm ieuenctid ym 1985, ond o fewn saith mlynedd i sefydlu'r clwb ym 1984, a chyn iddyn nhw sicrhau aelodaeth lawn o Undeb Rygbi Cymru, fe fydde gyda nhw gap rhyngwladol. Daeth hyn yn ôl i fi pan aeth Crymych i whare yng Nglyncorrwg ym mhen ucha Cwm Afan mewn gêm Cwpan Cymru rhyw bum mlynedd yn ôl. Pentre yw e lle nad oes ond un hewl yn mynd i mewn i'r pentre ac union 'run hewl sy'n eich arwain chi mas. Wên i'n edrych ar y bwrdd anrhydeddau ar y wal a sylwi, er yr hanes hir yn ymestyn 'nôl i 1880, iddi gymryd hyd at 2007/08 iddyn nhw ddod yn aelod llawn o Undeb Rygbi Cymru. A hyd y dydd heddi, does 'na'r un chwaraewr sy wedi whare i'r clwb wedi ennill cap rhyngwladol llawn.

Dw i'n sobor o falch o 'ngwreiddiau, a 'mod i wedi cael y

gefnogaeth ges i gan glwb Crymych dros yr holl flynydde. Dw i hefyd wedi mwynhau bod yng nghwmni'r bechgyn ifainc a rhai eraill, fel finne, sy heb fod mor ifanc. Yn amal, fi wedd canolbwynt y tynnu coes, ond fydden inne'n dal dim 'nôl chwaith.

At hynny, ma sawl prop ifanc yn y cynghreiriau is wedi manteisio ar y cyfle i geisio cael y gore arna i trwy deg neu drwy dwyll, ac ma 'na Lloydi Bach ym mhob clwb sydd wastad yn barod i dynnu blewyn o drwyn y 'Cymro Cryfa'. Dyna Chris Thomas o Lambed, a fynnodd na ddylwn i ddechre'r gêm yn eu herbyn nhw am fod gen i olion brech sgrym ar fy wyneb. Mae e'n 'catshin' ac yn lledu'n fwy sydyn byth pan fo gên arw yn rhwbio'n erbyn gên arw arall mewn sgrym. Wedi tipyn o ffys a ffwdan, fe fynnodd Chris 'mod i'n benthyg cap sgrym cyn y bydde fe'n barod i fynd lawr yn fy erbyn i. A dweud y gwir, wên i'n edrych yn fwy hurt na wên i'n teimlo.

A Geraint Evans wedyn o glwb Mynydd-y-garreg, wedd yn mynnu herio a chodi dwrn o'r eiliad daeth e mlân i'r cae yn hwyr mewn gêm i ben rhydd y sgrym. Gêm gyfeillgar wedd hi – i fod! Ond fe aeth y gwres i ben Geraint yn gynnar. Eto, wnes i ddim ymateb. Ond chydig sylweddolodd y bois na wes gwahaniaeth pa mor ara ma'r olwyn yn troi, fe ddaw hi rownd mewn cylch cyfan rhyw ddydd.

Yng nghinio blynyddol Clwb Rygbi Llambed, a finne'n siaradwr gwadd, fe ddwedes i wrth y gynulleidfa 'mod i'n deall bod y prop Chris Thomas yn diodde o ryw aflwydd heintus, ac na fyddwn i'n dweud gair tan y bydde fe'n gwisgo cap a menyg, a mwgwd dros ei geg. Yn gyfleus iawn, wrth gwrs, wedd gen i gap, menyg a mwgwd yn fy mhoced. Yn naturiol ddigon, mae'n gallu bod yn boeth iawn pan fo cymaint o gyrff cyhyrog – ie a blonegog hefyd! – mewn un neuadd gyfyng. Pan fydde Chris yn chwys diferol ac yn cael trafferth anadlu fe fydde fe'n tynnu'r masg bant yn slei. Bryd hynny, wrth gwrs, byddwn inne'n stopio siarad ac yn gwrthod ailddechre fy araith nes y bydde fe'n rhoi'r mwgwd 'nôl dros ei geg!

Yn yr un modd, yng nghinio blynyddol Clwb Rygbi

Mynydd-y-garreg, es i â chloch fach a mynnu bod Geraint Evans y prop yn codi ar ei draed ac esgus bocsio cysgodion bob tro y byddwn i'n canu'r gloch, neu byddwn i'n stopio siarad. Ac yn naturiol, ar y ddau achlysur wedd y gynulleidfa ddeallus wrth ei bodd.

Mae'n wir taw dim ond rhif yw oedran, a'r hyna i gyd yw rhywun, fe ddaw e hyd yn oed yn fwy dibwys. Er 'mod i'n ddigon hen bellach i fod yn dad i nifer o chwaraewyr Crymych, maen nhw, heb os, wedi fy nghadw i'n ifanc. Dw i'n meddwl taw dim ond un gêm golles i mewn pum tymor, a dim ond unwaith y des i bant o'r cae cyn diwedd gêm, a hynny'r tymor dwetha yn erbyn Cydweli, pan orfodwyd i fi gyfadde bod fy ysgwydd chwith, oherwydd y sgrymio cyson, ddim mor gryf â wedd hi. Cadarnhawyd hynny pan es i am driniaeth i lanhau'r ysgwydd ddechre'r hydref eleni. Wedd ennill dyrchafiad i'r Brif Adran yn y tymor pan ges i fy neud yn gapten ar y tîm, a'r bêl yn dynn o fewn fy ngafael wrth i chwiban ola fy ngêm ola, siŵr o fod, yn fy nhymor ola gael ei chwythu, yn foment arbennig iawn, ac yn un o brofiade gore 'mywyd i.

Pen y dalar

Sdim llawer o chwaraewyr yn gallu dweud eu bod nhw wedi whare mewn tri degawd yn ddi-dor. Gall hynny olygu dim ond deuddeng mlynedd, wrth gwrs, ond ers i fi dynnu fy sgidie fel aelod o dîm ieuenctid Crymych hyd at fy ngêm ddiweddara, os nad yr ola, yn erbyn Maesteg y tymor diwetha, fe alla i gyfri saith mlynedd ar hugain, gyda bron i ugain o'r rheiny ar y lefel ucha.

Wedd neb yn sôn am dalu chwaraewyr pan es i Gastellnedd yn 19 oed, er wedd pawb, medden nhw, wedi clywed am yr 'amlenni brown' a gyda winc-winc, yn awgrymu eu bod nhw'n gwbod, neu feddwl eu bod nhw'n gwbod beth wedd y tu fewn i'r 'amlen frown'. Wedd e'n ddim mwy na chostau teithio, ond gan bod Triawd y Buarth yn dod mor bell, falle fod ein hamlenni ni chydig bach yn drymach.

22c y filltir wedd y treuliau 'nôl ym 1988, pan wedd petrol pedair seren yn £1.70 y galwyn, gyda diesel rhyw bum ceiniog y galwyn yn rhatach. Wedd £20 yn ddigon i lanw'r tanc hyd at yr ymylon. Wedd pris cwrw yn nhafarn y London House rywle rhwng 85c a 90c y peint, a dim ond os taw Guinness wedd eich ffansi, fel wedd e i ni'n tri cyn troi am adre o'r Gnoll weithie, y bydde rhaid rhwygo'r amlen i chwilio am ddarn punt at y newid mân.

£20 yr wythnos wên i'n gael yn fy mhoced gan fy nhad pan ddes i mas o'r ysgol ond wên i'n byw gatre a wên i'n gallu byw ar arian bach. Arian poced wedd y treuliau mewn gwirionedd, a falle y cawn i hyd at £20 i ymarfer a £25 ar ddiwrnod gêm, ond wedd y teimlad o fynd i mewn i'r swyddfa ar nos Iau ymarfer yn debyg i hwnnw pan aech chi mewn i dŷ tafarn trwy'r drws cefen yn bymtheg oed mewn ofon rhag i rywun eich gweld chi'n 'siglo llaw â'r diafol'.

Wedd llond lle ar y Gnoll mewn ymarfer bob nos Iau, a dyna pryd wedd yr amlenni brown yn cael eu dosbarthu. Welon ni'r un ddime pan enillon ni Gwpan Cymru ym 1989 ond pan ddalon ni afael ar y Cwpan ym 1990 fe gafodd pob chwaraewr £50 yr un. Dw i ddim yn dweud i fi roi cownt am bob punt i Nhad, ond wedd rhyw £300–£400 y mis yn ychwanegol yn fy mhoced i'n arian sylweddol i grwtyn 19 oed wedd yn neud ei ffordd yn y byd. A phan fydda i'n dod lawr i'r gegin bob bore yng Nghilrhue nawr a rhoi'r tegell i ferwi, dw i'n cael fy atgoffa o'r dyddie da ar y Gnoll, achos wedi pedwar tymor yng Nghastell-nedd ac wrth safio'r hyn a allwn i o'r amlenni brown, wedd digon gyda fi i brynu AGA pan brioded i, a wedd honno'n costio £3,600 ym 1992.

Fe alla i edrych 'nôl ar bron ugain mlynedd o rygbi ar y safon ucha ac fe alla i neud hynny gyda balchder ond, fel yng ngyrfa pob chwaraewr rygbi neu unrhyw gamp arall o ran hynny, fe fu uchafbwyntiau ac isafbwyntiau. Eto i gyd, fyddwn i ddim wedi gallu meddwl am gystadlu heb ymroddiad a chefnogaeth y bobol hynny fu agosa ata i. Mae eu hymroddiad nhw wedi bod yn aruthrol os nad yn fwy na fy un i; dim ond canolbwyntio ar whare'r gêm wedd raid i fi ei neud, ac fe wnes i fwynhau bob munud – bron!

Wedd ennill yr holl anrhydeddau hynny gyda Chastell-nedd ar droad y 1980au a'r 1990au, gyda Kevin yn arwain o'r tu blân, yn sicr yn uchafbwynt, a hynny'n dod ar ddechre fy ngyrfa, ac ma tymor rhyngwladol hir 1994 hefyd, a finne'n ddewis cynta ar y pen tyn i Gymru yng nghyfnod Alan Davies, yn sefyll yn y cof.

Y funud hwya erioed wedd y funud pan ges i'n anfon o'r cae yn erbyn Lloegr ar yr hen Faes Cenedlaethol yng Nghaerdydd. Allwn i ddim wedi bod lawer yn bellach o'r twnnel yng nghysgod Eisteddle'r Gogledd, sydd yn dal yn rhan o Stadiwm y Mileniwm y tu ôl i'r pyst, gefn wrth gefn â Pharc yr Arfau. Wedd ffordd bell 'nôl o'r fan honno i'r ystlys agosa – ac yng ngolwg pawb. Wên i'n teimlo fel ci wedi cael ei ddal yn llyncu wye.

Ond hyd yn oed bryd hynny, wên i'n gallu dianc gatre i Gilrhue, o olwg pawb, a lled-anghofio'r digwyddiad mewn dim o dro. Ma gwaith caled yn hogi'r meddwl ac mae'n rhyfedd fel ma tasg mor syml â charthu o dan y lloi yn clirio'r pen. Dw i ddim yn gwbod shwt ma chwaraewyr proffesiynol y dyddie hyn yn gallu byw yn llygad y cyhoedd, gyda'r bygythiad y bydd pob agwedd o'u bywyd ar Facebook neu Twitter erbyn trannoeth.

Rhyddhad a dihangfa fuodd rygbi i fi ac er ei fod e'n waith caled, wedd ffarmo yn cadw 'nhraed i ar y ddaear. Wedd e'n dod â chydbwysedd i 'mywyd i, ond pan sylweddoles i y gallwn i ennill bywoliaeth dda drwy whare rygbi, fe dafles i fy hunan gorff ac enaid at y 'gwaith' hwnnw hefyd.

Wedd hi'n hawdd toddi i mewn i'r cefndir yn Richmond, ond ma Cymru yn un pentre mawr, a phawb yn teimlo eich bod chi wedi eu gadael *nhw* i lawr pan fydd y tîm yn colli. *Watch* aur neu lwy bren fuodd hi erioed. Sneb yn mynd mas i golli gêm ond un funud r'ych chi'n seren a'r funud nesa chi'n ddim mwy na baw isa'r domen. Rhaid derbyn hynny, ac arian neu brinder arian sydd wrth wraidd y drwg bob tro: "Chi'n cael eich talu i whare rygbi, bois, chi'n cael eich talu i ddifyrru, a chi'n cael eich talu i ennill!"

Dw i'n meddwl 'nôl at shwt wedd Ron Waldron a Brian Thomas yn ysbrydoli chwaraewyr. Fydde dim maldod, achos fel dw i wedi dweud, wedd gofyn eich bod chi *ishe* gwisgo'r crys. Wedd gofyn i chi fod ar flaenau eich traed, achos wedd rhywun wastad am gymryd y crys oddi arnoch chi.

Ond ma 'propio' a dal y pen tyn dipyn yn galetach nag y buodd e ac os dw i'n onest, dw i ddim yn siŵr am ba hyd y bydden i'n para tasen i'n dechre mas nawr. Ma props yn gryfach ac yn fwy pwerus ac ma gofyn eich bod chi ar ben eich gêm bob tro neu fe gewch chi chwalad. A gall hynny ddigwydd hyd yn oed i'r goreuon.

Dw i'n edrych yn ôl ar fy nhymor ola ar Barc y Strade wedyn, pan fydde chwaraewyr ifanc tua'r un oedran â wên i pan ddechreues i ar y Gnoll, ond heb yr un profiad o fywyd falle. Wedd pob cyfleuster posib at eu defnydd – bwyd a dillad, cefnogaeth feddygol, cyngor ar fwyta ac ar beth i beidio â'i fwyta, ac ar sut i adeiladu a gofalu ar ôl y corff. Wedd 'da nifer eu ceir drudfawr eu hunen, a'r rheiny wedi'u noddi. Ond un peth na allwch chi ei ddysgu, ei brynu na'i roi mewn llyfr yw ymroddiad. Gobeithio'u bod nhw'n mwynhau, achos ma 'na fywyd da a bywoliaeth dda yn aros y rhai sy'n barod i ymroi ac i weithio'n galed. Ma hyd yn oed seicolegwyr wrth law i'w helpu i ddygymod â llwyddiant neu i ddal eu llaw i ddelio â siom fel y bo'r galw. Dyw pawb, wrth reswm, ddim yn mynd i gyflawni uchelgais o whare dros ei wlad, a beth sydd ganddyn nhw wedyn i gwmpo 'nôl arno?

Y 'soffa seicolegydd' ore ges i erioed wedd y sedd gefen wrth deithio gatre o'r Gnoll yng nghwmni Brian a Kevin. Os taw "Fe whariest ti fel rhech wlyb" wedd barn unfrydol y rheithgor o ddau, wedd rhaid byw gyda'r siom honno yr holl ffordd gatre. Ac fe fydde peint o 'laeth y fuwch ddu' yn y Lamb, Blaenwaun cyn noswylio yn eli i bob enaid clwyfedig. Go brin bod yna well academi yn bodoli na honno pan wedd y tri ohonon ni'n teithio'r trigain milltir un ffordd i'r Gnoll ddwywaith, weithiau deirgwaith yr wythnos ym mhob tywydd wedi diwrnod o waith ar y ffarm. Wedd hynny'n addysg.

Dw i ddim yn siŵr shwt fydden i'n dewis tîm o Sadwrn i Sadwrn. Fe ges i flas o hynny yn fy nhymor ola ar Barc y Scarlets a sylweddoli'n go glou pwy mor anodd wedd hi. Dw i wedi crynhoi o 'nghwmpas i chwaraewyr a fydde'n gallu rhoi gêm i unrhyw dîm – cyn belled â'n bod ni yn whare gartre ar y Gnoll, ar Barc y Scarlets, neu ar Barc Lloyd Thomas, Crymych, a chael cyfle i fwynhau a chymdeithasu gyda'r gwrthwynebwyr wedi'r gêm. Ma hynny'n agwedd sydd wedi mwy neu lai ddiflannu ers dyfodiad yr oes broffesiynol. A diolch hefyd fod cyfle am eilyddio tactegol oherwydd ma dewis pymtheg wedi bod yn sobor o anodd.

Yn safle'r cefnwr, mae'n demtasiwn cryf i ddewis Paul Thorburn, oherwydd fe wedd ar y Gnoll pan gyrhaeddes i yno yn bedair ar bymtheg oed. Wedd gyda fe bâr saff o ddwylo a chic ardderchog fel y profodd e i Gastell-nedd yn yr 'oes aur' ar droad y 1980au a'r 1990au. A phwy all anghofio'r gic anferthol honno o'i hanner ei hunan o'r cae, a fesurwyd wedyn yn 70 llath, 8 modfedd a hanner, yn erbyn yr Albanwyr yng Nghaerdydd ym 1986? Mae hynny'n record o hyd am gic mewn gêm ryngwladol. Ond achos 'mod i'n awyddus i whare gêm agored a llai ceidwadol, dw i am ddewis cyn-gefnwr Caerdydd a Chymru, sef Mike Rayer. Wedd e'n chwaraewr anturus, yn daclwr caled, yn medru cicio'n dda, a'r gallu gydag e i sgorio ceisiau fel y profodd e o safle anghyfarwydd yr asgellwr yn erbyn yr Alban yn y Bencampwriaeth ym 1994. Fe ddaeth e i'r cae yn eilydd i'r asgellwr Nigel Walker a chroesi am ddau gais a enillodd y gêm i Gymru.

Does ond un dewis i fi ar yr asgell dde, a chyn-asgellwr Llanelli, Cymru a'r Llewod, Ieuan Evans yw hwnnw. Wedd e'n gapten da ac yn fy nghyfnod i yn y garfan genedlaethol, falle yr unig Gymro fuasai'n haeddu cael ei gynnwys mewn tîm o chwaraewyr gore'r byd. Fe fues i'n ffodus i whare gyda fe pan wedd e ar ben ei gêm ond fe fydde Ieu yn un o'r goreuon mewn unrhyw gyfnod.

Yn safle'r canolwr tu fas, ma dewis Allan Bateman wedi bod yn hawdd. Fe ges i ei gwmni ar y Gnoll ac wedyn yn Richmond a'r daith hunllefus honno i Affrica ym 1998 pan dynnon ni gyda'n gilydd fel carfan dan amodau anodd iawn. Gwelwyd ei wir dalent ar daith lwyddiannus y Llewod i Dde Affrica ym 1997. Fe gafodd e'r llysenw 'Clamp' oherwydd y modd wedd e'n medru clymu gwrthwynebydd yn y dacl. Wedd e ddim gyda'r canolwr mwya, ond wedd e'n galed fel harn ac yn meddu ar gryfder rhyfeddol. Bydde fe'n ymwybodol o bopeth fydde'n digwydd o'i gwmpas, yn amseru ei bàs yn berffaith, gyda'r cyflymdra i whare ar yr asgell tase gofyn iddo.

Yn bartner i Bateman, ar ei ysgwydd yn safle'r canolwr tu mewn, ma tuedd naturiol i ddewis Scott Gibbs. Wedd gyda fe bresenoldeb ar y cae, fel y profodd gyda'r Llewod yn Ne Affrica ym 1997 ac wedi hynny pan sgoriodd e gais cofiadwy yn Wembley ym 1999. Wedd e'n berson preifat ac yn cadw'i hunan iddo'i hunan. A dyna'r canolwr rhyngwladol Leigh Davies, rhedwr cryf a phwerus i Gastell-nedd a Chymru, fe enillon ni dlws y Cynghrair Celtaidd gyda Llanelli yn 2003/2004. Ond dyma gofio wedyn am Steve Powell, cyn-ganolwr Castell-nedd. Dw i ddim yn meddwl i'r dyn llaeth fethu un gêm mewn tri thymor, ar adeg pan wedd tair gêm yr wythnos yn amal. Dw i'n meddwl iddo whare ym mhob safle ond prop i Gastell-nedd am ei fod e'n un o'r dynion teyrngar a gwerthfawr hynny fydde'n barod i whare unrhyw le ar y cae. Falle taw yn y llaeth wedd y gyfrinach. A dyna'r hysbyseb gore alle ffarmwr llaeth ei gael.

Wayne Proctor sydd ar yr asgell chwith. Fydde fe ddim yr enw fydde'n dod yn syth i feddwl rhywun falle ond ma unrhyw un sy wedi whare dros 300 o gêmau i'w glwb yn haeddu ystyriaeth, tase ond am ei deyrngarwch. Sgoriodd 11 cais mewn 39 gêm dros ei wlad. Wedd e'n edrych fel y galle fe neud y tro â phryd da o fwyd; tystiolaeth o'i ffitrwydd wedd hynny, ac o gael y bêl yn ei ddwylo'n gynnar, fe alle fe sgorio o rywle ar y cae.

At safle'r maswr, dim ond un dewis sydd – Stephen Jones. Wedd e'n gallu trefnu, neud y penderfyniade cywir, yn faswr wedd yn barod i daclo, yn ogystal â chicio. Buodd cyfnodau tywyll yn ei yrfa ryngwladol ond brwydro 'nôl wnaeth e, dro ar ôl tro, ac ychwanegu 103 cap arall wedi'r diwrnod du hwnnw i ni i gyd ym Mhretoria. Gwelodd y Scarlets ei golli pan ymunodd â chlwb Clermont Auvergne, a'i ddyfarnu'n faswr gore'r flwyddyn yn Ffrainc yn 2006, ond wedd hi'n dda ei gael e 'nôl wedi dau dymor. Fe gawson ni ddiwrnode a nosweithie da ym Mhencampwriaethau Ewrop ac fe rannon ni mwy nag un siomedigaeth. Ond wedd y wên fyth ymhell o wyneb Stephen, boed haf neu aeaf yn ei yrfa. Wedd e'n ddewis cynta i Gareth Jenkins, Graham Henry, Steve Hansen, Mike Ruddock, Clive Woodward, Ian McGeechan, a nawr i finne hefyd.

Mae dewis mewnwr wedi bod yn llawer anoddach

oherwydd dw i wedi cael y fraint o whare gyda chymaint o rai da, gan cynnwys Robert Jones a'i frawd Rhodri, Chris Bridges, Rupert Moon, Dwayne Peel a'r Mike Phillips ifanc. Chafodd Dwayne ddim whare teg gan Gymru ac fe alle fe fod wedi ennill 100 cap yn hawdd. Wedd hi'n flin gyda fi ei weld e'n gadael Llanelli. Yn yr un modd wên i'n sobor o falch o weld Mike yn datblygu'n fewnwr rhyngwladol ac yn Llew. Wedd pàs dda gyda Dwayne a wedd Mike cystal â nawfed blaenwr. Ma gyda pawb ei rinwedde. Ond dw i wedi dewis yr Archentwr Agustín 'Gus' Pichot. Fe ddes i i'w nabod e'n dda tra wedd y ddau ohonon ni'n whare i glwb Richmond. Wedd e'n bictiwr o fewnwr, gyda'i wallt hir du at ei ysgwydde, a'i sane wastad o gwmpas ei bigwrne, yn berchen ar bàs dda, yn bigog ac yn boen tin i wrthwynebydd. Wedd e'n medru trafod gwleidyddiaeth, athroniaeth, a phensaernïaeth gydag awdurdod. Yn Napoleon o gapten yn y rhan fwyaf o'i 71 gêm dros yr Ariannin, wedd e'n arweinydd naturiol fel y profodd e wrth gymryd y Pumas i'r trydydd safle yng Nghwpan y Byd 2007.

Wrth droi at y pac, mae'r dewis wedi bod yn dasg tipyn haws, oherwydd pan y'ch chi â'ch pen lawr yn y rheng flân ac yn dod o dan bwyse, neu angen rhoi pwyse ar y gwrthwynebwyr, ma prop yn gwbod yn reddfol pwy sy'n tynnu ei bwyse.

I gloi'r sgrym yn safle'r wythwr? Scott Quinnell, heb os. Ma rhywun sy wedi llwyddo i bontio rygbi'r undeb a chynghrair a neud llwyddiant o'r ddau, yn llawn haeddu ei le. Fe chwaraeais i gydag e i Richmond ble wedd e'n allweddol i ennill dyrchafiad i brif adran Allied Dunbar Lloegr, a hefyd i Lanelli a'r Scarlets. Wedd e'n mwynhau sbort ond wedd e o ddifri pan fydde'r chwiban yn cael ei chwythu i ddechre gêm. Un noson fydda i'n ei chofio yw honno pan drechon ni Bourgoin i ddod y tîm cynta o Gymru i ennill yn Ffrainc yng Nghwpan Ewrop. Wedd e'n cael ei boeni gan wynegon (*arthritis*) yn ei goese ond hebddo fe fydden ni ddim wedi ennill y gêm honno. Adeiladodd Graham Henry ei gêm ymosodol o gwmpas Scott, a wedd yn ganolog i rediad o fuddugoliaethau Cymru yng nghyfnod y Gwaredwr Mawr. Dyn teulu, a chanddo galon fawr, sy'n berchen ar bersonoliaeth fawr, fel y gwelwn ni'n gyson ar raglenni rygbi Sky.

Ma sawl enw yn fy meddwl i wrth geisio dod o hyd i ddau bartner i Scott ar y blaenasgell. Ar yr ochr agored, bydde Lyn Jones, hyfforddwr Dreigiau Casnewydd Gwent erbyn hyn, yn cynnig ei hunan, gydag Ian Boobyer a chyn-flaenasgellwr De Affrica, Bob Skinstad. Wedd Lyn yn flaenasgellwr diflino, yn meddu ar sgiliau trafod arbennig ac yn medru darllen y gêm yn dda. Ond dw i'n meddwl taw Bob Skinstad fydde fy newis i. Buodd Bob a finne ar daith gyda'r Barbariaid a phan fyddwch chi ar daith, r'ych chi'n closio at ambell chwaraewr yn syth. Wedd Bob, neu Bobby, yn fachan hawdd neud ag e. Yn un o'r chwaraewyr rheng-ôl mwya medrus i whare i Dde Affrica, fe enillodd e Gwpan y Byd yn Ffrainc 2007, ac fe arweiniodd e'r Springboks mewn 12 o'u 42 gêm brawf. Wedd e'n sobor o glou, yn berchen ar ddwylo saff ac yn ddolen gyswllt effeithiol rhwng blaenwyr ac olwyr.

Ar ochr dywyll y sgrym eto mae'r dewis yn eang ac yn anodd. Ma tri sy'n sefyll mas, sef Phil Pugh, cyn-flaenasgellwr Castell-nedd, Simon Easterby sydd nawr yn hyfforddwr ar y Scarlets a fy hen ffrind Ben Clarke.

Wedd Phil Pugh yn flaenasgellwr ochr dywyll gyda'r caleta'n bod. Fe'i gweles i e'n towlu dwrn ac yn llorio Brian Williams wrth ymarfer ar y Gnoll, am neud dim mwy na dod rownd i dderbyn y bêl yng nghefen y lein. Wedd nosweithie ymarfer ar y Gnoll yn gallu bod fel 'na ond wedd neb fawr gwaeth erbyn y Sadwrn. Fe wnaeth e sefyll mas yn erbyn Crysau Duon Seland Newydd ar y Gnoll ym 1989 ac fe enillodd e'i unig gap yn eu herbyn yn yr un tymor.

A dyna Simon Easterby wedyn – Sais a gynrychiolodd Iwerddon a'r Llewod, ond un wedd â'i galon ar y Strade. Wên i'n ffan ohono fel chwaraewr a chapten. Wedd e'n ymroddgar a di-ildio, a dioddefodd fwy nag unwaith mewn gêmau Ewrop, fel y tystia ei drwyn erbyn hyn!

Ond Ben sy'n mynd â hi. Chwaraewr pwerus ar y blaenasgell neu yn safle'r wythwr, ac yn cyn-gapten ar Gaerfaddon, Richmond a Lloegr. Teithiodd gyda'r Llewod i Seland Newydd ym 1995 a chreu cymaint o argraff nes peri i un Kiwi ddweud "You can keep the rest, but we'd take that Clarke any day."

Yn yr ail reng mi fydde fy hen bartner Gareth Llewellyn yn siomedig o beidio dechre'r gêm. Wedd e'r union fath o chwaraewr wedd gas gyda chwaraewyr eraill whare yn ei erbyn achos wedd e'n freichie ac yn goese, yn benelinie ac yn benglinie i gyd. Bydde fe'n neud y gwaith caib a rhaw ac fe estynnodd ei yrfa ar y lefel ucha cyhyd â fy un inne. Wedd e wastad yn edrych ar ôl ei hunan a dw i'n amau dim na wedd ei gêm e'n gwella wrth fynd yn hŷn.

Ond fy rhif 4 i fydde Craig Gillies, a chwaraeodd gyda fi yn Richmond ac am ddau dymor yn Llanelli. Gadawodd e Barc y Strade yn 2002 i ymuno â Chaerwrangon ac yno y buodd e hyd nes iddo ymddeol yn 2013 wedi 288 gêm i'r Worcester Warriors. Wedd e'n athletaidd iawn, yn sefyll chwe troedfedd wyth modfedd yn nhraed ei sane, yn neidiwr da yn y llinelle ac yn gwbod shwt i ddefnyddio pob owns o'i ddeunaw stôn a mwy yn y sgrym. I brop pen tyn, ma cael bachan fel 'na y tu ôl i chi yn amhrisiadwy.

Yn bartner i Craig yn yr ail reng, eto mae'r dewis yn un hawdd oherwydd wedd Chris Wyatt gyda'r gore yn bod. Chwaraewr athletaidd arall, gyda'r sgiliau angenrheidiol i glo rhyngwladol. Falle taw'r syniad sydd gan bobol am gyn-glo Castell-nedd, Llanelli a Chymru yw ei fod e'n hoff o fwgyn a pheint a choffi, a mwy. Sdim dwywaith na wedd e'n mwynhau holl blesere bywyd, ac ar lan afon gyda gwialen bysgota yn ei law y bydde fe hapusa. Wedd e'n chwaraewr y flwyddyn yng Nghymru ym 1999, ac fe ddaeth e a'i sgilie pêl-fasged i'r gêm a wedd gyda fe ddwylo fel rhofie Aberaeron.

I'r rheng flân, bydd neb yn synnu taw Brian Williams yw'r dewis cynta ar y pen rhydd gyda Ricky Evans yn ail agos iawn. Bydde Brei'n gosod y seiliau i'r math o gêm fydden i am ei whare – y gêm gyflym, agored, gyda'r bêl yn y dwylo, yn hytrach na mynd i'r tir bob cynnig fel sy'n digwydd mor gyson yn y gêm broffesiynol, sy'n benna gyfrifol fod y cefnogwyr yn cadw draw, yn fy marn i. Pan wedd Brei yn y tîm, a Kevin hefyd, wedd dim un ffordd y bydde'r bêl yn mynd i'r tir.

A dyma geisio dewis bachwr. Dyma'r dewis anodda ohonyn nhw i gyd. Mae yna dri – Kevin Phillips, Garin Jenkins a Robin McBryde. Tri chaled, styfnig, lletchwith, tri arweinydd a'r un o'r tri yn brin o eirie. Y tri yn datws o'r un rhych!

Fe ddysges i lawer o whare wrth ochor Kevin Phillips ar y Gnoll, ac fe gafwyd gêmau cofiadwy wrth ysgwydd Robin McBryde ar y Strade, ond wedyn dw i'n gorfod tueddu at Garin Jenkins. Tasech chi'n gofyn i aelod o unrhyw rheng flân yng Nghymru a thu hwnt ar y pryd pwy wedd y bachwr wên nhw'r lleia awyddus i'w wynebu, Garin fydde'r ateb bob tro. Gorfu i Graham Henry gyfadde na wnaeth e lwyr werthfawrogi galluoedd a chryfderau Garin. Wedd e'n sgrymiwr heb ei ail, ei daflu i mewn i'r lein yn gywir, wedd e'n fygythiol heb yr angen i fod yn frwnt.

Fydden i ddim am whare yn erbyn yr un o'r ddau, na Robin chwaith. Ond, yn y pen draw, ma raid i fi ddewis Kevin. Oni fydde pob Cymro am weld Brian a Kev yn tanio eto, yn rhwygo'r bêl yn rhydd cyn hyrddio lan y cae i gefnogaeth fyddarol?

Ond y cwestiwn yw a fydden i'n ddigon da i gael fy lle yn y tîm i ddal y pen tyn. Dyw'r cwestiwn ddim yn codi, achos ble wên i'n gofyn "Pwy ddiawl sy'n dewis y tîm yma?", fi nawr sy'n dewis y tîm! Wedyn, prop pen tyn? John Davies.

Ma dychwelyd at lythyren y ddeddf o ran y sgrymio y tymor yma wedi rhoi mwy o bwyslais byth ar waith y prop pen tyn. Fe sy'n dal y pen tryma bellach, yn enwedig gan fod y bachwyr wedi gorfod ailddarganfod, neu falle ddysgu am y tro cynta, y grefft o 'fachu'.

Falle nad cyd-ddigwyddiad yw hi bod y props a'r bachwyr garwa welodd Cymru wedi dod mas o'r pyllau glo a'r gweithfeydd dur. Ond wedd ambell i ffarmwr gwydn hefyd yn gyfarwydd â thynnu a rhacso, yn ogystal â hwpo. Falle taw fel hynny bydd raid iddi fod eto, gyda chwaraewyr fel y ffarmwr ifanc o Bennal, yr addawol Rhodri Jones ar Barc y Scarlets, yn symud ar draws y rheng flân o'r pen rhydd i'r pen tyn yn gwmni i'r ddau arall, y bachwr Emyr Phillips a'r prop pen rhydd Phil John, sydd hefyd yn ddau ffarmwr.

Dw i'n digwydd meddwl ei fod e yn y genynnau, a bod y DNA yn llywio'n llwybr ni yn y byd. Mae e'n fwy na bôn braich ac alla i ddim ei roi e mewn geirie yn well nag y gwnaeth cyn-flaenasgellwr Castell-nedd a Chymru, David Pickering, wrth dalu teyrnged i Brian Williams, a chynnwys Kev a finne yn yr un gwerthfawrogiad o aelod o Driawd y Buarth: "There is a psychological hardness about them. They are able to play through the pain barrier when other players would have stopped. That can't be picked up by pumping iron in an air-conditioned gym. When they get injured on the farm, they can't go to the factory nurse. They simply work through the pain."

Ma pob mab ffarm o 'nghenhedlaeth i wedi trafod bêls ar ben sied ganol haf, dan do sinc a hwnnw'n towlu gwres, a phan wedd y llwch yn drwch ac yn gymysg â hadau gwair; pan wedd y gwas yn llwytho'r bêls yn un rheffyn ar yr *elevator* yn awyr iach y pen arall cyn gynted ag y galle fe, er mwyn profi faint o galon wedd gan y crwt ar ben y sied. Bydde'r cortyn yn codi pothelli ar gledr y dwylo; y rheiny wedyn yn torri, a'r llosgi bron dod â dŵr i'r llyged. Bydde rhywun yn colli ei draed rhwng y bêls ac fe fydde un arall yn disgyn am ei ben. Ond wedd yr un crwt am ildio i wawd y gwas.

Ma 'gwytnwch' siŵr o fod yn dod yn agos ati, ond ma ambell un sydd â mwy o amser na fi i astudio'r pethe yma'n awgrymu 'rhuddin' i grynhoi'r hyn a ddywedwyd eto gan Pickering: "They have an old fashioned kind of inner strength." Gorfod i fi dynnu ar hwnnw droeon, ond erioed yn fwy na phan ddes i wyneb yn wyneb â Gorllewin Samoa ar daith Cymru i Ynysoedd Môr y De ym 1994. Wedd y gwres llethol wrth ein croesawu ni i Moamoa ddiwedd Mehefin dros 33°C yn y cysgod, a wedd dim llawer o hwnnw o gwmpas cae whare llychlyd Coleg Chanel. Fan honno wên ni am wynebu'r Ynyswyr gan fod yna waith adeiladu yn digwydd o gwmpas eu maes cenedlaethol yn Apia. Wedd pabell las i'r tîm cartre i newid ynddi ac un goch i ninne. A'r fan honno y buon ni am awr a mwy cyn y gêm yn colli chwys. Wedd tîm Samoa yn llawn chwaraewyr wedd yn hen gyfarwydd â'r gwres ac wedi caledu, nifer ohonyn nhw, wedi sawl tymor yn whare i glybie yn Seland Newydd. A ble wên ni wedi bod yn whysu'n diferol yng ngwres y babell goch, fe gyrhaeddon nhw'r cae o fewn munudau i'r gic gynta. Sdim amheuaeth i hynny fod yn gyfrifol i ni wywo yn ail hanner y gêm, cyn colli o 34 i 9 ar ôl bod ar ei hôl hi 14–9 yn unig ar yr hanner.

Capten Gorllewin Samoa pan drechon nhw Gymru yng Nghwpan y Byd 1991, y diweddar Peter 'Fats' Fatialofa, wedd fy ngwrthwynebydd i. Ches i fawr o ffwdan gydag e, ond wedd gyda nhw yn eu tîm chwaraewyr fel Pat Lam, hyfforddwr Connacht erbyn hyn, a Brian Lima, y taclwr caled a enillodd y llysenw 'The Chiropractor' wedi hynny, nid am ei ddawn i 'osod' esgyrn, ond yn hytrach am i sawl chwaraewr ddarganfod iddo dorri asgwrn ar ôl bod mewn gwrthdrawiad ag e.

Wên i fawr gwaeth o'r profiad, er i fi golli pwys neu ddau mae'n siŵr, ond fe lewygodd Rupert Moon yn y bws mini ar y ffordd 'nôl i'r gwesty. Wedd ambell un arall yn eitha sigledig, gyda chefnwr Cymru, Mike Rayer, yn cymharu'r profiad o whare yn erbyn yr ynyswyr i hwnnw o fod mewn damwain car.

Falle taw rhamantu ydw i ond falle ddim, ac os yw fy namcaniaeth i am y genynnau yn iawn, a dw i'n gobeithio'n fawr ei bod hi, fe allwn ni glywed am fwy nag un prop o Foncath yn y dyfodol. Ma pedwar crwt yn rhedeg o gwmpas y ffarm yng Nghilrhue, sef Gwion, Jac, Isaac a Daniel, meibion Liz fy chwaer a'i gŵr Darwel. Beth wnawn ni pan ddaw'r ychwanegiad diweddara wedi troad y flwyddyn? Os bydd honno'n ferch, dw i ddim yn gwbod. Ond fe fydde hi'n braf meddwl, yn union fel pan aned Liz, y bydd merch fach eto yng Nghilrhue – a bydd neb balchach na Mam.

Ma siâp ar y pedwar crwt fel petaen nhw am neud trafferth i rywun ac ma Gwion yn barod yn fy atgoffa i o fy nhad-cu, Jac Cilrhue, wedd yn dipyn o gymeriad yn yr ardal. Ma gyda nhw'r un dwrn ac os yw'r un penderfyniad gydag e y tu ôl i'r dwrn, mae'n argoeli'n dda.

Ond go brin y gwelwn ni chwaraewyr yn para cyhyd eto yn yr oes broffesiynol yma. Ma cymaint o alwadau eraill, ma'r gêm yn gyflymach a'r taclo'n fwy grymus, gyda dynion fel Jamie Roberts, Alex Cuthbert a George North sy'n whare tu ôl i'r sgrym yn drymach na wedd nifer o flaenwyr yn y gorffennol. Eithriad wedd rhywun fel Steve Thompson, bachwr Lloegr a Northampton, ond eto wedd e'n ddigon clou i redeg rownd i fi rai tymhorau'n ôl am gais ar y Strade. Erbyn hyn ma rheng flân tîm dan 20 Cymru yn gyson yn drymach na rheng flân chwedlonol Pontypŵl – trymach, ond nid yn fwy cyfrwys! Ac os ydyn nhw i bara i whare ar y lefel ucha am bron i ugain mlynedd, fe ddysgan nhwythe, fel y gwnes inne, bod angen bod yn gyfrwys wrth geisio dala'r slac yn dynn!

Record ryngwladol 1991–1998

1991 v Iwerddon (Caerdydd) 21–21 (5 Gwlad)

1991 v Ffrainc (Paris) Colli 36–3 (5 Gwlad)

1993 v Ffrainc (Eilydd) (Paris) Colli 26–10 (5 Gwlad)

1993 v Zimbabwe (Harare) E 42–13

1993 v Japan (Caerdydd) E 55–5

1993 v Canada (Caerdydd) C 26–24

1994 v Yr Alban (Caerdydd) E 29–6 (5 Gwlad)

1994 v Iwerddon (Dulyn) E 17–15 (5 Gwlad)

1994 v Ffrainc (Caerdydd) E 24–15 (5 Gwlad)

1994 v Lloegr (Twickenham) C 15–8 (5 Gwlad)

1994 v Portiwgal (Lisbon) E 102–11

1994 v Sbaen (Madrid) E 54–0

1994 v Canada (Toronto) E 33–15

1994 v Gorllewin Samoa (Moamoa) C 34–9

1994 v Rwmania (Bucharest) E 16–9

1994 v Yr Eidal (Caerdydd) E 29–19

1994 v De Affrica (Caerdydd) C 20–12

1995 v Ffrainc (Paris) C 21–9 (5 Gwlad)

1995 v Lloegr (Caerdydd) C 23–9 (5 Gwlad)

1995 v Japan (Bloemfontein) E 57–10 (Cwpan y Byd)

1995 v Seland Newydd (Johannesburg) C 34–9 (Cwpan y Byd)

1995 v Iwerddon (Johannesburg) C 24–23 (Cwpan y Byd)

1995 v De Affrica (Johannesburg) C 40–11

1996 v Yr Eidal (Rhufain) E 31–26

1996 v Lloegr (Twickenham) C 21–15 (5 Gwlad)

1996 v Yr Alban (Caerdydd) C 16–14 (5 Gwlad)

1996 v Iwerddon (Dulyn) C 30–17 (5 Gwlad)

1996 v Ffrainc (Caerdydd) E 16–15 (5 Gwlad)

1996 v Awstralia (Brisbane) C 56–25

1996 v Barbariaid (Caerdydd) E 31–10

1996 v Ffrainc (Caerdydd) C 40–33

1996 v Yr Eidal (Rhufain) E 31–22

1998 v Zimbabwe (Harare) E 49–11

1998 v De Affrica (Pretoria) C 96–13

Gyrfa: Chwarae 34, Ennill 16, Cyfartal 1, Colli 17

Am restr gyflawn o lyfrau'r Lolfa, mynnwch
gopi am ddim o'n catalog
neu hwyliwch i mewn i'n gwefan

www.ylolfa.com

lle gallwch archebu llyfrau ar-lein.

TALYBONT CEREDIGION CYMRU SY24 5HE
ebost ylolfa@ylolfa.com
gwefan www.ylolfa.com
ffôn 01970 832 304
ffacs 832 782